Hoegg · Schulrecht

*Meiner Frau und allen,
die sich in der Schule abstrampeln.*

Günther Hoegg

Schulrecht

Aus der Praxis – für die Praxis

2. Auflage

Beltz Verlag · Weinheim und Basel

Dr. *Günther Hoegg* ist Jurist, ausgebildeter Lehrer und seit über 20 Jahren in der Schule tätig. Veröffentlichungen zum Schulrecht und Lehrtätigkeit an der Universität Oldenburg weisen ihn als Schulrechtexperten aus – für Studierende, Referendare/innen und Lehrer/innen.

Dr. jur. G. Hoegg
Hoher Weg 23
26721 Emden

Das vorliegende Buch ist mehrfach sorgfältig durchgesehen worden. Trotzdem kann für das sich ständig ändernde Schulrecht der unterschiedlichen Bundesländer keine Garantie für die Richtigkeit aller Informationen gegeben werden.

Das Werk und seine Teile sind urheberrechtlich geschützt. Jede Nutzung in anderen als den gesetzlich zugelassenen Fällen bedarf der vorherigen schriftlichen Einwilligung des Verlages. Hinweis zu § 52a UrhG: Weder das Werk noch seine Teile dürfen ohne eine solche Einwilligung eingescannt und in ein Netzwerk eingestellt werden. Dies gilt auch für Intranets von Schulen und sonstigen Bildungseinrichtungen.

2., überarbeitete Auflage 2007

Lektorat: Peter E. Kalb

© 2006 Beltz Verlag · Weinheim und Basel
www.beltz.de
Herstellung: Lore Amann
Satz: Druckhaus »Thomas Müntzer«, Bad Langensalza
Druck: Druck Partner Rübelmann, Hemsbach
Umschlaggestaltung: Frederico Luci, Köln
Umschlagabbildung: Tanja Schug, Edenkoben
Printed in Germany

ISBN 978-3-407-25455-9

Inhaltsverzeichnis

Abkürzungsverzeichnis	7
Vorwort	9
Problemkreis: Juristisches Grundwissen	13
Vorbemerkungen	13
Grundgesetzliche Vorgaben	14
Landesgesetz und Kommentar	16
Rechtsnormen und ihre Auslegung	17
Verwaltungsakt	26
Problemkreis: Das Berufsrecht des Lehrers	28
Vorbemerkungen	28
Rechtsstellung von jungen Unterrichtenden	29
Rechte und Pflichten der Lehrer	32
Aufsichtspflicht	43
Pädagogischer Spielraum und seine Begrenzung	55
Problemkreis: Datenschutz und Urheberrecht	60
Datenschutz	60
Urheberrecht	62
Disziplinarrecht	66
Problemkreis: Die Erziehungsberechtigten	69
Grundgesetzliche Vorgaben	69
Rechte und Pflichten der »Eltern«	70
Elternrecht und Schüler	77
Elternrecht und Datenschutz	78
Unangenehme Eltern und Gegenstrategien	80
Rechtsbehelfe gegen Verwaltungsentscheidungen	83
Problemkreis: Die Schüler	90
Rechte und Pflichten	91
Die ersten Stunden in der Klasse	94
Arbeitshaltung	97

Unterrichtsversäumnisse 98
Kriminalität in der Schule 100
Störende Schüler und Gegenmaßnahmen 109
Sex mit Schülerinnen oder Schülern 123

Problemkreis: Die Leistungsbewertung 128

Hausaufgaben 129
Mündliche Noten und Notenbesprechung 132
Schriftliche Lernkontrollen 136
Täuschungsversuch 145
Prüfungsrecht 151

Problemkreis: Kollegen, Schulleitung und Schulaufsicht 160

Umgang mit den Kollegen 160
Schulleitung 164
Schulaufsicht 166

Anhang 173

Erläuterte Checkliste für Entscheidungen 173
Ausgewählte Literaturhinweise 180
Wichtige Internetadressen 181
Formulare für ein- und mehrtägige Klassenfahrten 182
Stichwortverzeichnis 190

Abkürzungsverzeichnis

Art.	Artikel
BBG	Bundesbeamtengesetz
BezReg.	Bezirksregierung
BGB	Bürgerliches Gesetzbuch
BGH	Bundesgerichtshof
BRAGO	Bundesrechtsanwaltsgebührenordnung
BRRG	Beamtenrechtsrahmengesetz
BVerfG	Bundesverfassungsgericht
BVerfGE	Entscheidungssammlung des BVerfG, zit. nach Band u. Seite
BVerwG	Bundesverwaltungsgericht
DL	Deutscher Lehrerverband
Erl.	Erlass
ErzBer.	Erziehungsberechtigter
GG	Grundgesetz
GR	Grundrecht(e)
i.d.R.	in der Regel
KM	Kultusminister, auch MK
KMK	Kultusministerkonferenz
m.E.	meines Erachtens
MK	Ministerium für Bildung und Kultur, Kultusministerium
OVG	Oberverwaltungsgericht
RKEG	Gesetz über die religiöse Kindererziehung
RRL	Rahmenrichtlinien
RVG	Rechtsanwaltsvergütungsordnung
RVO	Rechtsverordnung
SchG	Schulgesetz
SchulR	Schulrecht
Sek. I	Sekundarstufe 1
Sek. II	Sekundarstufe 2
StGB	Strafgesetzbuch
StPO	Strafprozessordnung
SV	Schülervertretung
SVBl.	Schulverwaltungsblatt
UrhG	Urheber- und Verlagsrecht
VA	Verwaltungsakt(e)
VerwG	Verwaltungsgesetz
VerwR	Verwaltungsrecht
VO	Verordnung
VwGO	Verwaltungsgerichtsordnung
VwVfG	Verwaltungsverfahrensgesetz

Vorwort

Sie sollten dieses Buch vielleicht heimlich lesen. Das gilt besonders, falls Sie Student oder Studentin sind und Lehrer bzw. Lehrerin werden wollen. Wenn Sie bereits Referendar oder Referendarin sind, sollten Sie zumindest vorsichtig sein, welchem Fachleiter Sie es zeigen. Warum? Ganz einfach. Wenn man Sie dabei erwischt, dass Sie dieses Buch lesen, dann könnten Sie bei bestimmten Leuten einen schweren Stand haben. Denn Sie interessieren sich für die Probleme der täglichen Praxis und nicht so sehr für die wissenschaftliche Theorie.

Das ist natürlich ein schwerer Schock für diejenigen, die Lehramtsanwärter immer noch überzeugen wollen, über intrinsische Motivation könne man auch Problemschüler dazu bewegen, freudig Vokabeln zu pauken oder freiwillig den »Faust« zu lesen, anstatt sich eine Zusammenfassung aus dem Internet zu ziehen. Da kann ich nur sagen: »Vormachen, meine Damen und Herren, und zwar nicht nur eine Vorführstunde. Gehen Sie doch mal mit einigen Wochenstunden in eine Realschulklasse und vermitteln Sie den Kids intrinsisch die Feinheiten der deutschen Grammatik oder des Dreisatzes!«

Man stelle sich einmal vor, ein Medizinprofessor würde nicht mehr selbst operieren, sondern nur noch anderen erzählen, wie die es machen sollen. Ich glaube, es kämen sehr schnell Zweifel an Kompetenz und Qualität seiner Ausbildung auf. Beim Schulwesen ist das offensichtlich anders: Hier gibt es eine deutliche Trennung zwischen der Theorie mit ihren wohlklingenden Zielen und den Niederungen der Praxis, in der Tausende von Lehrern sich täglich abstrampeln und ihren Job machen. Von diesem Job und seinen Problemen handelt dieses Buch.

Überlegen Sie also gut, ob Sie wirklich weiterlesen wollen. Denn gleich geht es in die profane, alltägliche Praxis mit ihren kleinen und großen Problemen. Und nicht alles, was Sie lesen werden, wird Ihnen gefallen. Wenn Sie mehr an schönen Theorien bzw. an Büchern mit vielen Fremdwörtern und unzähligen Fußnoten interessiert sind, dann sollten Sie das Buch jetzt wieder unauffällig ins Regal zurückstellen und sich stattdessen eines von diesen schönen Kochbüchern kaufen, die jedermann hat, aber keiner liest.

Falls Sie hartnäckig sind und das Buch immer noch in der Hand halten, sollten Sie wissen, was Sie für Ihr Geld bekommen. Es ist geschrieben für ambitionierte Lehramtsstudenten, Referendare, Junglehrer, aber auch gestandene Lehrer – und ihre weiblichen Pendants, die immer mitgedacht sind, selbst wenn ich sie nicht erwähne. Wenn ich also von Lehrern rede, meine ich nicht das männliche Geschlecht, sondern den sprachlichen Gattungsbegriff. So, wie man sagt, dass man zum Arzt oder zum Friseur geht, selbst wenn die konkrete Person eine Ärztin oder eine Friseuse sein sollte.

Was bekommen Sie alle nun für Ihr mühsam verdientes Geld? Sie bekommen von mir keine systematische Darstellung des Schulrechts. Das wäre sehr umfangreich, sehr kompliziert, sehr abstrakt – und sehr trocken. Stattdessen erhalten Sie eine ganz konkrete juristisch-pädagogische Behandlung der gravierendsten Probleme, denen Sie im täglichen Schuldienst gegenüber stehen sowie praxisgerechte Vorschläge zu ihrer Lösung. Unwichtiges werde ich weg lassen oder sehr kurz abhandeln, dafür werde ich einige Punkte vertiefen, weil sie in der Praxis besondere Schwierigkeiten bereiten.

Wie Sie dem Umschlag vielleicht entnommen haben, bin ich nicht nur Lehrer, sondern zugleich auch Jurist, und zwar mit dem Schwerpunkt Schulrecht. Die angebotenen Lösungsvorschläge werden deshalb nicht nur die pädagogische Seite, sondern auch die juristischen Grundlagen Ihres beruflichen Handelns darstellen. Was diese juristische Komponente für Sie bringt, sei an einem Beispiel kurz skizziert.

Seit September 2003 gilt ein neues, und zwar deutlich verschärftes, Urheberrecht. Wer Ihnen jetzt noch rät, Sie sollten als motivierenden Impuls doch einen Filmausschnitt zum Einstieg Ihrer Unterrichtseinheit zeigen, der führt Sie auf sehr dünnes Eis. Denn Sie machen sich strafbar und müssen zudem mit zivilrechtlichen Schadensersatzansprüchen rechnen. Und bei Letzteren wird Ihre pädagogisch wertvolle Motivation nur eine sehr untergeordnete Rolle spielen. Fakt ist: Es wird teuer für Sie. Dies nur als Beleg dafür, dass jeder Lösungsansatz für die Praxis, der die juristische Komponente außer Acht lässt, gefährlich unvollständig ist. Das ist so, als wenn man auf nur einem Bein durchs Leben hüpfen müsste. Es ist ausgesprochen anstrengend – und man fällt auch viel leichter um.

Nun hat der eine oder die andere von Ihnen sicher schon gehört, dass Schulrecht gemäß der Kompetenzverteilung unserer Verfassung Ländersache ist, sodass es für jedes Bundesland ein eigenes Schulgesetz gibt. Ist damit eine übergreifende Behandlung von Schulproblemen überhaupt möglich? Ja, wenn man nicht bis in die kleinsten Verästelungen der Verordnungen und Erlasse hineingeht. Zudem unterscheiden sich die Schulgesetze der Länder nicht so stark, wie man gemeinhin annimmt. Viele der neuen Bundesländer haben die Schulgesetze von alten Bundesländern mit nur geringen Änderungen übernommen. Aber auch die alten Bundesländer haben zum Teil voneinander abgeschrieben. So kreativ sind die Kultusbürokraten eben doch nicht. Selbstverständlich gibt es Unterschiede zwischen den Ländern, die von der SPD (+ Partner) und denen, die von der CDU (+Partner) regiert werden, aber dies betrifft eher die Schulformen oder die Wahlmöglichkeiten bestimmter Fächer.

Auch gibt es bei den Konferenzen und Elternvertretungen unterschiedliche Begriffe, aber keine Sorge, Sie werden schon verstehen, was ich meine, wenn ich diese Punkte behandle. Die Dinge jedoch, die Lehrern in der Praxis die meisten Schwierigkeiten machen, sind gleich oder annähernd gleich geregelt. Und wenn es um die Beachtung von Bundesgesetzen geht, wie z.B. beim Urhebergesetz, spielt das Schulgesetz der Länder eh keine Rolle mehr. Das heißt, Sie können sich an der Darstellung der Probleme und ihrer Lösungen sehr wohl orientieren.

Sehen Sie das Buch wie einen Stadtplan oder ein Navigationssystem. Ich bringe Sie über die Hauptstraßen unter Umgehung der Baustellen in das Stadtviertel und dort in die Straße, in der Sie jemanden suchen, und zwar auf die richtige Straßenseite. Die Hausnummer kann ich Ihnen jedoch nicht nennen, das macht die rechtliche Detailnorm Ihres Bundeslandes. Diese Normen finden Sie in »Sammlungen«, die entweder von Ihrem Kultusministerium oder über die Berufsverbände wie DL, GEW oder Philologenverband kostenlos oder gegen geringes Entgelt abgegeben werden. Darin finden Sie das aktuelle Schulgesetz Ihres Landes, aber vor allem die Verordnungen und Erlasse, die all die kleinen Details regeln, auf die es manchmal ankommt.

Warum dieses Buch? Nach über 20 Jahren eigenen Unterrichtens, der Vermittlung von Schulrecht an der Universität, der Betreuung von Praktikanten und Referendaren und der schulrechtlichen Beratung von Kollegen stelle ich erstaunt fest, dass es immer wieder die gleichen Probleme sind, die Lehrern und Lehrerinnen im Schulalltag erheblich zu schaffen machen. Trotzdem werden die Lehrer nicht ausreichend darauf vorbereitet. Vielleicht deshalb, weil diese Probleme manchmal so banal erscheinen, dass es sich für anspruchsvolle Geister nicht lohnt, darüber wissenschaftlich zu diskutieren. Gleichwohl kosten diese Probleme viel Zeit und Kraft, die man sinnvoller nutzen könnte.

Wissen Sie, was man früher in die weißen Flecken auf den Landkarten, z.B. in Afrika, schrieb? »Hic sunt leones«, das heißt: Hier sind Löwen. Man wollte das eigene Unwissen kaschieren und andere davon abhalten, sich dorthin zu begeben und vielleicht mehr in Erfahrung zu bringen. Lassen Sie uns aufbrechen zu den weißen Flecken und schauen, was sich dort tut.

Um das Schulrecht zu begreifen, brauchen Sie einige juristische Grundkenntnisse, und die bekommen Sie gleich geliefert. Aber ich werde versuchen, das Juristische so einfach und anschaulich wie möglich zu gestalten und das juristische Handwerkszeug auf das absolut Notwendige Ihres Schulalltags zu reduzieren. Im Anhang finden Sie neben einigen Musterbriefen zur Vorbereitung von Klassenfahrten eine Checkliste, die Ihnen bei schulrechtlichen Entscheidungen hilft.

Kennen Sie diese wunderbaren neuen »Multitools« (z.B. Leatherman), die Werkzeugkästen für die Hosentasche? So etwas werde ich Ihnen liefern. Das reicht für kleine Reparaturen des Alltags. Sie brauchen fast nie einen Vorschlaghammer, einen Schwingschleifer oder eine Kreissäge. Dafür bekommen Sie hier eine kleine Säge, eine Feile, eine Zange, zwei Schraubenzieher und einen Korkenzieher für die Flasche Wein, die Sie sich am Ende redlich verdient haben.

Also, aus der Praxis – für die Praxis. Genug geredet, fangen wir an und schauen wir, womit Sie es im Schulalltag zu tun haben und wo die Stolpersteine Ihres Berufs liegen. Wenn Sie die kennen und vermeiden, werden Sie auch neue Handlungsmöglichkeiten entdecken, die das Schulrecht Ihnen eröffnet.

August 2005   *Günther Hoegg*

Problemkreis: Juristisches Grundwissen

Vorbemerkungen

Natürlich weiß ich, dass Sie sich am liebsten gleich in die konkreten Fälle aus der Praxis stürzen möchten. Keine Sorge, die kommen schon bald. Zunächst brauchen Sie allerdings ein wenig juristisches Grundwissen, damit Sie die eine oder andere Entscheidung Ihres Landesgesetzgebers und der Rechtsprechung verstehen. Aber ich werde versuchen, es auf das Notwendigste zu beschränken und mich bemühen, es anschaulich darzustellen.

Im Jahre 1995 hat der Bundesgerichtshof (BGH) in einem Urteil festgestellt, was eigentlich schon jedem Eingeweihten klar war, nämlich: »**Die Unkenntnis der beruflichen Rechtsvorschriften stellt ein Verschulden dar.**«
Ich möchte es nicht so juristisch hart formulieren wie der BGH, der vom Verschulden spricht, wenn jemand die Rechtsgrundlagen seines Berufes nicht kennt, deshalb formuliere ich pädagogisch einfühlsam: **Wer wenig weiß, muss viel glauben.**

Wenn Sie nicht ständig auf ungesicherte Informationen von anderen angewiesen sein wollen, brauchen Sie einige juristische Grundlagen. Schulrecht ist ein Teil des (Besonderen) Verwaltungsrechts. Es hat nichts mit dem Zivilrecht zu tun und kann deshalb nicht einvernehmlich von den Beteiligten abgeändert werden. Als Teil des öffentlichen Rechts ist es (wie das Strafrecht) zwingend, d.h. für die Beteiligten bindend. Darüber hinaus hat es eine eigene, recht komplizierte Struktur. Aus diesem Grund sollten wir zunächst einige Grundlagen herausarbeiten.

Schulrecht ist grundsätzlich Landesrecht.

Natürlich wissen Sie, dass wir in einem föderalistischen Staat mit einzelnen Bundesländern leben, die zugleich einen »Bund« bilden. Bei der Aufteilung der Kompetenzen hat der **Verfassungs(gesetz)geber** festgelegt, wofür der Bund und wofür die Länder zuständig sind. Diese Aufteilung findet sich in den Art. 70ff. des Grundgesetzes (GG). So ist der Bund z.B. zuständig für das Passwesen, den Luftverkehr oder das Währungswesen. In der Zuständigkeit der Länder liegen z.B. die Polizei und das Schulwesen, um das es uns hier geht. Das bedeutet, dass es kein einheitliches Schulrecht für alle Bundesländer gibt. Einige wichtige Grundlinien sind zwar per Übereinkunft festgelegt worden, aber die konkreten Ausformungen in den einzelnen Ländern unterscheiden sich – allerdings nicht so stark, wie man es vermuten könnte. Wenn ein Regierungswechsel stattfindet, so kann sich die grobe Richtung der Schulpolitik und mit ihr auch das Schulgesetz ändern, aber viele Regelungen für die konkrete Schulpraxis bleiben bestehen.

Obwohl Schulrecht Landesrecht ist, gibt es einige grundgesetzliche Vorgaben für das Schulrecht aller Länder, denn das **Grundgesetz steht über** dem Recht der einzelnen Bundesländer. Sie merken also bereits an dieser Stelle, dass es eine Hierarchie, eine Rangfolge der Rechtsnormen, gibt, ein Punkt, der später noch wichtig werden wird. Aber lassen Sie mich kurz noch etwas zum juristischen Gebrauch des Wortes »grundsätzlich« sagen, das ich oben bei der Verbindung von Schulrecht und Landesrecht gebraucht habe. Ich weiß zwar nicht, wie Sie dieses Wort auslegen, aber die meisten Lehrer interpretieren es im Sinne von »immer« oder »ohne Ausnahme«. Für Juristen bedeutet es etwas völlig anderes, nämlich »in der Regel«. Das heißt, es gibt sehr wohl Ausnahmen, und diese verdienen meist besondere Aufmerksamkeit. Falls Sie also in einem juristischen Text das Wort »grundsätzlich« finden, sollten bei Ihnen die Alarmglocken schrillen. Nun aber zu den Rechtsnormen, die das Leben und Arbeiten in der Schule begrenzen.

Grundgesetzliche Vorgaben

Die wichtigsten Vorgaben des Grundgesetzes für die Schule sind in folgenden Artikeln festgeschrieben:

▶ **Art. 6 GG:**
Er widmet sich dem Erziehungsrecht der Eltern. Im Absatz II steht: »Pflege und Erziehung der Kinder sind **das natürliche Recht der Eltern** und die ihnen zuvörderst obliegende **Pflicht**.« Der Begriff »natürliches« Recht bedeutet, dass es nicht durch die Politik, nicht erst durch ein Gesetz verliehen wird, sondern quasi ein unumstößliches Prinzip der Natur ist. Das ist für die Schule nicht ganz unproblematisch, denn auch diese will ja nicht nur unterrichten, sondern auch erziehen, so dass es einen Kompetenzkonflikt gibt.

Im sog. »Sexualkundeurteil« von 1977 hat das Bundesverfassungsgericht (BVerfG) dieses Spannungsverhältnis abschließend geklärt. Worum ging es? Ein Elternpaar wollte nicht, dass sein Kind in der Schule am gemeinsamen Sexualkundeunterricht teilnimmt, weil dieser nicht seiner konservativen Auffassung entsprach. Das Bundesverfassungsgericht sprach zwar den Eltern das Recht zu, ihre Kinder zu erziehen, machte aber zugleich deutlich, dass die **gemeinschaftliche Erziehung** in der Schule ebenso wichtig ist, sodass eine Teilnahme daran verbindlich und die Zustimmung der Eltern hierfür nicht erforderlich ist. Daraus folgt die zentrale Aussage des Bundesverfassungsgerichts, dass **Elternhaus und Schule** gleichberechtigt sind, was die Erziehung von Kindern angeht.

▶ **Art. 7 GG:**
Er formuliert die staatliche **Schulaufsicht**. Die Schule, übrigens auch jede Privatschule, ist demnach nicht völlig frei, sondern steht unter der Aufsicht des Staates. Da Schulrecht grundsätzlich Ländersache ist, wird die Aufsicht durch das jeweilige Bundesland sichergestellt, und zwar durch die sog. »Schulbehörde«, mit der Sie aber erfahrungsgemäß selten zu tun haben werden.

▶ **Art. 3 GG:**
Er umreißt den wichtigen, aber oft missverstandenen **Gleichbehandlungsgrundsatz (vor dem Gesetz!)**. Da die Grundrechte ihrem Wesen nach Schutz vor einem übermächtigen Staat bieten sollen, gelten sie bis jetzt grundsätzlich nur im staatlichen Bereich. Als Privatperson können Sie deshalb Bettler A 10 Euro schenken, Bettler B jedoch nichts geben, das ist kein Verstoß gegen Art. 3 GG. Wenn Sie jedoch als Beamter handeln, z.B. als Referendar bzw. als Lehrer, sind Sie – ob Sie wollen oder nicht – Teil des staatlichen Systems und (im Dienst) an den Grundsatz der Gleichbehandlung gebunden. Allerdings wird dieser Grundsatz häufig falsch ausgelegt. An einem Beispiel aus dem Strafrecht kann ich Ihnen das gut verdeutlichen.

Der reiche R und der arme A, die beide einen tragbaren CD-Spieler gestohlen haben, werden wegen Diebstahls verurteilt, und zwar beide zu einer Geldstrafe von jeweils 200 Euro. Was halten Sie von diesem Urteil? Wäre das eine Gleichbehandlung? Nur sehr schlichte Gemüter bejahen dies, weil sie übersehen, dass die 200 Euro den Reichen überhaupt nicht treffen, den Armen aber vielleicht schon ruinieren. Folglich bedeutet eine juristisch »richtige« Gleichbehandlung, dass beide **in gleichem Maße** belastet werden müssen. A müsste vielleicht nur 50 Euro, R hingegen 1.000 Euro zahlen – erst das ist eine juristisch korrekte Umsetzung der Gleichbehandlung im Sinne des Grundgesetzes.

Das Bundesverfassungsgericht definiert den Gleichheitssatz wie folgt: **»Gleiches muss gleich, aber Ungleiches muss ungleich behandelt werden.«**
    Ich sage etwas pointierter: Nicht allen das Gleiche, sondern jedem das Seine. Für Sie als Lehrer bedeutet das beispielsweise, dass Sie nicht unbedingt allen Schülern die gleiche Hausaufgabe geben müssen. Sie können durchaus Schülern mit erkannten Defiziten mehr Hausaufgaben aufgeben, um deren Defizite zu verringern, ohne deshalb gegen den Gleichheitsgrundsatz zu verstoßen.

▶ **Art. 2 I GG:**
Er schreibt das Recht auf **freie Entfaltung der Persönlichkeit** fest, macht jedoch schon in dem betreffenden Artikel selbst deutlich, dass bei der Entfaltung der eigenen Persönlichkeit nicht die Rechte anderer verletzt werden dürfen. Unter Juristen ist es unbestritten, dass Grundrechte (GR) nicht uneingeschränkt gelten können. Schon die Schul**pflicht** ist eine Einschränkung der Persönlichkeit, allerdings eine zulässige. Es darf jedoch **nicht in den Kernbereich** der Grundrechte eingegriffen werden. Was zum

Kernbereich eines Grundrechts gehört, klärt im Zweifelsfalle als höchstes Gericht das Bundesverfassungsgericht. Selbstredend darf und soll die Schule auch erziehen, aber die Schüler dürfen nicht an einem staatlichen oder persönlichen Idealbild ausgerichtet werden. Salopp formuliert bedeutet das: **Die Schule darf den Schüler formen, aber nicht verbiegen.**

Das Recht der Schule, in die Persönlichkeit des Schülers steuernd einzugreifen, ist umso größer, je mehr es sich um anerkannte Grundsätze einer gemeinschaftlichen Erziehung handelt wie Rücksichtnahme, Toleranz, Anstrengungsbereitschaft, Gewissenhaftigkeit usw.

Freie Entfaltung der Persönlichkeit bedeutet in der Schule also keineswegs, den Schülern alles das zu erlauben, was ihnen angenehm erscheint, und das zu vermeiden, was sie nicht mögen, denn zur Entwicklung einer Persönlichkeit sind auch unangenehme Pflichten und Widerstände erforderlich, an denen man sich reiben kann.

Das war in sehr knapper Form das Wichtigste zu den grundgesetzlichen Pflöcken, die die Verfassung für die Schule eingeschlagen hat. Auf einzelne Aspekte werde ich später noch einmal zu sprechen kommen.

Landesgesetz und Kommentar

Dreh- und Angelpunkt für Sie ist natürlich das Schulgesetz Ihres Bundeslandes. Was ist nun im Schulgesetz Ihres Landes geregelt? Das Bundesverfassungsgericht ist wieder einmal tätig geworden und hat geklärt, dass dort die **wesentlichen** Dinge des Schulwesens geregelt werden müssen. Juristen bezeichnen dies als das »Wesentlichkeitsprinzip«, ich weiß, es ist ein scheußliches Wort. Im Gesetz finden Sie also die Organisationsformen, die Rechte von Eltern, Schülern und Lehrern, die Befugnisse der Konferenzen, Schulleitung oder der Schulaufsicht.

Bei der Anschaffung Ihres Schulgesetzes sollten Sie ruhig etwas mehr investieren und sich eine **kommentierte Fassung** des Gesetzes (kurz: einen »Kommentar«) kaufen oder besser noch schenken lassen. Was ist nun ein Kommentar und warum sollten Sie sich einen zulegen?

Das reine Schulgesetz Ihres Landes wird Ihnen als juristischer Laie wenig helfen, da Sie im Gesetz ständig sog. »unbestimmte Rechtsbegriffe« finden werden, die in Ihren Augen mehrdeutig, schwammig oder gar nichtssagend sind. Wissen Sie beispielsweise, was das Schulgesetz unter »allgemein anerkannten pädagogischen Grundsätzen« versteht oder was in einem bestimmten Fall »angemessen« ist? Das Gesetz allein trifft hierüber keine Aussage, weil die Juristen meistens wissen, wie sie solche Begriffe auszulegen haben. Der Kommentar jedoch sagt und erklärt es Ihnen, denn hier finden Sie die **Auslegung von unbestimmten Rechtsbegriffen** durch die (meist hochqualifizierten) Verfasser, die Schulverwaltung und die Rechtsprechung. Sie finden im Kommentar selbstverständlich auch den Originaltext des Schulgesetzes, außerdem die wichtigste Rechtsprechung der Gerichte zu den einzelnen Paragraphen. So können Sie nach einem Blick in den Kommentar verlässlich abschätzen, wie die Schulbehörde oder ein Gericht wohl in dem konkreten Fall, der Sie interessiert, entscheiden würde. Auch der Anwalt, den die Eltern eines Problemschülers wahrscheinlich beauftragt haben, wird in den Kommentar schauen, bevor er Ihnen bzw. der Schule gegenüber »auf den Busch klopft«. Deshalb ist es auch für Sie hilfreich zu wissen, wie die Gerichte in der Vergangenheit entschieden haben und wer vermutlich Recht bekommen wird.

Tipp: Gönnen Sie sich also einen Kommentar (ca. 30 Euro). Sie sparen dadurch in unangenehmen Situationen Zeit und Nerven. Glauben Sie bitte nicht, dass Sie Kommentare zu den Gesetzen kostenlos aus dem Internet herbeiklicken können.

Rechtsnormen und ihre Auslegung

Vor dieser Lektion möchte ich Sie ermuntern weiterzulesen, denn es folgen trockene Seiten, die ich Ihnen leider nicht ersparen kann, weil hier wichtige Grundlagen behandelt werden, die Sie einfach kennen **müssen**. Deshalb sollten Sie diesen Teil nicht überspringen, selbst wenn andere Kapitel Sie mehr interessieren. Ich werde, so gut ich kann, das Ganze auflockern, um es leichter »verdaulich« zu machen.

Normenhierarchie

Wie Sie wissen, sind nicht alle Rechtsnormen gleichwertig, sondern es gibt eine Rangfolge, die ich Ihnen gleich vorstellen werde. Außerdem werden Sie erfahren, dass nicht jede rechtliche Norm ein »Gesetz« ist, selbst wenn ein Paragraphenzeichen davor steht. Wenn Otto Normalverbraucher die Müllordnung seiner Stadt für ein Gesetz hält, weil sie in Paragraphen unterteilt ist, so soll er es weiter tun, aber es ist falsch. Für Sie als Lehrer ist die Unterscheidung zwischen dem Oberbegriff »Rechtsnorm« und einem »Gesetz« unter Umständen entscheidend. Bevor ich Ihnen erkläre, was ein »richtiges« Gesetz ist, stelle ich Ihnen kurz die Rechtsnormen vor, angefangen mit der höchsten.

Das internationale (europäische) Recht lasse ich weg, weil es im Moment für das Schulrecht noch unerheblich ist. Danach stehen in folgender Rangfolge:

1. Die Verfassung(en);
2. Das Gesetz;
3. Die Rechtsverordnung (RVO);
4. Die Verwaltungsvorschrift (Erlass, Verfügung);
5. Die Satzung.

Beginnen wir mit der ranghöchsten Normebene in Deutschland, die über dem einfachen Gesetz steht.

▶ **Verfassung:**
Es gibt eine übergeordnete Verfassung des Bundes (das Grundgesetz), aus der Sie schon die für die Schule wichtigsten Artikel kennen. Darüber hinaus existiert für jedes Bundesland eine (Landes)verfassung. Die Verfassungen sind auch Gesetze, aber sie stehen über dem einfachen Gesetz. In den Verfassungen legen der Bund (Grundgesetz) bzw. das jeweilige Bundesland die großen Linien ihrer Politik fest.

▶ **Gesetz:**
Da das einfache Gesetz unter der Verfassung steht, darf es nicht im Widerspruch zur übergeordneten Landesverfassung stehen. Dieses Prinzip gilt für alle Rechtsnormen.

Das entscheidende Merkmal für ein Gesetz liegt in der Beantwortung der Frage, wer es erlassen hat. Ein (richtiges oder »förmliches«) Gesetz muss vom Parlament erlassen werden, es benötigt also die mehrheitliche Zustimmung der jeweiligen Volksvertreter. Da diese durch die Bevölkerung des jeweiligen Bundeslandes gewählt werden, verkörpert das förmliche Gesetz letztlich indirekt den Willen der Bevölkerung. Aus diesem Grund muss man sich an Gesetze halten – also nicht, weil dort eine Regelung schwarz auf weiß steht, sondern weil das Gesetz dem angenommenen Willen der Mehrheit entspricht. Selbst wenn jemandem ein Gesetz nicht passt oder nicht einleuchtet, muss er sich daran halten. Das gilt für jeden, der auf deutschem Boden lebt, seine Einwilligung ist dafür nicht erforderlich. Falls es ihn ernsthaft stört, kann er aber versuchen, eine parlamentarische Mehrheit zu erringen und es zu ändern.

Was wird nun in den (förmlichen) Gesetzen geregelt? Alles, was **wesentlich** ist, so das Bundesverfassungsgericht. Das bedeutet: Dinge, die wesentlich für die Schule sind, dürfen nicht vom Kultusminister allein geregelt werden, sondern benötigen die Zustimmung des Parlaments. Ein Minister kann folglich nicht ein Gesetz erlassen, wie es manchmal verkürzt, aber falsch, wiedergegeben wird. Er kann es höchstens dem Parlament vorschlagen und hoffen, dass die Mehrheit der Volksvertreter diesem Gesetz zustimmt.

Für die Schule ist z.B. wesentlich, welche Schulformen es gibt, welche Befugnisse die Konferenzen haben oder welche Ordnungsmaßnahmen man gegen störende Schüler verhängen kann. Deshalb müssen diese Punkte per Gesetz geregelt werden, und sie sind es auch. Auch die Frage, ob eine muslimische Lehrerin im Unterricht ein Kopftuch tragen darf, wurde im September 2003 vom Bundesverfassungsgericht für so wesentlich gehalten, dass es eines **Landesgesetzes** bedarf, um den Fall rechtmäßig zu klären. Ob ein solches Gesetz dann im Einklang mit dem übergeordneten Grundgesetz steht, muss notfalls noch einmal geklärt werden. Mehr zum sog. »Kopftuch-Urteil« finden Sie auf Seite 39.

▶ **Rechtsverordnung (RVO):**
Wenn es wesentliche Dinge gibt, dann muss es auch unwesentliche, also weniger wichtige, geben. Diese darf der Kultusminister in eigener Zuständigkeit regeln, **wenn das Parlament ihn dazu ermächtigt hat**. Diese Ermächtigung muss im Gesetz vermerkt sein. Falls der Kultusminister ermächtigt ist, darf er Rechtsverordnungen (RVO) erlas-

sen. Dazu gehören z.B. Prüfungsordnungen für das Abitur. Diese Rechtsverordnungen stellen die dritte Ebene der Rechtsnormen dar. Die Juristen sprechen gerne, um diejenigen, die sich auf ihr Gebiet wagen, zu verwirren, von einem »materiellen« Gesetz. Aber es ist kein richtiges Gesetz, das vom Parlament erlassen wurde, sondern nur eine Verordnung. Wenn diese Verordnung korrekt über eine Ermächtigung zustande gekommen ist und dem übergeordneten Gesetz nicht widerspricht, ist sie für den Lehrer genauso bindend wie ein Gesetz, aber sie ist eben kein (förmliches) Gesetz.

Um Ihnen an einem Beispiel aus der Praxis zu zeigen, welche pädagogisch fatalen Auswirkungen es haben kann, wenn die Kultusverwaltung nicht sauber arbeitet, stelle ich Ihnen folgenden Fall vor, in dem man die Ermächtigung vergessen hatte.

Ein echter Rüpel von Schüler schlug und bestahl andere Schüler und sprach auch auf die wohlmeinenden pädagogischen Ermahnungen nicht an. Man schaute also in die Verordnung, in welcher die möglichen Schulstrafen (damals hießen sie noch so) gegen solche Schüler detailliert geregelt waren, fand als geeignete Maßnahme den Schulausschluss für zwei Wochen und verhängte diesen gegen den Schüler. Der Rüpel bzw. seine Eltern nahmen sich einen Anwalt und der prüfte den Fall nach allen Regeln der juristischen Kunst. Nachdem er schon bald die einschlägige Verordnung gefunden hatte, suchte er nach der dazugehörigen Ermächtigung im Gesetz, die er jedoch nicht fand, weil es sie nicht gab. Was war passiert? Das Kultusministerium hatte die Verordnung einfach so herausgegeben, weil es meinte, dieser Bereich müsse geregelt werden und wegen solcher Lappalien brauche man doch nicht das Parlament zu behelligen. Zudem hielten sich Generationen von Lehrern, Schulleitern, Eltern und Schülern an diese (rechtswidrige) Verordnung, ohne dass jemand auf die Idee gekommen wäre, sie jemals infrage zu stellen. Das tat aber jetzt der Anwalt. Das zuständige Gericht konnte und durfte sich nicht der Sichtweise des Kultusministeriums anschließen. Der Schüler bekam Recht, der Schulausschluss durfte (pädagogisch bedauerlich, aber juristisch korrekt) nicht verhängt werden.

Daraus folgt: Nicht alles, was irgendwo geschrieben steht, ist gültig, nicht einmal wenn es vom Kultusministerium kommt. Das ist allerdings kein spezielles Problem der Länder, denn es sind schon etliche Gesetze der Bundesregierung (z.B. Volkszählungsgesetz) vom Bundesverfassungsgericht »gekippt« worden, obwohl ein Heer von hochbezahlten (und hochqualifizierten?) Hausjuristen sie ausgearbeitet hatten. Trotz der zutiefst menschlichen Fehlbarkeit von Ministerien folgt daraus jedoch nicht im Umkehrschluss, dass alles, was vom Kultusministerium kommt, ungültig und nur als Vorschlag zu verstehen ist, dem man folgen kann, wenn es einem gerade passt.

▶ **Verwaltungsvorschrift (Erlass, Verfügung):**
Knapp unterhalb der Rechtsverordnung steht die **Verwaltungsvorschrift**, deren bekannteste Form der **Erlass** (ähnlich: »Verfügung«, »Dienstanweisung«, »Richtlinie«) ist. Der Erlass ist, streng genommen, keine eigenständige Rechtsnorm, sondern eine rein behördeninterne Weisung zu Detailfragen, in welcher der Kultusminister seine

Auslegung bestimmter Normen darlegt und regelt, wie diese in seinem Sinne zu befolgen sind. Eine Verfügung steht wieder etwas darunter und ist eine Verwaltungsvorschrift einer nachgeordneten Behörde (z.B. der Bezirksregierung), in der Organisations- oder Verfahrensfragen festgelegt werden. Alle für die Schule wichtigen Erlasse sind im Schulverwaltungsblatt (SVBl.) Ihres Landes abgedruckt, dessen Lektüre für alle Lehrer verpflichtend ist, um über aktuelle Regelungen auf dem Laufenden zu sein.

▶ **Satzung:**
Nur der Vollständigkeit halber sei noch erwähnt, dass es unter den RVO noch die Satzungen gibt, z.B. der Städte und Gemeinden, die eigenständig Rechtsnormen erlassen dürfen. Satzungen sollen die Selbstverwaltung ermöglichen. Hierzu gehören z.B. die Müllregelung Ihrer Stadt bzw. Gemeinde, aber auch die Hausordnung der Schule. Denn da die Schule eine Anstalt des öffentlichen Rechts ist, hat sie das Recht, sich in eigenen Angelegenheiten selbst zu verwalten. Einige Juristen definieren zwar die Schulordnung auch als »Sonderverordnung«, aber diese Unterscheidung braucht uns hier nicht zu beschäftigen.

Neben der Satzung gibt es noch als Rechtsquelle das Gewohnheitsrecht, das Sie nirgendwo in einem Gesetz fixiert finden, das aber von der Rechtsprechung trotzdem anerkannt wird. Damit jedoch etwas als Gewohnheitsrecht gültig wird, muss eine Regelung erstens **sehr lange** (mindestens 10 Jahre) und zweitens **unwidersprochen** gelten.

 Jede Regelung muss mit den übergeordneten Regelungen im Einklang stehen.

Die unteren Ebenen dürfen präzisieren, indem sie die Umsetzung regeln, sie dürfen aber nicht der übergeordneten Rechtsnorm widersprechen oder diese aushöhlen. Wenn also der Kultusminister über einen Erlass regeln würde, dass die Noten der Schüler nicht mehr durch die Lehrer, sondern durch die Konferenzen festgelegt werden sollen, so wäre dies rechtswidrig und damit unwirksam, weil es dem übergeordneten Gesetz widerspräche.

Neben den Rechtsnormen gibt es noch:
▶ KMK (Kultusministerkonferenz, eigentlich »Ständige Konferenz der Kultusminister der Länder«): Damit hier ein Beschluss gefasst werden kann, ist zunächst die Einstimmigkeit notwendig. Aber selbst dann ist der Beschluss für die Länder noch nicht bindend, sondern erst, wenn das jeweilige **Landesparlament** den Beschluss akzeptiert und übernommen hat. Wenn, wie durch das Land Niedersachsen angedroht, ein Bundesland aus der Konferenz austritt, reduziert sich die tatsächliche Bindungswirkung noch weiter.
▶ LAK (Länderabkommen): Hier einigen sich die Ministerpräsidenten, z.B. über die gegenseitige Anerkennung von Prüfungen.
▶ BLK (Bund-Länder-Kommission, Art. 91b GG): Sie dient der Abstimmung in Bildungsfragen zwischen Bund und Ländern.

Sprachliche Bindungswirkung

Im Folgenden geht es um die sprachliche Formulierung von Rechtsnormen und ihre unterschiedlichen Bindungswirkungen, deren Auslegung z.T. erheblich vom alltäglichen Sprachverständnis abweicht und deshalb vielen Schülern, Eltern und Lehrern Probleme bereitet.

▶ **Die Muss-Regelung:** Sie verkörpert die stärkste rechtliche Bindung. Diese Regelung taucht nicht nur bei dem Wort »muss« auf, sondern auch in sprachlichen Varianten wie »es ist zu ...«, »die Schule hat zu ...«. Sie lässt demjenigen, der zuständig ist, **keinen** Spielraum. Juristen nennen einen solchen Spielraum »Ermessen«. Das Ermessen in einer Muss-Regelung ist also gleich null. Mit der Auslegung dieser Formulierung gibt es kaum Schwierigkeiten, sie wird von allen Beteiligten verstanden. Ob sie jedoch befolgt wird, ist eine ganz andere Frage.

▶ **Die Soll-Regelung:** Sie erweist sich in der Praxis als erheblich problematischer. Sie wird von vielen Lehrern zum eigenen Vorteil so interpretiert, dass man, wenn es sich denn einrichten lässt und nicht zu viele Umstände macht, etwas Bestimmtes erledigen soll. Falls die Angelegenheit jedoch schwierig oder aufwendig ist und deshalb nicht ausgeführt wird, dann ist das nicht so tragisch. Diese Auffassung ist schlichtweg falsch. Die Tatsache, dass viele Lehrer eine tatsächlich vorliegende stärkere Bindung der Soll-Regelung nicht wahrhaben wollen und sie zu ihren Gunsten wie die unverbindlichere Kann-Regelung auslegen, ändert nichts daran. Wenn ein altgedienter Kollege, der schon seit Jahrzehnten in Amt und Würden ist, Ihnen im Brustton der Überzeugung versichert, dies sei die »Wahrheit der schulischen Praxis«, denn so würden es alle machen, und die Juristen würden alles nur verdrehen, dann sollten Sie mit ihm um ein Kaltgetränk Ihrer Wahl wetten. Diese Wette werden Sie verdient gewinnen, wenn Sie das Folgende verstehen.

> »**Soll**« bedeutet (grundsätzlich) »**muss**«, nur in **sehr wenigen** Ausnahmefällen sind **begründete** Abweichungen möglich.

Was heißt das nun konkret? Nehmen wir als Beispiel die Rückgabe von Klassenarbeiten bzw. Klausuren.

Klassenarbeiten bzw. Klausuren »**sollen**« in vielen Bundesländern innerhalb von zwei Wochen (Sek. I) bzw. von drei Wochen (Sek. II) zurückgegeben werden. Das bedeutet im Kern, dass die Arbeiten grundsätzlich innerhalb der vorgegebenen Frist zurückgegeben werden **müssen**. Überlegen Sie bitte einmal, welche Umstände so **außergewöhnlich** sein könnten, damit eine begründete Ausnahme vorliegen könnte und ein Lehrer die Arbeit erst **nach** dem Verstreichen der vorgegebenen Frist zurückgeben müsste. Eine plötzliche schwere Krankheit könnte ein solcher Grund sein, auch ein Todesfall in der Familie, um den man sich zu kümmern hat. Nicht dazu gehören jedoch die Belastung durch das Abitur oder viele andere Klausuren, da solche Belastungen nicht außergewöhnlich für einen Lehrer sind und zudem nicht überraschend auftauchen.

Es tut mir leid, wenn ich den Kollegen aus der Schule keine angenehmere Auskunft geben kann, aber so ist die Rechtslage bei juristisch korrekter Deutung des Wörtchens »soll«.

Letztlich ist es Ihre Entscheidung, ob Sie diese verbindliche Regelung befolgen wollen oder nicht, genauso wie es Ihre Entscheidung ist, ob Sie im Halteverbot parken. Sie entscheiden, ob Sie mit Ihren Schülern das machen, was man früher vielleicht mit Ihnen gemacht hat und worüber Sie sich zu Recht geärgert haben, z.B. über die Rückgabe der Arbeit erst nach einer ungebührlich langen Zeit.

Nun noch eine gute Nachricht, auf die Sie beim Nachdenken aber sicher selbst kommen. Was ist mit den Ferien? Werden die auf die Zwei- bzw. Drei-Wochen-Frist angerechnet oder stellen sie eine »Auszeit« dar? Selbstverständlich rechnen nur die Tage, an denen Schule stattfindet, in den Ferien können und sollen die Lehrer sich erholen oder fortbilden; kein Mensch kann verlangen, dass ein Lehrer Klassenarbeiten z.B. mit in die Weihnachtsferien nimmt.

Eine weitere gute Nachricht liegt in der Tatsache, dass Juristen manchmal Dinge unterscheiden, über die sich sonst niemand Gedanken macht. Bei unserer angenommenen Frist von zwei Wochen handelt es sich nicht um eine Ausschlussfrist, sondern um eine sog. **Ordnungsfrist.** Stellen Sie sich bitte vor: Der Unterricht fällt zwei Wochen nach dem Schreiben der Klausur aus, weil Sie irgendwo anders Vertretung geben müssen. Die nächste Stunde in der Lerngruppe ist erst zwei Tage später, sodass die Klausur in diesem Fall nach 16 Tagen und nicht nach exakt 14 Tagen zurückgegeben wird. Eine solche Rückgabe bei einer Zwei-Wochen-Frist wäre noch kein Verstoß. Die Einstufung als Ordnungsfrist rechtfertigt allerdings nicht die Rückgabe erst nach vier oder fünf Wochen oder erst zu dem Termin, an dem die Schüler bereits die nächste Klausur schreiben. Sie kennen das aus Ihrer eigenen Schulzeit? Ich auch. Trotzdem ist ein solches Vorgehen nicht korrekt.

▶ **Die Kann-Regelung:** Sie besitzt die geringste Bindungswirkung und lässt dem Anwender den größten Spielraum bei der Auslegung einer Regelung. Diesen Entscheidungsspielraum nennt der Jurist **»Ermessen«.** Das Ermessen ist aber **keine freie Wahlmöglichkeit**, sondern das Ermessen ist »gebunden«, es muss »**pflichtgemäß**« ausgeübt werden. Da Gesetze und Verordnungen immer abstrakt sind und keine Einzelfälle berücksichtigen, ist es durchaus sinnvoll, dass man der Schule bzw. dem Lehrer ein Ermessen einräumt, damit er auf unterschiedliche Einzelfälle flexibel reagieren kann. Er hat jedoch, wie schon erwähnt, keine freie Wahlmöglichkeit, sondern muss **sachliche** – das sind fachliche oder pädagogische – Gründe für seine Entscheidung angeben können. So liegt es z.B. im Ermessen des Lehrers, Fehler bei einem Ausländer mit Sprachschwierigkeiten geringer zu gewichten oder für einen schwachen Schüler die Hausaufgabe zu vereinfachen. Es wäre aber ein sog. »Ermessensfehlgebrauch«, dies für alle Mädchen, für alle Schüler mit Markenturnschuhen oder mit roten Haaren anzuordnen, denn hier wären keine sachlichen, sondern, wie die Juristen sagen, »sachfremde« Gründe ausschlaggebend.

Diese Bindung des Ermessens gilt auch in Bezug auf Sie als Lehrer. Jede Behörde, also auch die Schule oder die Bezirksregierung, hat Ihnen gegenüber bei einer Kann-Regelung einen Ermessensspielraum. Das bedeutet aber, wie Sie jetzt wissen, für die Behörde keine freie Wahl nach Gutdünken, sondern eine Entscheidung nach sachlichen Gesichtspunkten, die Ihnen auf Anfrage auch genannt werden müssen.

Der große Ermessensspielraum bei den Kann-Bestimmungen ist kein Freibrief für willkürliche Entscheidungen. Die Entscheidung muss sachlich gerechtfertigt sein, z.B. durch pädagogisch nachvollziehbare Überlegungen. Dabei geht es nicht darum, dass Ihre Entscheidung **richtig** ist. Da Sie Pädagogik studiert haben, wissen Sie, dass es keine absolute pädagogische Wahrheit gibt. Es gibt mindestens so viele widerstreitende Ansichten, wie es Autoren gibt, manchmal sogar noch mehr. Woran also soll oder muss sich Ihre Entscheidung orientieren? Die Juristen sind sich dieses Dilemmas, in dem Sie stecken, sehr wohl bewusst. Sie sind nicht so kategorisch wie manche Theoretiker, die eine reine Lehre predigen. Deshalb verlangt man von Ihnen auch nicht die pädagogisch **richtige** Entscheidung, sondern nur eine Entscheidung, die vertretbar ist. Das bedeutet: Sobald Sie nach einer pädagogischen Theorie handeln, die nicht abwegig ist, sind Sie im grünen Bereich, da es keine verbindlich vorgeschriebene Theorie für die Schule gibt.

Selbstredend dürfen Sie nichts machen, was gegen die gesetzlichen Bestimmungen Ihres Bundeslandes verstößt, aber ansonsten sind Sie nur Ihrem »pädagogischen Gewissen« verpflichtet. Das ist eine große Verantwortung, aber auch ein großer Vertrauensbeweis Ihres Dienstherren, der davon ausgeht, dass Sie nach Ihrer erfolgreich abgelegten Ausbildung schon die »richtige« Entscheidung treffen werden. Um auf den Eingangsfall mit der abgestuften Menge der Hausaufgaben zurückzukommen: Sie könnten dem schwachen Schüler weniger, aber auch mehr Hausaufgaben aufgeben als den anderen Schülern. Es hängt eben von der Person des betreffenden Schülers ab, ob er eher geschont oder stärker gefordert werden muss. Und das können Sie, der pädagogisch geschult ist und den Schüler gut kennt, am besten beurteilen. Diese Annahme deckt sich auch mit der Auffassung des Grundgesetzes im Art. 2, nach der es kein festgelegtes Menschenbild gibt, das es in der Schule zu formen gilt. Vielmehr glaubt unsere Verfassung und auch Ihre Landesverfassung an eine offene Gesellschaft und an die Pluralität von Meinungen, auch in der Schule. Gegen Ihre persönliche pädagogische Ansicht, sofern Sie sich im Rahmen der Gesetze bewegt, ist eben nichts einzuwenden, selbst falls Eltern und Schüler nicht immer Ihrer Meinung sein sollten.

Belohnen Sie sich nach diesem schwierigen Abschnitt und trösten Sie sich: Je weiter Sie das Buch durchlesen, desto einfacher wird es, weil Sie das Gesamtkonzept des Schulrechts immer besser verstehen werden.

Auslegung

Am Anfang hatte ich kurz die sog. »unbestimmten Rechtsbegriffe« erwähnt, deren genaue Bedeutung man im Kommentar findet. Allerdings kann man, wenn kein Kommentar zur Hand, man aber halbwegs intelligent ist, die Auslegung eines solchen Begriffs zur Not auch selbstständig erschließen. An einem Beispiel, das nichts mit dem Schulrecht zu tun hat, das aber für meine Absicht perfekt ist, möchte ich Ihnen zeigen, wie Sie auslegen können.

Dazu begeben wir uns in eine Universitätsstadt, und zwar zu Wohnwagen-Willi. Wohnwagen-Willi lebt, wie der Name bereits sagt, aufgrund akuten Wohnungsmangels in einem Wohnwagen auf dem Parkplatz der Universität (mit deren Einwilligung). Gerüchteweise hat er vom Grundgesetz und dessen Art. 13 gehört, der die **Unverletzlichkeit der Wohnung** garantiert. Er hat auch davon gehört, dass Sie dabei sind, sich juristisches Wissen anzueigen. Und so wendet er sich vertrauensvoll an Sie und möchte wissen, ob sein Wohnwagen eine »Wohnung« im Sinne des Gesetzes (Art. 13 GG) ist.

Vielleicht merken Sie in diesem Augenblick, dass der Begriff der »Wohnung« gar nicht so eindeutig ist, wie Sie bislang geglaubt haben.

Um einen unbestimmten Begriff zu klären, unterscheiden die Juristen vier Arten der Auslegung:

▶ Man fängt an mit der **Auslegung nach dem Wortsinn**, versucht also zu klären, was man sprachlich unter einer »Wohnung« versteht. Dies dürfte ein umgrenzter Raum sein, in dem sich jemand häufig aufhält, in dem er schläft, in dem er lebt. Vielleicht so etwas wie, volkstümlich gesagt, ein »Dach über dem Kopf«.

▶ Falls diese Auslegung nicht weiterhilft, probiert man die **systematische Auslegung**, d.h. die Auslegung aus dem Zusammenhang der Rechtsnormen. Dazu schaut man sich die gesetzlichen Regelungen davor und dahinter an, da aus ihnen der Zusammenhang deutlich wird, aus dem dann das fragliche Wort zu verstehen ist. Hierzu mein Musterbeispiel aus dem BGB:

Schaut man sich isoliert den § 110 des BGB (»Taschengeldparagraph«) an, in dem (verkürzt, aber sinngemäß) steht, dass ein »Minderjähriger« mit seinem Taschengeld machen kann, was er will, so könnte man auf die Idee kommen, dass ein 5-Jähriger, der Taschengeld bekommt, mit diesem Geld (rechtlich) machen kann, was er will. Das ist falsch, was aber nur aus dem Kontext, also aus der Systematik des Gesetzes, zu erkennen ist. Das BGB fängt den Absatz über die Geschäftsfähigkeit in § 104 mit den Geschäfts**un**fähigen an, das sind die Kinder bis zum 7. Lebensjahr. Ab § 106 BGB beginnt der Abschnitt über die sog. »beschränkt Geschäftsfähigen«, d.h. die über 7- bis 18-jährigen Kinder und Jugendlichen. Wenn also der § 110 BGB von »Minderjährigen« spricht, so wird erst aus der Systematik des gesamten Kapitels klar, dass damit nur die Kinder bzw. Jugendlichen **über 7 Jahre** gemeint sind, die mit ihrem Taschengeld machen können, was sie wollen. Der eigenständige Kauf eines Lutschers durch einen 5-Jährigen, also einen Geschäftsunfähigen, ist deshalb rechtlich nicht zulässig. Dass er in der Wirklichkeit täglich stattfindet, ist etwas ganz anderes.

Es ist also grundsätzlich sinnvoll, die Paragraphen davor und dahinter anzuschauen, um unbestimmte Begriffe zu klären. Für unseren Fall mit Wohnwagen-Willi bedeutet dies, dass man sich die Artikel des GG anschauen müsste, die vor und hinter dem Art. 13 GG stehen. Jedoch lässt sich aus den Freiheitsrechten, die davor oder dahinter genannt werden (Freizügigkeit, Berufsfreiheit, Recht auf Eigentum), leider nicht sehr viel für die Auslegung des Wortes »Wohnung« entnehmen.

▶ Wenn also, wie gerade geschehen, auch dieser Ansatz keine Klärung bringt oder wenig ergiebig ist, versucht man die **historische Auslegung**. Für Wohnwagen-Willis Problem bedeutet dies, dass man sich fragt, wie wohl die Situation zum Entstehungszeitpunkt des Gesetzes, also hier des Grundgesetzes, war. Im Jahre 1949 war die Wohnungssituation eine völlig andere. Die wenigen Studenten, die es gab, wohnten bei ihren Eltern oder zur Untermiete. Wohnwagen dürfte es kaum gegeben haben, sodass verständlicherweise beim Entwurf des Grundgesetzes niemand an diese Möglichkeit gedacht hat. Wollte man heute den Art. 13 GG zeitgemäß formulieren, so würde man ihn vielleicht anders, und zwar weiter fassen.

▶ Als letzten Schritt fragt man **nach dem Normzweck**. Das heißt, man fragt sich: »Was wollte der Gesetzgeber mit dieser Rechtsnorm bezwecken? Welches Ziel hatte er vor Augen?« Höchstwahrscheinlich wollten die Schöpfer der Verfassung mit dem Art. 13 GG sicherstellen, dass jedermann einen Platz hat, an dem er ungestört sein kann, wo er das Hausrecht besitzt und die Staatsmacht grundsätzlich keinen Zutritt hat. Wenn man diesen Zweck zugrunde legt, so kommt man, wie Sie vielleicht vermutet haben, zu dem Ergebnis, dass auch der Wohnwagen von Wohnwagen-Willi als »Wohnung« im Sinne des GG angesehen werden muss.

Wenn Sie dem folgen konnten, was ich gerade durchgespielt habe, dann haben Sie eben mit mir den Begriff »Wohnung« juristisch korrekt ausgelegt, und zwar ganz ohne Hilfe eines Kommentars. Sie sehen also, man kann einen Begriff notfalls auch selbst auslegen, aber ein Blick in den Kommentar ist natürlich viel bequemer.

Tipp: Die ausführliche Auslegung zur »Wohnung« finden Sie übrigens, falls es Sie interessiert, in jedem Kommentar zum Grundgesetz unter Art. 13 GG.

Verwaltungsakt

Ein zentraler Begriff für das Schulrecht ist der **Verwaltungsakt (VA)**. Die Frage, ob etwas ein Verwaltungsakt ist, klingt recht unwichtig. Von ihrer Beantwortung hängt aber im Verwaltungsrecht (VerwR) und damit auch im Schulrecht als Teil des Besonderen Verwaltungsrechts sehr viel ab. Falls Sie die vollständige Definition genießen wollen, sollten Sie sich den § 35 VwVfG anschauen, am besten gleich in der kommentierten Fassung, damit Sie die unbestimmten Begriffe verstehen. Da ich hier nur Schulrecht für interessierte Einsteiger darstelle, reicht folgende verkürzte und etwas vereinfachte Definition.

> Ein Verwaltungsakt ist jede **(erhebliche) Entscheidung,** die auf Rechtswirkung nach außen gerichtet ist, die eine Behörde des öffentlichen Rechts zur Regelung eines **Einzelfalls** erlässt.

Unter der »Rechtswirkung nach außen« versteht man, dass es sich nicht um eine behördeninterne Regelung handeln darf, sondern um eine Entscheidung der Behörde gegen einen »außerhalb stehenden« Bürger. Damit eine Entscheidung als Verwaltungsakt eingestuft wird, müssen nicht nur eine oder zwei, sondern **alle** oben genannten Bedingungen erfüllt sein.

Test:
Überprüfen Sie bitte im Geiste die wichtigsten Merkmale eines Verwaltungsaktes:
- Liegt eine erhebliche Entscheidung vor?
- Gibt es eine Rechtswirkung nach außen?
- Wird ein Einzelfall geregelt?

Wenden Sie jetzt bitte einmal die vereinfachte Definition auf die unten stehenden vier Fragestellungen an und entscheiden Sie, ob es sich um einen VA handelt oder nicht.
- ▶ Wie ist es mit der Äußerung eines Lehrers gegenüber einem Schüler, den er mit »du dämlicher Esel« tituliert?
  Kein VA, da zwar eine Beschimpfung, aber **keine Entscheidung** und damit auch keine Rechtswirkung vorliegt.
- ▶ Was ist mit der Note einer einzelnen Klassenarbeit?
  Eine einzelne Klassenarbeit ist kein VA. Es ist zwar eine Entscheidung in einem Einzelfall, ebenso geht die Wirkung von der Behörde nach außen, nämlich zu einem Schüler. Allerdings entfaltet die Klassenarbeit, weil sie als einzelne Arbeit **nicht erheblich** ist, keine Rechtswirkung.
- ▶ Wie bewerten Sie eine verhängte Ordnungsmaßnahme (zweiwöchiger Schulausschluss)?
  Ja, es ist ein VA. Es ist eine erhebliche Entscheidung in einem Einzelfall und die Rechtswirkung geht von der Behörde nach außen, eben auf den Schüler.
- ▶ Was halten Sie von der Nichtversetzung eines Schülers durch die Klassenkonferenz zum Ende des Schuljahres?
  Es ist ein VA. Die Entscheidung entfaltet Rechtswirkung nach außen (auf den Schüler), sie regelt einen Einzelfall und ist erheblich.

Worin liegt nun die enorme Bedeutung, ob etwas ein Verwaltungsakt ist? Ganz einfach: Nur gegen einen Verwaltungsakt sind die »starken« Mittel des Widerspruchs und der Verwaltungsklage des Betroffenen rechtlich zulässig. Das heißt im Klartext, die schlechte Note einer Klassenarbeit oder einer Klausur kann vom Schüler oder seinen Eltern **nicht mit Widerspruch und Klage vor einem Verwaltungsgericht angefochten werden.**

Falls Sie mit der Antwort auf die erste Frage (»dämlicher Esel«) unzufrieden sind, kann ich Sie beruhigen: Diese und andere Beschimpfungen brauchen nicht unwidersprochen hingenommen zu werden (doch dazu mehr auf Seite 84, 85).

Problemkreis: Das Berufsrecht des Lehrers

Vorbemerkungen

Ich sage es ungern, aber viele Lehrer haben ein gestörtes Verhältnis zu ihrem Berufsrecht. Damit wir uns nicht missverstehen: Ich meine damit nicht, dass sie ständig gegen ihr Dienstrecht verstoßen. Vielmehr legen sie Bereiche, in denen sie Spielräume haben, oft sehr eng aus, ignorieren aber manchmal rechtlich verbindliche Vorgaben, weil sie glauben, hier Spielräume zu besitzen. Grundsätzlich werden die juristischen Vorgaben als unangenehme Beschränkung empfunden und nicht als Stütze, die das Handeln erleichtert. Man empfindet sich eben als »Pädagoge«, der nur dem eigenen Gewissen unterworfen ist, und schaut auf die »Juristen« herab, die alles so genau nehmen und keine Ahnung von der heutigen Schulwirklichkeit haben. Das stimmt auch teilweise. Aber das Gesetz ist »Trumpf« und kann nicht überboten werden. Aber das stört manche nicht. So kenne ich einen Schulleiter, der gegen die klaren rechtlichen Vorgaben dafür gesorgt hat, dass eine Schülerin mit drei Fünfen versetzt wurde und dies mit dem »Vorrang der Pädagogik« vor dem geltenden Recht begründete.

Dieses gestörte Verhältnis zum eigenen Dienstrecht hängt zum einen damit zusammen, dass es den Lehrern niemals systematisch vermittelt wurde. Die meisten Hochschulen sträuben sich dagegen, bieten allenfalls fakultative Veranstaltungen an und verweisen auf das Referendariat, wo diese Dinge sachkundig behandelt werden sollen. Dort ist die Zahl der zugewiesenen Stunden für das Schulrecht meist so minimal, dass es vorne und hinten nicht reicht. Zudem finden sich an den Studien- und Ausbildungsseminaren i.d.R. keine Juristen, sondern nur erfahrene Lehrer, die zwar aus ihrer Erfahrung berichten, aber kein Schulrecht systematisch vermitteln können. Das ist kein Vorwurf. Woher sollten sie das auch können? Und so treten nach der Referendarzeit die jungen Kollegen ihren Dienst in der Schule an, ohne das Recht zu kennen, auf dessen Grundlage sie fortan handeln sollen.

Der gute Vorsatz, sich dies selbst anzueignen, scheitert an den unerwartet hohen unterrichtlichen Belastungen und an der Tatsache, dass sich die entscheidenden Bestimmungen nicht in einer, sondern in ganz unterschiedlichen Rechtsquellen finden. Hier durchzufinden, ist ohne fachkundige Hilfe fast unmöglich, zumal die juristische Bedeutung von sprachlichen Formulierungen sich nicht immer mit dem allgemeinen Verständnis deckt. Wer dann die falsche Bedeutung annimmt, der glaubt, das Richtige zu tun – und macht dennoch das Falsche. Hier hilft nur der wiederholte Blick in das Schulgesetz Ihres Landes, und zwar in der kommentierten Fassung. Denn für die Absicherung Ihres beruflichen Handelns sollte Ihnen das Beste gerade gut genug sein. Was ich mit diesem Buch tun kann, ist Folgendes: Ich kann Ihnen nach und nach die diversen Stolpersteine zeigen, über die viele Junglehrer stolpern.

Rechtsstellung von jungen Unterrichtenden

Da hoffentlich nicht nur gestandene Lehrer, sondern auch bereits Praktikanten, Referendare und Junglehrer dieses Buch lesen, möchte ich Ihnen im Folgenden das Wichtigste über die Besonderheiten Ihrer Rechtsstellung in der Schule vermitteln.

Praktikanten

Praktikanten sind Studenten, die für eine begrenzte kurze Zeit in der Schule sind und im Rahmen ihres Praktikums auch einmal oder mehrmals unterrichten. Dabei haben sie außer den Regelungen für ihr Praktikum keine Beamtenrechte zu beachten. Sie besitzen keine Lehrerrechte, aber im Gegenzug auch keine offiziellen Lehrerpflichten, denn der Verantwortliche für den Unterricht ist der sog. »Mentor« oder Betreuungslehrer. Dieser ist in der Schule (neben dem Schulleiter) auch weisungsbefugt. Praktikanten sollten darauf achten, dass zweifelsfrei geklärt ist, wer dies ist, denn wenn während des Unterrichts des Praktikanten ein Schaden entsteht, will verständlicherweise möglichst niemand dafür die unangenehme Verantwortung tragen und den Papierkram erledigen.

Aber zunächst einmal die gute Nachricht für Sie als Praktikant: Sie tragen grundsätzlich keine Verantwortung, wenn z.B. der zuständige Lehrer Sie mit der Klasse im Klassenraum allein lässt, es daraufhin drunter und drüber geht und ein Schüler sich dabei verletzt. Da Sie (noch) kein Beamter sind, haben Sie auch keine besonderen Pflichten. Natürlich müssen Sie, wie jedermann, die allgemein geltenden Gesetze kennen und sich daran halten. Sie dürfen also keinen Alkohol oder keine Drogen im Unterricht genießen oder verteilen oder Schüler schlagen, die Ihren Anordnungen nicht folgen. Ebenfalls sollten Sie die Hausordnung Ihrer Ausbildungsschule kennen. Darüber hinaus kann niemand von Ihnen als Student verlangen, dass Sie bereits das gesamte Berufsrecht des Lehrers kennen. Nach meinem Kenntnisstand wird es an den meisten Hochschulen nicht vermittelt, weil man es für nicht so wichtig hält. Falls doch Kurse in dieser Richtung angeboten werden, so sind sie i.d.R. fakultativ und nicht verpflichtend. Das ist letztlich günstig für Sie, weil man Ihnen nicht vorwerfen kann, etwas nicht zu beherrschen, das nach der Studienordnung nicht verbindlich vorgeschrieben ist bzw. gar nicht als Lehrveranstaltung bei Ihnen angeboten wird.

Referendare

Deutlich anders ist die Situation für **Referendare**, denn sie sind Beamte, und zwar auf Widerruf (nicht auf Zeit, wie viele meinen). Ihre Beschäftigung in diesem Verhältnis ist von vornherein zeitlich begrenzt, z.B. auf zwei Jahre. Für Sie als Referendar gilt das **Beamtenrecht, und zwar vom ersten Tag an**. Das heißt, selbst wenn man Ihnen im Studienseminar/Lehrerseminar nicht das gesamte Berufsrecht des Lehrers vermittelt hat, was man vermutlich auch nicht schafft, setzt man voraus, dass Sie es kennen und beherrschen. Bauen Sie bitte nicht darauf, dass Sie Ihr Berufsrecht erst dann beherrschen müssen, nachdem irgendjemand es Ihnen kompetent und ausführlich erklärt hat. Nein: **Sie müssen sich Ihr Berufsrecht notfalls selbst aneignen.**

Vielleicht wird ein milder Verwaltungsrichter ein kleines Zugeständnis zu Ihren Gunsten machen, falls Ihnen in den ersten Wochen Ihres Dienstes als Beamter ein kleines Missgeschick passiert. Aber spätestens nach den ersten Ferien ist die Schonzeit vorbei, denn da hätten Sie sich ja Ihr Berufsrecht erarbeiten können. Oder haben Sie etwas Wichtigeres gemacht? Was denn? Außerdem hatten Sie das gesamte Studium über genügend Zeit, sich allmählich mit dem Recht des Lehrerberufs vertraut zu machen. Oder wussten Sie etwa nicht, dass diese Tätigkeit auf Sie zukommen würde? Ich bin mir darüber klar, dass Sie diese unbequemen Fragen hart und ungerecht finden. Aber Sie werden damit rechnen müssen, dass ein Richter oder der Anwalt eines verletzten Schülers im Fall der Fälle genau so argumentieren wird.

Nun zur praktischen Hilfe für Sie: An wen wenden Sie sich, falls Sie eine Frage zu einem rechtlichen Problem in Ihrem Schulalltag haben? Bitte überlegen Sie erst in Ruhe, bevor Sie im Geist eine schnelle, aber falsche Antwort geben. Wenn Sie jetzt sagen, dass Sie sich vertrauensvoll an einen Ihrer Fachleiter oder an einen Lehrer wenden, den Sie besonders sympathisch finden, begehen Sie möglicherweise einen schwerwiegenden Fehler. Ich will damit nicht sagen, dass Sie nicht mit gestandenen Lehrern oder Ihrem Fachleiter für Physik sprechen sollten, aber Sie müssen sich klar darüber sein, von wem Sie verbindlich welche Informationen bekommen können.

 Vorgesetzte sind für Sie die Seminarleitung und die Fachseminarleiter, weisungsberechtigt sind daneben die Schulleitung und die Lehrkräfte, bei denen Sie unterrichten.

Es ist kein Ruhmesblatt für die Lehrer, aber viele Kollegen haben nur rudimentäre Kenntnisse in ihrem Berufsrecht. Da sie sich zwar dessen bewusst sind, dies aber einem Referendar gegenüber nicht zugeben möchten, werden Sie oft unklare Antworten bekommen wie: »Ich mach das immer so ...« oder »Die meisten von uns machen das immer so ...« oder »Mach das mal am besten so ...«. Das, was Sie in diesem netten Plauderton hören, ist **keine Rechtsauskunft**, die Sie eigentlich brauchen, sondern eine **unverbindliche persönliche Meinungsäußerung**. Und die Tatsache, dass viele Lehrer (bei denen per Zufall nichts passiert) seit Jahren etwas falsch machen, kann und sollte für Sie keine Rechtfertigung sein, es auch so zu machen. Denn gerade bei Ihnen könnte etwas passieren. Außerdem dürfen Sie davon ausgehen, dass Sie den Kollegen vermutlich falsch verstanden haben, falls etwas Ernstes passieren sollte. Denn **so**, wie **Sie** es verstanden haben, hatte er es sicher nicht gesagt oder gemeint. Zu wem also gehen? Wer ist innerhalb der Schule laut Gesetz

▶ zuständig für die Einhaltung der Rechts- und Verwaltungsvorschriften?
▶ Wer wird zu Recht deutlich besser bezahlt als Sie,
▶ wer gibt weniger Unterricht, damit er anderen helfen kann, und
▶ wer ist an Ihrer Schule fast immer verfügbar?

Es ist der Schulleiter. Ihn sollten Sie konsultieren. Sie blamieren sich nicht, wenn Sie als Berufsanfänger ihn fragen. Sie blamieren sich nur, wenn etwas passiert und Sie nicht den Mut hatten, vorher sachkundige Auskunft einzuholen. Also: **Lieber dumm fragen, als hinterher der Dumme sein.**

Für den Fall, dass es sich um eine heikle Angelegenheit handelt, sollten Sie erwägen, jemanden mitzunehmen, z.B. einen anderen Referendar, wenn Sie den Schulleiter fragen. Das machen Sie natürlich nicht, weil Sie unterstellen, der Schulleiter könnte hinterher sagen, **so** habe er es nicht gemeint. Aber vier Ohren hören bekanntlich mehr als zwei, und der begleitende Referendarkollege kann notfalls Ihre Erinnerung unterstützen. Dringen Sie höflich, aber bestimmt auf eine klare, eindeutige Antwort. Lassen Sie sich nicht wieder an einen »normalen« Lehrer zurückverweisen oder mit mehrdeutigen Floskeln abspeisen, die oft nur ein Indiz dafür sind, dass auch der Schulleiter es eben nicht so genau weiß, wie Sie es gerne hätten.

Falls Sie dieses Gefühl haben, dann geben Sie dem Schulleiter Zeit, denn das, was man nicht weiß, kann man ja herausfinden. Dafür gibt es das Schulgesetz, den Kommentar, die Verordnungen und Erlasse – man muss nur ein wenig suchen. In der Regel sollten Sie nach 60 Minuten die einschlägige Norm gefunden haben und sich ziemlich sicher sein, wie etwas auszulegen ist. Der Schulleiter findet die Lösung hoffentlich in 15 Minuten und ist sich des Ergebnisses absolut sicher. Außerdem hat er die Möglichkeit, den speziell geschulten Hausjuristen bei der vorgesetzten Schulbehörde anzurufen, falls er unsicher ist. Wenn der Schulleiter Ihnen die gewünschte Auskunft gegeben hat, bedanken Sie sich herzlich dafür, dass er Ihnen als Berufsanfänger einen Wissenszuwachs verschafft hat.

Nach diesem kleinen Exkurs geht es wieder zurück zur Rechtsstellung des Referendars: Wie Sie gleich merken werden, haben Sie als Referendar ein vitales Interesse daran, genau zu wissen, welche Entscheidungen rechtens sind oder nicht. Sie sollten als Referendar nicht zu häufig oder zu heftig gegen Ihr Berufsrecht verstoßen, denn da Sie noch Beamter auf Widerruf sind, können Sie, wenn dies sachlich begründet ist, aus dem Dienst entlassen werden (so § 23 III BRRG). Das liegt z.B. vor bei nachgewiesener Unfähigkeit für den Lehrerberuf oder bei schweren Verstößen gegen das Berufsrecht des Lehrers. Zwar ist der Staat verpflichtet (Art. 12 GG), falls er einen Referendar vorzeitig aus dem Dienst entlässt, die notwendige Fortsetzung der Ausbildung bis zum Zweiten Staatsexamen zu ermöglichen, da er für diese Ausbildung das Monopol hat. Aber diesen Vorbereitungsdienst können Sie auch als Angestellter beenden. Und ob Sie nach einer Entlassung aus dem Beamtenverhältnis und dem Referendariat als Angestellter wieder eingestellt werden, erscheint mehr als fraglich.

Junglehrer

Der **Junglehrer** ist bis zu seiner Verbeamtung auf Lebenszeit Beamter auf Probe. Er ist Beamter mit fast allen Rechten und Pflichten. Die Probezeit liegt zwischen zwei und drei Jahren und kann bei Bedarf verlängert oder verkürzt werden. Bei Nichtbewährung im Dienst ist auch hier eine Entlassung möglich (23 II 2 BRRG, § 31 I 1 BBG). Bis zur Verbeamtung auf Lebenszeit ist größeres Fehlverhalten folglich riskant. An dieser Stelle sei es noch einmal gesagt: Die Nichtkenntnis bzw. Nichtbeachtung des eigenen Berufsrechts ist ein Dienstvergehen. Diejenigen Kollegen, die bereits Beamte auf Lebenszeit sind, können das alles viel lockerer sehen, weil ihnen beamtenrechtlich fast nichts mehr passieren kann. Referendare und Junglehrer hingegen tun gut daran, bestimmte Dinge nicht auf die leichte Schulter zu nehmen.

Deshalb an dieser Stelle auch meine Warnung vor dem Verstoß gegen das Urhebergesetz, das grundlegend neu gefasst wurde (mehr dazu auf Seite 62). Der beliebte Einsatz von Videofilmen aus dem privaten Bestand oder der Videothek zum Beginn oder Ende einer Unterrichtseinheit ist verboten. Es drohen nicht nur kostspielige zivilrechtliche Folgen, sondern auch strafrechtliche Konsequenzen, die von den Geschädigten mit Nachdruck verfolgt werden. Somit können Schüler und Eltern, wenn sie um die Vorläufigkeit des Beamtenverhältnisses wissen, einem Junglehrer das Leben schwer machen, denn einige begründete Beschwerden oder gar Klagen gegen den Lehrer sind ein berechtigter Grund, einen Junglehrer eben nicht als Beamten auf Lebenszeit zu übernehmen.

Rechte und Pflichten der Lehrer

Eine umfassende Darstellung des Beamtenrechts würde einen Wälzer ergeben, der es mit dem Telefonbuch von Berlin aufnehmen könnte. Ein solches Buch hätten Sie nicht gekauft, und vor allem würden Sie es nicht lesen. Was ich Ihnen im Folgenden anbiete, ist deshalb nur ein grober Überblick über die wichtigsten Rechte und Pflichten der Schulpraxis. Ich werde Ihnen den »roten Faden« des Beamtenrechts für Lehrer vermitteln, sodass Sie eine Vorstellung bekommen, in welche Richtung eine Entscheidung, die Sie interessiert, wahrscheinlich gehen würde. Das Spezielle an Gesetzen in Bezug auf die Rechte und Pflichten der Lehrer finden Sie in Ihrem **Schul**gesetz. Für das, was als Basis quasi darunter liegt, ist das **Beamten**gesetz Ihres Landes zuständig, also das Gesetz, welches gleichermaßen für Finanzbeamte, Polizisten, aber auch für Lehrer gilt. Die für den beamteten Lehrer wichtigen Punkte finden sich also in zwei unterschiedlichen Rechtsquellen, wobei die weniger bekannten Dinge im Beamtengesetz Ihres Landes stecken. Die Beamtengesetze der Länder orientieren sich jedoch am Bundesbeamtengesetz, weil man sinnvollerweise versucht hat, die Rechte und Pflichten von Beamten auf eine einheitliche Grundlage zu stellen.

Pflichten

Tipp: In einer stillen Stunde sollten Sie einmal die Paragraphen Ihres Landesbeamtengesetzes ausführlich lesen, denn auch die Lehrer sind an die für ihren Beruf einschlägigen Rechts- und Verwaltungsvorschriften gebunden, und dazu gehört auch das Beamtenrecht Ihres Bundeslandes.

Wenn Sie dann parallel das Bundesbeamtengesetz daneben legen, werden Sie sehr viele Übereinstimmungen feststellen. Vielleicht hat der Passus über die Amtsverschwiegenheit oder die Gehorsamspflicht, wie die Juristen sagen, eine andere »Hausnummer«, das heißt, eine andere Nummer des betreffenden Paragraphen. Davon abgesehen sind die wichtigen Dinge aber sehr ähnlich.

Lassen Sie mich nun zu einigen wichtigen Bestimmungen des Beamtengesetzes kommen: Als Lehrer sind Sie verpflichtet, dienstliche Weisungen auszuführen und sich um eine vertrauensvolle Zusammenarbeit zu bemühen. Das heißt, Sie müssen anderen Beamten gegenüber – und dazu gehört auch der Schulleiter – mit offenen Karten spielen. Das bedeutet auch, dass Lehrer verpflichtet sind, in **dienstlichen Dingen die Wahrheit** zu sagen. Wenn also über die Verteilung von Klassenleitungen gesprochen wird, dann dürfen Sie z.B. keine falschen Angaben machen, um auf diesem Wege das von Ihnen gewünschte Ergebnis herbeizuführen.

Das Landesbeamtengesetz fordert vom Beamten etwas pathetisch die **Pflicht zur vollen Hingabe**, im Klartext meint das: Lehrer sollten ihre Tätigkeit nicht nur als »Job« sehen, dem sie möglichst viele Vorteile abgewinnen, sondern als Beruf(ung).

Sie dürfen zudem aus ihrer Tätigkeit keinen persönlichen Nutzen ziehen. Also Vorsicht bei echten oder unechten »Geschenken«: Laut Gesetz ist für die Annahme eines Geschenks die Genehmigung der obersten Dienstbehörde einzuholen, die diese Befugnis jedoch nach unten abgeben kann. Wer Bölls »Wie in schlechten Romanen« gelesen hat, der weiß, dass Bestechung nicht so plump abläuft, wie es sich der Leser der Bild-Zeitung vorstellt (»Wenn Sie meine Tochter durchkommen lassen, dann gebe ich Ihnen 1.000 Euro«). Viele Lehrer glauben, dass nur bei dieser plumpen Variante eine Bestechung vorliegt, weil das ihnen die Annahme auch von wertvolleren Geschenken ermöglicht, obwohl die Grenze für die genehmigungsfreie Annahme eines Geschenks bei etwa 10 Euro liegt.

Ich kenne einen Kollegen, der sich von den Schülern seines Leistungskurses, und zwar vor den Abiturklausuren und damit **vor** der Benotung der Klausuren und dem mündlichen Abitur eine Flasche teuren Champagner schenken ließ und dies lediglich als harmlose, nette Geste ansah. Keiner seiner Kandidaten schnitt bei ihm schlecht ab. So läuft das.

Der Vater eines schwachen Schülers, der ein Computergeschäft besitzt, überlässt dem Klassenlehrer seines Sohnes einen neuwertigen Computer, den man »vermutlich sowieso nicht mehr hätte vernünftig verkaufen können«, zu einem sehr günstigen Vorzugspreis als Vorführgerät. So läuft das.

Die Dankbarkeit über solche großzügigen »Geschenke« lässt sich einfach nicht verdrängen und wird deshalb oft zum gewünschten Ergebnis führen.

Tipp: Wenn Sie also die Korruption und damit den Weg in die (schulische) »Bananenrepublik« stoppen wollen, lehnen Sie höflich, aber bestimmt solche Geschenke ab. Schließlich sind Sie kein Friseur oder Kellner, sondern werden ordentlich bezahlt.

Für Lehrer gilt auch hier der Grundsatz »**Melden macht frei**«. Der Betreffende sollte in Zweifelsfällen die vorgesetzte Dienstbehörde fragen, ob er das Geschenk annehmen darf. Falls die Zustimmung erteilt wird, ist der Lehrer entlastet, wenn die Zustimmung verweigert wird, ist die Angelegenheit ebenfalls korrekt geklärt. Falls der »Beschenkte« jedoch gar nicht erst fragt, könnte das ein Indiz dafür sein, dass er die ablehnende Antwort der vorgesetzten Behörde schon ahnt und diese vermeiden will, um das Geschenk zu behalten. Wenn hingegen in der Grundschule die gesamte Klasse für die Lehrerin etwas bastelt oder einen bescheidenen Blumenstrauß schenkt, ist hiergegen nichts einzuwenden, da der materielle Wert und der persönliche Nutzwert für die Lehrkraft gering sind. Für beide Seiten gilt: Geschenke sind am unverfänglichsten, wenn sie bescheiden sind und erst **nach** wichtigen Entscheidungen (**nach** den Versetzungskonferenzen, **nach** dem Bestehen des Abiturs) gemacht werden.

Häufig verstoßen wird von Lehrern gegen die **Schweigepflicht über dienstliche Belange**, denn auch Lehrer sind Menschen und möchten anderen gerne zeigen, was sie alles wissen. Dazu finden Sie auf der Seite 160 mehr, und zwar unter dem Punkt »Umgang mit den Kollegen«. Da Lehrer i.d.R. Beamte sind, genießen sie besondere Rechte, stehen aber zugleich in einem besonders engen Pflichtverhältnis zum Staat. Aus diesem Grund sind sie nicht nur zur **Neutralität im Dienst** verpflichtet, sondern ebenfalls dazu, sich **auch außer Dienst** nur gemäßigt zu äußern, da sie dort, wo man sie kennt, die Schule als staatliche Institution repräsentieren.

Großer Wert wird von den Vorgesetzten in der Praxis auf die **Einhaltung des Dienstweges** gelegt (§ 171 BBG, **Bundes**beamtengesetz). Das heißt, Anträge oder Ähnliches dürfen nicht sofort dem Kultusminister vorgelegt werden (der würde sich für diese Mehrarbeit bedanken), sondern der Weg geht **von unten nach oben**. Dadurch lässt sich das Problem manchmal schon auf einer unteren Ebene lösen, ohne dass man die übergeordnete Ebene damit belasten muss, die sich besser um Wichtigeres kümmern soll.

Für Beschwerden gilt eine leichte Abwandlung, denn ein Lehrer, der sich über seinen Schulleiter beschweren will, muss die Beschwerde selbstredend nicht erst diesem vorlegen. Allerdings gebietet es die bereits genannte Pflicht zur vertrauensvollen Zusammenarbeit, dass man mit dem Schulleiter zunächst über das Problem spricht und ihm die Gelegenheit gibt, seine Entscheidung oder seine Äußerung zu revidieren. Grundsätzlich ist es auch sinnvoll, dem Schulleiter im Gespräch anzukündigen, dass man sich mit dem Gedanken an eine Beschwerde trägt. Erst wenn das Vorgespräch erfolglos war, ist im Regelfall eine Beschwerde gerechtfertigt.

Tipp: Allerdings sollte man immer erst eine Nacht darüber schlafen, bevor man eine Beschwerde schreibt.

Dass der Lehrer während seiner Unterrichtsstunden grundsätzlich zur Anwesenheit in der Schule verpflichtet ist, ist selbstverständlich. Falls dies einmal nicht möglich sein sollte, z.B. wegen Krankheit, muss eine rechtzeitige Benachrichtigung der Schule erfolgen. Unterricht kann unter Leitung des Lehrers auch außerhalb der Schule stattfinden. Nicht zulässig ist es jedoch, dass Lehrer und Schüler sich darauf einigen, montags in den ersten beiden Stunden zu Hause zu bleiben, um dort konzentriert, aber individuell an einem Sachthema zu arbeiten. Sie meinen, das gäbe es nicht? Der betreffende Kollege ist jetzt Oberstudienrat (A 14) und Fachobmann für Kunst.

Falls erforderlich, ist der Lehrer verpflichtet, unentgeltlich Mehrarbeit zu leisten, z.B. Vertretungsstunden zu geben, die allerdings (Grundsatz der Gleichbehandlung) auch in gleichem Umfang von anderen Kollegen geleistet werden müssen.

Neben den im Beamtengesetz ausdrücklich erwähnten Pflichten gibt es welche, die nicht so deutlich genannt sind, die aber trotzdem wirksam sind. So z.B. die Fürsorgepflicht des Lehrers für die ihm anvertrauten (minderjährigen) Schüler. Die Juristen sprechen von einer »**Garantenstellung**«, die der Lehrer seinem Schüler gegenüber hat. Das bedeutet, der Lehrer hat **per Gesetz eine erhöhte Verantwortung** für jeden Schüler. Falls bei einem Schulausflug dem Schüler etwas passiert, ist letztlich natürlich jeder vorbeikommende Passant zur Hilfeleistung verpflichtet. Aber **zuerst ist der Lehrer gefordert**, da er in der sog. **Garantenstellung** gegenüber dem Schüler ist.

Weiter hat der Lehrer eine Informationspflicht, und zwar nicht nur gegenüber den Eltern, sondern auch gegenüber der Schulleitung, der **wichtige Dinge unaufgefordert** mitgeteilt werden müssen.

Zur Unterrichtspflicht des Lehrers gehört nicht nur, dass er seinen Unterricht gemäß den Rahmenrichtlinien erteilt, er ist auch verpflichtet, **pünktlich** zum Unterricht zu erscheinen. Denn Schüler und Eltern haben einen Anspruch darauf, dass sie für die Steuern, aus denen die Lehrergehälter bezahlt werden, auch wirklich 45 Minuten Unterricht bekommen und nicht nur 40 Minuten, also fast 10 Prozent weniger. Was würde wohl ein preisbewusster Lehrer sagen, wenn er im Geschäft 10 Prozent weniger bekommen würde, aber den vollen Preis bezahlen müsste? Wenn jeder Lehrer im Schnitt nur fünf Minuten zu spät zum Unterricht erschiene, bräuchte man sich über die geplante Einführung der 12-jährigen Schulzeit nicht den Kopf zu zerbrechen, weil man sie bereits durch die Hintertür der »40-Minuten-Stunde« eingeführt hätte. Aber das ist ja nicht der Fall. Oder? Ich weiß, einige Lehrer werden diese Anmerkung für überzogen halten und sich in ihrem Vorurteil bestätigt sehen, dass Juristen pingelig sind, aber der Unterricht beginnt nun einmal mit dem Klingeln und nicht erst fünf Minuten danach.

Auch sind die großen Pausen leider nicht vollständig zur Erholung der Lehrer vorgesehen, sondern teilweise für die Erledigung ihrer organisatorischen Aufgaben.

Unabhängig von der juristischen Lage (Verletzung der Aufsichtspflicht) ist es zudem pädagogisch höchst problematisch, von den Schülern zu verlangen, sie sollen pünktlich erscheinen, wenn man selbst häufig zu spät zum Unterricht kommt. Selbstredend gibt es Ausnahmesituationen, in denen Probleme, die keinen Aufschub dulden, sofort geregelt werden müssen, auch wenn sich dies bis in die nächste Unterrichtsstunde hineinziehen sollte. Aber ich kenne einige Kollegen, die sich beim Klingeln zum Stundenbeginn noch einen Kaffee einschenken und sich gemächlich hinsetzen, um noch einmal zu entspannen. Auf die dadurch betroffene Aufsichtspflicht werde ich ab Seite 47 ausführlich eingehen.

Wie Sie schon wissen, hat die Schule nicht nur die Pflicht zu unterrichten, sondern sie hat auch die Pflicht zu erziehen (Sexualkundeurteil des BVerfG, siehe Seite 14). Wer sich folglich als Lehrer in der Schule nur auf die Vermittlung von Fachwissen beschränkt, macht es sich und den Schülern zu leicht. Theoretisch haben alle Lehrer die Kompetenz zu erziehen, da sie grundsätzlich verantwortungsvolle Erwachsene mit einer zielgerichteten pädagogischen Ausbildung sind. Ich gebe gerne zu, dass die Erziehung von Schülern mitunter eine ausgesprochen anstrengende Pflicht ist. Aber sie wird nur dadurch leichter, wenn mehr Lehrer diese Pflicht als einen elementaren Teil ihres Berufs begreifen und gemeinsam daran mitarbeiten.

Von der Bevölkerung völlig unterschätzt (vielleicht auch von den Kultusministerien), liegt eine zeitliche Hauptbelastung des Lehrers in der Korrektur der schriftlichen Arbeiten. Hier herrscht immer noch die Vorstellung: »Der Lehrer hat vormittags Recht – und nachmittags frei.« Leider nicht, und die schriftlichen Arbeiten müssen so korrigiert werden, dass die Menge und die Art der Korrekturen (am Rand) einerseits die Endnote widerspiegeln und andererseits eine mögliche Hilfe für den Schüler sind. Selbstverständlich weiß auch ich, dass die meisten Schüler nur das Heft aufklappen, auf die Note schauen, seufzen oder jubeln – und das Heft sofort wieder zuklappen. Aber um der wenigen willen, die sich vor der nächsten Arbeit doch noch einmal die Anmerkungen zur letzten Arbeit anschauen wollen, muss die Korrektur des Lehrers präzise und konstruktiv sein.

Über die Rückgabefristen für korrigierte Arbeiten habe ich schon bei den Soll-Regelungen gesprochen: Sie betragen in vielen Bundesländern zwei Wochen für die Sekundarstufe I und drei Wochen für die Sekundarstufe II. Das ist zwar manchmal nur mit Mühe zu schaffen, aber durchaus sinnvoll, denn nach zwei bis drei Wochen ist die Arbeit bei den Schülern bereits wieder geistig in der Versenkung verschwunden, sodass selbst eine gute, aber zu spät zurückgegebene Korrektur den Schüler kaum mehr erreicht.

Einige Kollegen »belohnen« ihre Schüler z.B. mit »Schokoküssen« dafür, dass sie nach dem Überschreiten des vorgeschriebenen Rückgabetermins nicht ständig nach der Arbeit fragen. Solche »Belohnungen« für das Stillhalten der Schüler, die in Wirklichkeit nichts anderes darstellen als Bestechungsversuche, sind juristisch und pädagogisch bedenklich. Sie sagen indirekt jedem Schüler: »Wenn Du auf Dein Recht verzichtest und mich aus meiner gesetzlichen Pflicht entlässt, dann bekommst Du eine Belohnung.« Da wir uns jedoch im öffentlichen Recht befinden und kein zivilrechtlicher Vertrag zwischen Schülern und Lehrer vorliegt, der in beiderseitigem Einverständnis abgeändert werden könnte, ist dies unzulässig.

Eine Schülergruppe oder ein Lehrer kann nicht eine (zwingende) Rechtsnorm des Gesetzgebers aufheben, nicht einmal dann, wenn auch die andere Seite dafür ist, gegen diese rechtliche Vorgabe zu verstoßen. Ansonsten könnten Lehrer und Schüler sich vermutlich sehr schnell darüber einigen, nur noch eine verkürzte Klassenarbeit pro Jahr zu schreiben, das Abitur deutlich zu vereinfachen und nur noch die Hälfte der Unterrichtsstunden abzuleisten. Aber auch pädagogisch ist ein solches Handeln nicht zu vertreten, denn es handelt sich eben nicht um eine Belohnung der Schüler für ein lobenswertes Verhalten, sondern um einen Ausgleich für die Nachlässigkeit des Lehrers.

Noch einmal das Fazit: Das Zivilrecht ist grundsätzlich dispositives Recht, das heißt, fast alles darf mit Einverständnis der Vertragsparteien abgeändert werden. **Das Schulrecht ist** dagegen Teil des öffentlichen Rechtes, und das ist **zwingendes Recht**. Es kann nicht von den Betreffenden nach Belieben abgeändert werden.

Aus dem gleichen Grund sind die sog. »Selbstverpflichtungen« von Schülern, die man zurzeit an den Universitäten und Seminaren als Geheimtipp gegen Schülerverstöße anpreist, überflüssig und fragwürdig. Worum geht es? Minderjährige Schüler, die gegen Rechtsnormen verstoßen, sollen dazu angehalten werden, z.B. nicht zu rauchen oder das Schulgrundstück nicht zu verlassen. Dazu sollen sie, quasi als »Vertrag«, eine bindende Selbstverpflichtung unterschreiben. Falls nicht über psychologischen Druck alle Schüler zur Unterschrift gebracht werden und das Ganze eine Farce wird, sondern die Schüler eine echte Wahlmöglichkeit haben, stellen sich zwei Probleme:

1. Was ist, falls ein Schüler nicht unterschreibt?
   Darf er dann das Schulgrundstück verlassen oder rauchen?
   Sicher nicht, also ist die Erklärung überflüssig.
2. Entsteht der falsche Eindruck, ein Gesetz würde nur dann gelten, wenn man individuell zustimmt.
   Dieser Effekt ist sehr fragwürdig, weil die Schüler die Einstellung bekommen, das gesetzliche Rauchverbot sei so lange für sie nicht bindend, wie sie nicht unterschreiben. Hierdurch entsteht – gewollt oder ungewollt – eine schleichende Rechtsaushöhlung. Man verschweigt die Tatsache, dass wichtige Rechtsnormen per se bindend sind – und nicht erst, wenn der Einzelne sie akzeptiert. Ansonsten könnte man problemlos seinen Nachbarn bestehlen, solange man nicht ausdrücklich das Strafgesetzbuch unterschrieben hat.

Dieses vermutlich gut gemeinte Produkt des pädagogischen Elfenbeinturms macht den gleichen Fehler wie das Verteilen der oben genannten »Belohnungen«: Es verwechselt öffentliches und ziviles, zwingendes und abänderbares Recht. Man nimmt fälschlicherweise an, man könne alle rechtlichen Normen über »Verträge« abändern, aufheben oder auch bestätigen, falls man es denn will. Wer so etwas ernsthaft vorschlägt, lässt Zweifel an seinen Kenntnissen über unser Rechtssystem aufkommen und versetzt der parlamentarischen Demokratie eine schallende Ohrfeige. Denn das, was die gewählten Volksvertreter im Parlament per Gesetz beschlossen haben, scheint keinen Pfifferling wert zu sein, wenn es nicht der letzte Siebtklässler akzeptiert und unterschreibt.

Nun wieder zu den Pflichten: Obwohl viele Lehrer nur in zwei oder maximal drei Fächern ausgebildet sind, können sie, falls der Bedarf der Schule anders nicht zu decken ist, auch in anderen Fächern eingesetzt werden. Dies kann auf freiwilliger Basis geschehen, was meist angestrebt wird. Ein Lehrer kann aber ebenfalls dazu verpflichtet werden, wenn er geeignet erscheint und es für ihn zumutbar ist. Das Gleiche gilt für die Erteilung von Unterricht an einer anderen Schulform. Ebenso kann er, falls es erforderlich ist, zu einer dienstlich geforderten Nebentätigkeit herangezogen werden, z.B. zu einer Prüfungstätigkeit bei einem Abitur des sog. »Zweiten Bildungswegs«.

Für den Lehrer besteht die Pflicht, sich weiterzubilden. Diese Verpflichtung wird mittlerweile für so wichtig gehalten, dass man sie in viele Schulgesetze aufgenommen hat, mit der Präzisierung, dass diese Weiterbildung grundsätzlich in der unterrichtsfreien Zeit (Nachmittage, Ferien) zu erfolgen hat.

Vom Recht des Dienstherren, den Beamten zu verpflichten, in der Nähe der Dienststelle zu wohnen (sog. »Residenzpflicht«) wird man bei einfachen Lehrern (anders evtl. bei Schulleitern) kaum Gebrauch machen, solange die Leistung nicht spürbar unter einer täglichen langen Anfahrt leidet.

Ein heikler Punkt ist die Frage, ob Lehrer an Schulveranstaltungen teilnehmen müssen, die sie aus tiefstem Herzen ablehnen, also z.B. eine Projektwoche zum Thema »gesunde Ernährung«. Die Antwort ist klar und lautet: »Ja«. Eine Teilnahme an solchen Schulveranstaltungen ist verpflichtend. Es sei denn, sie ist mit Übernachtungen oder mit nicht unerheblichen Kosten verbunden. Es ist deshalb grundsätzlich nicht möglich, einen Lehrer zu verpflichten, an einem gestaltpsychologischen Seminar teilzunehmen, für das er 50 Euro zu zahlen hätte. Etwas komplizierter ist es bei Klassenfahrten. Die Schulleitung kann, wenn keine persönlichen Gründe entgegenstehen, einen Lehrer zur Begleitung verpflichten, falls z.B. die vorgesehene Begleitung wegen Krankheit ausgefallen ist. So ist ein Kollege rechtswirksam zur Teilnahme an einer Klassenfahrt zwangsverpflichtet worden. Allerdings hatte der Betreffende nur sehr pauschal geltend gemacht, er habe keine Lust und traue sich die Begleitung nicht zu. Anders dürfte es aussehen, falls gewichtige persönliche Gründe vorliegen. Dafür kommen in Betracht: Unterbringung mit Fremden im Mehrbettzimmer, kein eigenes Bad bzw. WC (aus Gründen der mangelnden Hygiene), Allergien oder familiäre Probleme. Wenn diese Gründe dem Schulleiter vorgetragen werden, könnte durch eine Zwangsverpflichtung ein Verstoß gegen die Fürsorgepflicht vorliegen. Zudem besteht für die Schulleitung die Möglichkeit, Referendare oder Eltern als zweite Aufsichtsperson einzusetzen.

Nach der Behandlung der wichtigsten Pflichten stellt sich vielleicht dem einen oder anderen Referendar oder Lehramtsstudenten die Frage, ob er sich für den richtigen Beruf entschieden hat. Das ist eine durchaus berechtigte Frage. Und es ist besser, man stellt sie sich jetzt als erst in zehn Jahren. Aber ich kann Sie beruhigen. Selbst wenn man seinen Beruf gewissenhaft ausführt, bleibt noch Zeit zum Leben, und der Schulalltag macht meistens Freude. Auch werden erfahrungsgemäß nicht alle hier aufgezählten Pflichten in vollem Umfang von Ihnen eingefordert; je nach Schulleitung ist man mehr oder weniger großzügig bei der Erfüllung der Pflichten. Um Sie wieder etwas aufzubauen, folgen nun endlich die Rechte der Lehrer.

Rechte

Selbstverständlich gilt auch für Lehrer der Art. 2 I GG (**freie Persönlichkeitsentfaltung**), aus dem folgt, dass Lehrer in ihrem Aussehen und Verhalten große Freiräume genießen. Niemand kann einen Lehrer zwingen, mit »Schlips und Kragen« seinen Unterricht zu versehen. Problematisch wird es, wenn ein Lehrer durch sein Äußeres zu erkennen gibt, dass er einer bestimmten (politischen oder religiösen) Richtung angehört. Denn das Neutralitätsgebot der staatlichen Schule und die Beeinflussbarkeit der meist minderjährigen Schüler verbieten es einem Lehrer, z.B. im Bhagwan-Gewand zur Schule zu kommen oder im Dienst ein Parteiabzeichen zu tragen.

Nun kommen wir zum sog. »Kopftuch-Urteil« des Bundesverfassungsgerichts vom 24.09.2003, das für viel Wirbel, aber für wenig Klarheit gesorgt hat. Worum ging es? Eine afghanische junge Frau besaß seit 1995 die deutsche Staatsbürgerschaft, gehörte aber dem muslimischen Glauben an und wollte nicht darauf verzichten, **auch im Unterricht** ein Kopftuch zu tragen, was ihr das baden-württembergische Kultusministerium untersagte. Ähnliche Fälle gab es auch in Niedersachsen und in Berlin (bei einer Richterin). Um folgende Fragen ging es dabei: Ist das Kopftuch ein Zeichen einer religiösen Überzeugung (und dadurch evtl. durch die Religionsfreiheit aus Art. 4 GG geschützt) oder auch ein politisches Symbol, das der kulturellen Abgrenzung dient? Ist durch das Tragen des Kopftuchs ein Anpassungsdruck auf die minderjährigen Schülerinnen und Schüler zu befürchten, insbesondere auf ausländische Schülerinnen muslimischen Glaubens? Ist ein Verbot, das Kopftuch im Unterricht zu tragen, eine erhebliche (und damit unzulässige) oder eine unerhebliche (und damit zulässige) Einschränkung der Grundrechte einer Beamtin?

Das Bundesverfassungsgericht fällte keine einstimmige, sondern eine denkbar knappe Entscheidung (5:3) mit folgendem Tenor: Das Kopftuch ist vor allem ein Ausdruck einer Religion, deren Ausübung durch das Grundgesetz geschützt ist. Falls diese Ausübung wirksam eingeschränkt werden soll, so muss sich dies entweder aus der Verfassung ergeben (sah das BVerfG als nicht gegeben an) oder durch ein Landesgesetz eingeschränkt werden. Das Kopftuch kann eine Wirkung auf Minderjährige haben, es ist aber zunächst nur eine abstrakte Gefahr. Soll diese mögliche Gefahr bereits im Vorfeld unterbunden werden, so ist ein vom Parlament mehrheitlich verabschiedetes Landesgesetz hierzu notwendig. Daraus folgt, dass die Bundesländer unterschiedliche Regelungen zum Tragen von Kopftüchern treffen können. Das BVerfG stellt es den Landesgesetzgebern frei, religiöse Symbole entweder generell zu verbieten oder generell zu erlauben. Das bedeutet, das BVerfG hält in dieser Entscheidung ein landesgesetzliches Verbot für möglich, sieht aber auch die Möglichkeit, darauf zu verzichten. Fazit: Wir haben zur Zeit ein nicht sehr klares Sowohl-als-auch.

Das Bundes**verwaltungs**gericht hingegen hält, wie in Baden-Württemberg verabschiedet, ein Verbot des Kopftuchs, aber die Darstellung christlicher Werte (z.B. Kruzifix) für zulässig, weil es bei Letzterem nicht um ein individuelles Bekenntnis geht. Dahinter steht die Annahme, christliche Symbole hätten heute keine religiöse Bedeutung mehr. Zum jetzigen Zeitpunkt haben wir eine sehr »gemischte« Situation: Einige Bundesländer, darunter auch Niedersachsen, Baden-Württemberg, Hessen, Bayern und Berlin sind für ein gesetzliches Verbot und haben die entsprechenden Landesgesetze z.T. auch schon verabschiedet. Gegen ein Verbot sind bislang Nordrhein-Westfalen und Hamburg, andere Länder überlegen noch, wie sie reagieren wollen.

Wenn diese Gesetze nicht nur auf dem Papier in Kraft treten, sondern auch praktische Auswirkungen auf eine muslimische Lehramtsanwärterin haben, die dagegen klagt, dann wird es wirklich spannend. Denn dann muss das Bundesverfassungsgericht noch einmal ran und sich endgültig entscheiden, ob dieses vorliegende Landesgesetz verfassungskonform oder verfassungswidrig ist. Die Angelegenheit ist also noch nicht abgeschlossen.

Ich schließe mich dem Votum der drei abweichenden Richter des Bundesverfassungsgerichts an, weil ich meine, dass es kein schwerwiegender Eingriff ist, wenn während der Unterrichtszeit auf das Kopftuch verzichtet werden muss. Außerdem bin ich der Ansicht, dass ein Beamter, der gegenüber anderen Bürgern einige Vorzüge genießt, auch Einschränkungen hinnehmen muss, da er ein Teil der staatlichen Gewalt ist. Ich hätte auch keine Probleme, einem Lehrer das Tragen von olivgrüner Tarnkleidung und eines Stahlhelms im Unterricht zu verbieten, selbst wenn er der Meinung sein sollte, das diene der freien Entfaltung seiner Persönlichkeit. Aber wie gesagt, das ist meine persönliche Meinung. Sie wissen jetzt, wie das Bundesverfassungsgericht entschieden hat und sollten sich über die Regelung Ihres Bundeslandes informieren, falls Sie im Unterricht ein Kopftuch tragen wollen.

Wenn die beruflichen Leistungen nicht darunter leiden, haben Lehrer das Recht auf eine (meist genehmigungspflichtige) Nebentätigkeit. So können sie z.B. an einer Volkshochschule einen Batikkurs leiten, eine Fußballmannschaft trainieren oder Bücher zum Schulrecht schreiben.

Von ihrem Arbeitgeber, also ihrem Bundesland, müssen Lehrer **gleich behandelt** werden, **wenn die gleichen Voraussetzungen vorliegen**. Bei der Stellenbesetzung sind Männer und Frauen gleichzustellen, was jedoch nicht bedeutet, dass man bei gleicher Eignung automatisch die Frau nehmen darf, weil Frauen in vielen Bereichen unterrepräsentiert sind. Das Land Bremen hat dies probiert und ist damit vor dem Europäischen Gerichtshof gescheitert. Daraus hat man gelernt. Heute ist der Kandidat bzw. die Kandidatin, die man haben will, aus irgendeinem Grund eben ein bisschen besser geeignet. Dass dies in letzter Zeit vor allem Frauen sein sollen, ist vermutlich ein Gerücht.

Die **Gewissensfreiheit** nach Art. 4 I GG erlaubt es jedem Lehrer, die Erteilung von Religionsunterricht (falls dort ein Mangel besteht) abzulehnen, was jedoch nicht für »religionsfreie« Fächer wie »Ethik«, »praktische Philosophie« oder »Werte und Normen« gilt.

Für den Lehrer besteht zwar grundsätzlich auch das Recht auf **Meinungsfreiheit** nach Art. 5 I GG, allerdings ist es im Dienst erheblich und außer Dienst teilweise eingeschränkt, da er als Beamter in einem besonderen Pflichtverhältnis zum Staat steht. Dies bedeutet kein Verbot einer außerschulischen politischen Betätigung, aber der Lehrer muss sich durch sein **gesamtes** Verhalten zur freiheitlich demokratischen Grundordnung im Sinne des Grundgesetzes bekennen und **für** deren Erhaltung eintreten.

Die **Versammlungsfreiheit** des Lehrers gemäß Art. 8 GG gilt naturgemäß nur in dienstfreien Zeiten. Eine Lehrerin, die nur mit halber Stundenzahl arbeitet und die deshalb mittwochs frei hat, kann selbstverständlich an diesem Tag vormittags an einer (genehmigten) Demonstration teilnehmen.

Gemäß Art. 9 GG erlaubt die **Vereinigungsfreiheit** dem Lehrer, Interessengemeinschaften zu bilden, sich also Berufsverbänden anzuschließen oder selbst einen Berufsverband zu gründen. Sie umfasst aber auch die sog. »negative Vereinigungsfreiheit«, d.h. das Recht, keinem Berufsverband beizutreten, sondern individuell seine Rechte wahrzunehmen.

Gestützt durch die sog. »**informationelle Selbstbestimmung**«, die den Rang eines Grundrechts besitzt, haben Lehrer jederzeit das Recht, unter Aufsicht Einsicht in ihre Personalakte zu nehmen und daraus Dinge abzuschreiben bzw. zu kopieren. Das sollten Sie einfach einmal tun, manchmal stehen darin ganz aufschlussreiche Dinge. Und falls Sie mit etwas nicht einverstanden sind, dann können Sie sich dazu äußern, und diese Äußerung wird ebenfalls zu Ihren Personalakten genommen. Negative Einträge über Straf- oder Disziplinarverfahren müssen wie im Strafrecht nach bestimmten Fristen gelöscht werden.

Das waren einige hochrangige und weitgehend unbestrittene Rechte des Grundgesetzes, mit denen es aber nicht so viele Probleme gibt wie mit dem konkreteren Beamtengesetz, dem ich mich im Folgenden wieder widme.

Da Lehrer grundsätzlich Beamte sind, hat der Staat ihnen gegenüber eine besondere Fürsorgepflicht. Er muss sie nicht nur angemessen besolden, sondern auch ihre Altersversorgung garantieren, notfalls auch ihre Familie unterstützen, wenn sie in Not ist. Und er zahlt einen Beitrag zur Krankenversicherung, die sog. »Beihilfe«. Die Tatsache, dass die Bundesländer bei fast leeren Kassen diese Leistungen reduzieren, ist noch kein Verstoß gegen diese Fürsorgepflicht. Das wäre erst der Fall, wenn die Leistungen ganz gestrichen würden oder auf ein unzumutbares Maß reduziert würden.

Die Frage, ob der Dienstherr dem Lehrer die Arbeitsmittel für seine Tätigkeit stellen muss, hat seit kurzem eine Wendung erhalten. Im August 2006 hat das OVG Münster entschieden, dass sich ein Lehrer nicht auf eigene Kosten die Bücher anschaffen muss, die er für den Unterricht benötigt. Noch vor einigen Jahren waren Lehrer mit solch (berechtigten, d. Verf.) Forderungen gescheitert. Allerdings forderten die klagenden Kollegen auch die Erstattung von Bleistiften und Radiergummis, was die Gerichte vermutlich in ihrem Vorurteil bestätigten, Lehrer seien kleinkariert und geizig. Nun, jetzt hat sich erstmalig bei einem Obergericht eine andere Auffassung durchgesetzt. Das berechtigt zu der Hoffnung, dass es in einigen Jahrzehnten auch für Lehrer angemessene Arbeitsplätze in der Dienststelle gibt – so wie für andere Beamte.

Lehrer haben wie die gesamte öffentliche Verwaltung bei vielen Entscheidungen ein sog. »**Ermessen**« (§ 40 VwVerfG), d.h. einen Entscheidungsspielraum, den man ihnen einräumt, da der Dienstherr ihnen vertraut und davon ausgeht, sie würden diesen Spielraum verantwortlich nutzen. Sie dürfen z.B. entscheiden, ob sie eine Erziehungsmaßnahme verhängen oder nicht. Dass dieses Ermessen keine freie Wahlmöglichkeit ist, wissen Sie von vorne (Seite 22) es ist, wie die Juristen sagen, an die Bedingungen des Einzelfalles »gebunden«.

Der **Beurteilungsspielraum**, den Lehrer ebenfalls eingeräumt bekommen, ist hingegen etwas anderes. Sie verwechseln ihn bitte nicht mit dem eben erwähnten Ermessen. (Details dazu finden sich unter dem Stichwort »Prüfungsrecht«, Seite 151, 143). Damit Sie besser verstehen, was sich hinter dem Beurteilungsspielraum verbirgt, muss ich ein wenig ausholen. Stellen Sie sich bitte als Ausgangssituation irgendeine wichtige mündliche Prüfung (Staatsexamen oder Abitur) vor, mit deren Ergebnis der Kandidat nicht einverstanden ist, weil er sich zu schlecht bewertet fühlt. Das Verwaltungsgericht (VerwG), das über einen solchen Fall zu entscheiden hätte, geht zu Recht davon aus, dass es sich bei einer solchen Prüfung um eine Situation handelt, die von Außenstehenden im Nachhinein nicht mehr nachvollziehbar ist. Denn eine mündliche Prüfung ist höchst persönlich und sehr komplex. Selbst ein gutes Protokoll kann nicht alle Details und Nuancen des Gesprächs festhalten. Da man den Prüfern, und dafür spricht einiges, eine größere Sachkenntnis als dem Prüfling zubilligt und davon ausgeht, dass die Prüfenden grundsätzlich unvoreingenommen sind, billigt man ihnen einen Beurteilungsspielraum zu, d.h. **das inhaltliche Zustandekommen der Note wird vom Gericht nicht infrage gestellt.**

Das führt einerseits zu einer erheblichen Arbeitsentlastung der hoffnungslos überlasteten Verwaltungsgerichte, andererseits zu einem Spielraum für die Beurteilenden. Ausgehend von wichtigen mündlichen Prüfungen wie dem Staatsexamen, hat man im Laufe der Jahre diesen Spielraum immer weiter ausgedehnt, sodass jetzt auch die Note einer Klassenarbeit oder eines Unterrichtsfaches dem Beurteilungsspielraum des Lehrers unterliegt. Kein Gericht wird überprüfen, ob die in einer Klassenarbeit geäußerte Auffassung des Schülers X, »Hänsel und Gretel« sei kein Märchen, sondern die wirklichkeitsgetreue Wiedergabe einer tatsächlichen Begebenheit, nicht doch zutreffend sein könnte.

Deshalb ist es juristisch völlig unerheblich, ob ein (mit den Eltern befreundeter) Deutschlehrer nach Durchsicht der besagten Klassenarbeit zu einem anderen Ergebnis kommt als der zuständige Lehrer. Die wohlwollende Einschätzung durch einen Dritten braucht den regulär Beurteilenden nicht zu beirren. Denn seine Bewertung unterliegt seinem Beurteilungsspielraum und wird z.B. davon abhängen, was vorher im Unterricht besprochen wurde und was ein Dritter somit nicht beurteilen kann, da er nicht anwesend war. Außerdem würde der irreguläre »Zweitkorrektor« der Arbeit sich vermutlich zu Recht dagegen verwahren, wenn man **seine** Klausuren anderen Kollegen vorlegen würde, bis man einen findet, der bessere Noten vergibt. Insbesondere Referendare und Junglehrer sind durch solche Bitten um »Zweitkorrekturen« leicht zu verunsichern. Falls Schüler oder Eltern an Sie herantreten, Sie mögen doch die von Ihnen bewertete Arbeit einmal dem Kollegen Y zur »objektiven« Beurteilung zeigen, so sollten Sie dies mit den vorgenannten Argumenten höflich, aber bestimmt, ablehnen. Und auch der Kollege Y sollte dieses Ansinnen weit von sich weisen.

Nun ist es aber nicht so, dass die Verwaltungsgerichte gar nichts überprüfen. Bei Noten, von denen die Versetzung oder gar ein Schulabschluss abhängt, überprüfen die Gerichte, ich nenne es mal so, den formalen »äußeren Rahmen«. Wenn folglich bei der betreffenden Klausur am Rande nur Anmerkungen zu finden sind wie »gut«, »treffend bemerkt«, »schöner Stil«, »genau«, »differenziert gesehen«, so wäre es nicht gerechtfertigt, wenn am Ende der Arbeit eine 5 als Note stehen würde. Das Gericht wird aber nicht überprüfen, ob die Randbemerkung »gut« sachlich gerechtfertigt ist. Auch bei fehlenden Randbemerkungen würde das Gericht einer schlechten Bewertung nicht folgen. Sie sehen jetzt, welchen **juristischen Wert eine gründliche Korrektur am Heftrand besitzt. Sie macht die Arbeit »justiziabel«, d.h. juristisch nachvollziehbar.** Falls das nicht möglich ist, geht die Ungenauigkeit zulasten des Lehrers. Ein falsches Zusammenrechnen der Punktzahl durch den Lehrer würde ebenso korrigiert werden wie ein Verstoß gegen die allgemeinen, anerkannten Denkgesetze. Zusammengefasst und vereinfacht also das, was jeder vernünftige Mensch **ohne Sachkenntnis** des Faches bemängeln würde. Denn die Richter hatten verständlicherweise bislang kein gesteigertes Interesse daran, in die Feinheiten der modernen Lyrik oder der Differenzialrechnung einzusteigen.

Seit einiger Zeit gibt es jedoch durch zwei bahnbrechende, aber kaum bekannte Entscheidungen des Bundesverfassungsgerichts eine gegenläufige Tendenz, die längerfristig dazu führen wird, dass die Verwaltungsrichter etwas über moderne Lyrik und Differenzialrechnung erfahren werden. Danach müssen die Verwaltungsgerichte bei Prüfungsentscheidungen oder wenn es um Abschlüsse geht, ggf. Sachverständige einschalten (mehr dazu auf Seite 151, 152). Diese völlig neue Tendenz könnte sich ausweiten, wenn Eltern und Schüler von diesen Entscheidungen erfahren. Bis dahin genießen Lehrer weiter ungeschmälert ihren Beurteilungsspielraum, und ich gönne es ihnen und mir.

Ein Lehrer hat das Recht, Anträge zu stellen oder sich zu beschweren, allerdings im juristischen Sinne nicht über Schüler und Eltern. Über die kann der Lehrer sich nur ärgern, auf sie schimpfen oder sie verklagen. Anträge oder Beschwerden des Lehrers sind folglich auf den Dienstherrn bezogen. Dabei muss, wie Sie wissen, grundsätzlich der Dienstweg eingehalten werden.

Wie alle anderen Arbeitnehmer haben Lehrer einen **Anspruch auf Erholungsurlaub, der jedoch nicht einfach mit den Ferien gleichzusetzen ist, denn diese »unterrichtsfreie Zeit«** soll auch für die Weiterbildung und Vorbereitung des zukünftigen **Unterrichts genutzt werden.**

Beruhigend ist es für den Lehrer zu wissen, dass für Schäden, die er in der Ausübung des Dienstes verursacht bzw. verschuldet hat, (zunächst) der Staat eintritt (Art. 34 GG). Der Staat springt hier für seinen Beamten in die Bresche und ersetzt (zunächst) den Schaden beim Geschädigten. Deshalb aber zu glauben, ein Lehrer brauche keine Amtshaftpflichtversicherung, ist kurzsichtig. Denn Satz 2 des Art. 34 GG besagt, dass der Staat sich in bestimmten Fällen einen Rückgriff (»Regress«) vorbehält, d.h. er fordert das an den Geschädigten gezahlte Geld vom Lehrer, der für den Schaden verantwortlich ist, ganz oder teilweise zurück. Aber unter welchen Bedingungen? Ein Lehrer wird regresspflichtig, wenn er **vorsätzlich** oder **grob fahrlässig** handelt.

Um diese juristischen Kategorien zu verstehen, stelle ich Ihnen im Folgenden etwas vereinfacht die sog. »Stufen der Schuld« vor, weil diese Unterscheidung für die Haftungsfrage von großer Bedeutung ist.

Aufsichtspflicht

Amtshaftpflichtversicherung

Wenn Sie beim Radfahren nicht aufpassen und durch Ihre Unaufmerksamkeit einen Unfall verursachen, so müssen Sie dafür zahlen. Und falls der Schaden in die Hunderttausende geht, so spielt das überhaupt keine Rolle. Sie müssen zahlen, notfalls Ihr Leben lang. Aus diesem Grunde sollte zunächst jeder eine (preiswerte) Privathaftpflichtversicherung haben. Dass etwa jeder Zweite keine Haftpflichtversicherung hat, ist für mich als Juristen schlicht unbegreiflich. Das sind vermutlich Leute, die stattdessen vor ihrer Flugreise nach Gran Canaria eine Reisegepäckversicherung abschließen, damit der etwaige Verlust ihres Koffers mit den zwei Lacoste-Hemden abgedeckt ist. Eine **Privat**haftpflichtversicherung zahlt jedoch, wie der Name schon sagt, nur für die Schäden, die Sie als Privatperson verschulden.

Für die Schäden, die Sie während Ihrer dienstlichen Tätigkeit ausüben, zahlt sie leider nicht. Dafür zahlt (zunächst) Ihr Dienstherr. Unter Umständen fordert er allerdings das Gezahlte zurück, und dafür brauchen Sie zwingend eine Amtshaftpflichtversicherung.

Schon als Referendar sollten Sie unbedingt eine Amtshaftpflichtversicherung abschließen. Sie kostet wirklich nicht viel. In den meisten Fällen können Sie sogar Ihre private Haftpflichtversicherung aufstocken, die gegen einen kleinen Mehrbetrag die Amtshaftpflicht mit einschließt. Das sollten Sie tun, denn als Referendar verdienen Sie selbst und sind in der Regel nicht mehr über Ihre Eltern versichert, schon gar nicht in Bezug auf Ihre berufliche Tätigkeit. Ich zahle z.B. für meine kombinierte Haftpflichtversicherung, also inklusive Amtshaftpflicht, etwa sechs Euro im Monat. Warum sich diese Ausgabe für Sie lohnt, zeigt der folgende, recht aktuelle Fall:

> **z.B.** Als ein Lehrer im Klassenzimmer eine verschmutzte Wand von Kritzeleien, Aufklebern und Kaugummis mit Lösungsmittel reinigen wollte, kam es zu einer folgenschweren Explosion. 21 Schülerinnen und Schüler wurden verletzt, ein Mädchen starb an ihren Verletzungen. Obwohl es eine Schülerin war, die mit ihrem Feuerzeug spielte und die Explosion auslöste, wurde letztlich der Lehrer zu einer Geldstrafe von 14.000 Euro verurteilt. Man sah in seinem Handeln eine fahrlässige Tötung, und warf ihm vor, spätestens beim starken Geruch des Lösungsmittels hätte er sich den Kanister genauer ansehen und die Reinigung abbrechen müssen.

Aber fangen wir mit dem Allgemeinen an. Jeder, der einem anderen **schuldhaft** einen Schaden zufügt, muss ihm diesen Schaden ersetzen. Das steht im BGB, und zwar im § 823, und hat ganz allgemeine Gültigkeit. Also, jeder der einen Schaden verschuldet, muss ihn ausgleichen. Aber nicht jeder, der einen Schaden **verursacht**, hat ihn auch verschuldet, denn das Verschulden meint eine Vorwerfbarkeit des Handelns.

Wenn vor Ihnen auf der Straße ein älterer Herr auf seinem Fahrrad einen Herzanfall erleidet und dadurch einen Unfall verursacht, d.h. einen Schaden herbeiführt, dann hat er diesen Schaden zwar verursacht, **aber nicht verschuldet**. Denn was wollen Sie ihm vorwerfen? Dass er Rad gefahren ist?

Bitte merken Sie sich: Es gibt Schäden, die zwar verursacht, aber nicht verschuldet werden. Für diese Schäden muss auch niemand zahlen (Ausnahme beim Führen eines Kfz). Falls also in der Schule ein Schüler einen epileptischen Anfall bekommt und dadurch einen anderen verletzt, so trifft den Schüler keine Schuld und er muss nicht zahlen.

Nun klären wir, was denn, juristisch gesehen, »verschulden« bedeutet, denn in diesem Fall muss gezahlt werden. Die Juristen unterscheiden ganz grob vier Stufen der Schuld, zwei zählen zum Vorsatz und zwei zur Fahrlässigkeit. In einem ersten Durchgang nehme ich Beispiele aus dem Strafrecht bzw. dem Zivilrecht, da sie eindeutiger und dadurch besser verständlich sind. In einem zweiten Durchgang etwas später folgen dann konkrete Beispiele aus dem Schulrecht.

▶ Fangen wir mit der schwersten Schuld an, dem **direkten Vorsatz**. Hier hat jemand einen Schaden im Blick und denkt sich: »Das will ich!« Dass hier gezahlt werden muss, leuchtet jedem ein. Hier springt auch keine Versicherung für den Schädiger ein.

▶ Die nächste Stufe ist der sog. **bedingte Vorsatz**, der schwieriger zu verstehen ist. Die Juristen sagen, der Täter nimmt den (negativen) Erfolg »billigend in Kauf«. Mein Musterbeispiel hierfür stammt aus dem Strafrecht, weil es die Einstellung des Täters besonders gut veranschaulicht.

Stellen Sie sich einen Einbrecher vor, der bei der Tat von der Polizei gestellt wird. Er flieht, wird aber von einem Polizisten verfolgt, der ihm immer näher kommt. Der Einbrecher dreht sich um und schießt, um den Verfolger abzuschütteln, und trifft den Polizisten tödlich. Das war bedingter Vorsatz. Das Hauptziel des Einbrechers war es, zu entkommen und nicht, den Polizisten zu töten. Aber er hat die Tötung in Kauf genommen. Der Gedanke im Kopf des Täters lautet: »Na, wenn schon!« Der Täter sieht den Schaden, der nicht sein Hauptziel ist. Er hat aber zur Erreichung seines eigentlichen Ziels auch nichts dagegen, wenn der Schaden eintritt.

Auch diese Stufe der Schuld wird hoffentlich nicht bei Ihnen vorliegen, wenn Sie etwas falsch machen.

Nun wird es interessant, denn es geht zur Fahrlässigkeit, und da finden sich mit Abstand die meisten Fälle von Lehrern, die schuldhaft handeln.

- ▶ Fangen wir mit der **groben (bewussten) Fahrlässigkeit** an. Sie liegt vor, wenn der Täter in hohem Maße die erforderliche Sorgfalt außer Acht lässt. Das ist immer dann der Fall, wenn der Täter sich denkt: »**Es wird schon nichts passieren!**«

Ich hoffe, dass Sie einigermaßen betroffen sind, dass dies bereits die grobe Fahrlässigkeit verkörpern soll, denn vermutlich haben Sie diesen Gedanken während Ihrer Tätigkeit in der Schule mehr als einmal gehabt. Ihnen war nur nicht klar, dass die Juristen daraus einen so starken Vorwurf machen. Ich versuche Ihnen zu erklären, was so schlimm an diesem Gedanken ist. Wer diesen Gedanken im Hirn hat, dem ist bereits **bewusst**, dass eine konkrete Gefahr besteht. Er sieht diese Gefahr bereits vor seinem geistigen Auge. Trotzdem begeht er die gefährliche, Schaden bergende Handlung. Und der Eintritt des Schadens bestätigt nachdrücklich diese Möglichkeit. Der Betreffende vertraut darauf, dass er »Glück« haben und der Schaden nicht eintreten wird.

Ich hoffe, wir können uns darauf verständigen, dass »Glück« zwar hilfreich für das Lottospiel ist, es kann aber kein Kriterium für verantwortliches Handeln sein. Insbesondere dann nicht, wenn speziell dafür ausgebildete Erwachsene in der Pflicht stehen, über Minderjährige zu wachen und dafür zu sorgen, dass ihnen nichts passiert. Erscheint Ihnen das zu hart, zu unmenschlich? Das tut mir leid, aber das wird die Argumentation sein, mit der Sie sich auseinander zu setzen haben, wenn Sie im Dienst grob fahrlässig einen Schaden verschulden. Und wenn es hart auf hart kommt, dann wird der mit der Sache befasste Jurist sagen: »Das hätten Sie aber vermeiden müssen, weil Sie es gesehen haben!«

- ▶ Die letzte Stufe des schuldhaften Handelns ist die **leichte (unbewusste) Fahrlässigkeit**. Der Täter sieht die Gefahr nicht, deshalb gibt es auch keinen Gedanken im Kopf, den wir hören könnten. Warum der Betreffende die Gefahr, die eingetreten ist und einen Schaden verursacht hat, nicht gesehen hat, kann verschiedene Ursachen haben. Grob gesprochen sind hier die Jungen und nicht so Hellen etwas besser dran als die Erfahrenen und Intelligenten. Es kann also sein, dass Sie als absoluter »Frischling« im Schuldienst noch eine Chance auf eine milde Beurteilung haben.

So, das waren sie, die vier Stufen der Schuld. Bitte vergessen Sie nicht, dass auch fahrlässiges Tun schuldhaftes Handeln darstellt, für das Sie haften, d.h. zahlen müssen. Eingangs hatte ich erwähnt, dass Ihr Dienstherr zunächst für die Schäden seiner Beamten aufkommt. Allerdings kann er in bestimmten Fällen das für Sie Gezahlte ganz oder teilweise wieder von Ihnen zurückfordern. Ich weiß, das ist alles ziemlich kompliziert, aber es ist für Ihre berufliche Zukunft außerordentlich wichtig. Wer jetzt nicht weiterliest, weil es ihm zu verzwickt wird, der begeht einen fatalen Fehler, der ihn viel Geld kosten kann.

Bevor ich mich jedoch der Aufsichtspflicht im Detail widme, möchte ich noch auf den zivilrechtlichen § 839 BGB eingehen, der Bezug auf das Beamtenrecht nimmt. In ihm ist eindeutig festgelegt, dass ein Beamter, der schuldhaft seine Amtspflicht verletzt, Schadensersatz leisten muss. Da Sie Beamter sind, ersetzt (nach Art. 34 GG, § 839 BGB) der Staat, also Ihr Dienstherr, den Schaden, den Sie verschuldet haben. Das ist gut für den Geschädigten, der sonst vielleicht leer ausgehen würde. Zudem möchte der Staat, dass die Bürger Vertrauen in ihn haben. Schäden, die durch ihn oder seine Staatsdiener entstehen, sollen ausgeglichen werden. Nun ist der Staat aber nicht so großzügig, dass er in jedem Falle endgültig für Sie in die Bresche springt. In bestimmten Fällen tritt er nur in Vorleistung und fordert später das Gezahlte ganz oder teilweise von Ihnen zurück. Das nennt man »Regress«. Ob er von Ihnen zurückfordert, hängt von der Stufe der Schuld ab, auf der Ihre Handlung liegt. Was meinen Sie, bis zu welcher Stufe müssen Sie nicht zurückzahlen? Raten Sie mal.

- Wird der Staat zurückfordern, wenn Sie absichtlich einen Schaden herbeiführen (direkter Vorsatz)?
  Natürlich.
- Wird der Staat zurückfordern, falls Sie den Eintritt eines Schadens achselzuckend in Kauf nehmen (bedingter Vorsatz)?
  Natürlich.
- Jetzt wird es spannend. Wird er zurückfordern, wenn Sie einen möglichen Schaden sehen, aber glauben, dass schon nichts passieren wird (grobe Fahrlässigkeit)?
  Leider ja. Lesen Sie es ruhig einmal im Gesetz nach (Art. 34, Satz 2 GG). Bei der groben Fahrlässigkeit hat der Dienstherr die Möglichkeit, den verauslagten Schadensersatz ganz oder teilweise von Ihnen zurückzufordern. Für diese Stufe der Schuld, bei der der Dienstherr **nicht** für Sie zahlt, springt die Amtshaftpflichtversicherung für Sie ein.
- Bei leichter Fahrlässigkeit fordert der Dienstherr nichts von Ihnen zurück; dieses Maß an Nachlässigkeit trägt er also für Sie.

Wenn Sie sich noch einmal vor Augen führen, wie oft jeder von uns etwas macht oder unterlässt und dabei denkt: »Es wird schon nichts passieren«, dann müsste eigentlich einleuchten, dass eine Amtshaftpflichtversicherung unverzichtbar ist. Und bitte glauben Sie nicht, dass die Schäden, die hier entstehen können, mal so eben aus der Portokasse zu bezahlen sind. Ein gebrochenes Bein eines Schülers aufgrund Ihrer Nachlässigkeit ist finanziell kein Problem. Aber was ist, wenn – wie vor einigen Jahren beim Chemieversuch – zwei Schüler sterben oder wenn beim Schneeballwerfen ein Schüler ein Auge verliert. Das passiert jedes Jahr mehrfach. Dann wird es richtig teuer, etwa 60.000 Euro aufwärts. Wer dann keine Amtshaftpflichtversicherung hat, der ruiniert sich und seine Familie finanziell.

Tipp: Falls Sie noch keine Amtshaftpflichtversicherung abgeschlossen haben, dann sollten Sie dies unverzüglich tun und nicht erst reumütig daran denken, nachdem etwas passiert ist.

Grundsätzliches zur Aufsicht

Falls Sie nur Geschichte und Deutsch unterrichten, nie Tagesausflüge oder Klassenfahrten mit Ihren Schülern machen, dann können Sie diesen Punkt vermutlich getrost überschlagen. Andernfalls sollten Sie weiterlesen.

Bereits das für alle Bürger geltende BGB sieht vor, dass jemand, der eine Gefahrenquelle besitzt und öffentlich zugänglich macht, diese absichern muss (sog. »Verkehrssicherungspflicht«), damit niemand Schaden nimmt. Falls er das nicht tut, muss er für etwaige Schäden haften, und zwar aus der sog. »Gefährdungshaftung«. Deswegen musste auch der Besitzer eines Einfamilienhauses zahlen, der auf seinem Grundstück einen Gartenteich angelegt hatte, ohne ihn abzusichern, in dem ein kleines Kind ertrunken war. Und weil es gefährliche Dinge gibt, die man nicht vollständig absichern kann, brauchen Sie für Ihr Auto eine Kfz-Haftpflichtversicherung. Das Auto ist nämlich nach der Vorstellung des Gesetzgebers eine solche »gefährliche Sache«, die auch ohne Ihr Verschulden (ein Reifen platzt) einen erheblichen Schaden anrichten kann. Damit der abgedeckt ist, ist in Deutschland eine Kfz-Haft**pflicht**versicherung, wie der Name treffend sagt, verpflichtend.

Nun aber in die Schule: Die Eltern vertrauen der Schule ihre Kinder an, damit sie dort unterrichtet und erzogen werden. Da die Kinder zum größten Teil noch minderjährig sind, trifft die Schule eine sog. »Fürsorgepflicht«, und ein Teil der Fürsorge ist die Beaufsichtigung. Die Aufsichtspflicht ist ein Punkt, der in der täglichen Praxis viele Fragen aufwirft, allerdings nicht wegen der gesetzlichen Regelung. Die ist in den meisten Bundesländern relativ klar. Aber es gibt viele praktische Detailprobleme, von denen ich die wichtigsten hier abhandeln möchte. Da die Konsequenzen gravierend sein können und viele Junglehrer zu Recht befürchten, hier etwas falsch zu machen, widme ich diesem Punkt viel Raum. Vorweg für die Referendare etwas zur Beruhigung: Referendaren darf, da sie noch nicht voll ausgebildet sind, die Aufsichtsführung nur bedingt übertragen werden. Sie sollten es daher ablehnen, selbst wenn Sie sich geschmeichelt fühlen, ganz allein die Aufsicht in einer schwierigen Situation zu übernehmen.

Die Aufsicht der Schule soll präventiv, aktiv und kontinuierlich sein. Das bedeutet:

▶ Mögliche Gefahren müssen vorausschauend erkannt und minimiert werden,
▶ der Lehrer muss aktiv etwas unternehmen, eine Belehrung, eine Kontrolle, notfalls eine Reaktion bei einem Fehlverhalten,
▶ die Schüler müssen das Gefühl haben, ständig beaufsichtigt zu werden,
▶ sie müssen wissen, dass der Lehrer zumindest in der Nähe ist und jederzeit auftauchen kann.

Weil die Erziehungsberechtigten ihre Kinder der Schule anvertrauen müssen, ist diese verpflichtet, die Kinder während der Schulzeit vor materiellen oder körperlichen Schäden zu bewahren. Da die Schüler jedoch nicht nur im Elternhaus, sondern nach den Vorgaben des Gesetzgebers auch in der Schule zu immer größerer Selbstständigkeit erzogen werden sollen, ergibt sich ein Konflikt: Einerseits soll die Schule zu Selbstständigkeit und Eigenverantwortlichkeit erziehen, andererseits hat sie die Pflicht zur Beaufsichtigung der Kinder. Die Rechtsprechung hat hierfür den Grundsatz entwickelt, dass bei unreifen Schülern (das ist nicht unbedingt eine Frage des Alters) die Kontrolle im Vordergrund stehen muss, dass jedoch mit zunehmender Reife (nicht Alter!) die Kontrolle immer mehr gelockert werden kann, sodass bei reifen Schülern letztlich eine ernsthafte Belehrung genügen kann, um die schulische Aufsichtspflicht zu erfüllen.

An dieser Stelle möchte ich Ihnen noch einmal den Begriff des schuldhaften Handelns aus juristischer Sicht verdeutlichen. Ich weiß, dass ich das gerade vorne schon getan habe, aber es ist so zentral für Sie, dass es wirklich »sitzen« muss. Deshalb nun eine didaktisch begründete Wiederholung, bei der ich Beispiele aus dem schulischen Bereich wähle. Sie erinnern sich noch, dass es juristisch ein erheblicher Unterschied ist, ob jemand einen Schaden nur **verursacht** oder ob er ihn **verschuldet**, was keinesfalls das Gleiche ist, denn »Schuld« bedeutet persönliche »Vorwerfbarkeit«.

Falls Sie also in der Schule überraschend einen Schwächeanfall erleiden, in das Regal mit den Chemikalien stürzen, sodass es eine Explosion gibt, wodurch 2 Schüler verletzt und der gesamte Chemieraum in Schutt und Asche gelegt wird, so haben Sie den Schaden zwar **verursacht, aber nicht verschuldet**, denn Sie trifft kein Vorwurf, keine Schuld. Das heißt, **Sie müssen nicht zahlen.** Auch Ihre Versicherung muss nicht zahlen, denn die zahlt nur, wenn **Sie** zahlen müssten!

Sie können sich vorstellen, dass die Rechtslage völlig anders aussieht, wenn Sie angetrunken durch den Raum torkeln und so den obigen Unfall herbeiführen. Denn jetzt haben Sie ihn nicht nur verursacht, sondern auch **verschuldet** und sind verpflichtet zu zahlen (oder Ihre Amtshaftpflichtversicherung).

Nachdem klar ist, was schuldhaftes Handeln bedeutet, möchte ich mit Ihnen die vier Stufen der Schuld wiederholen (für die Kollegen vom juristischen Fach: Ich weiß schon, dass es eigentlich fünf sind, aber für die Schule erlaube ich mir, die ersten beiden zusammenzufassen).

▶ **Direkter Vorsatz:** Die größte Schuld trifft den vorsätzlich (mit Absicht) Handelnden. »**Wissen und Wollen**« müssen vorliegen, der Lehrer denkt sich »Das (den Schaden) will ich!«

Das liegt z.B. vor, wenn ein Sportlehrer seine Schüler bestiehlt.
Diese Stufe der Schuld kommt in der Praxis erfreulicherweise selten vor.

▶ **Bedingter Vorsatz:** Etwas häufiger ist die nächste Stufe, der sog. »**bedingte Vorsatz**«. Der Lehrer nimmt den Schaden **billigend in Kauf.** Es ist zwar nicht sein eigentliches Ziel, aber wenn ein Schaden entsteht, ist es ihm auch egal. Er denkt sich: »Na, wenn schon.«

Ein Lehrer wird von Schülern am Wegfahren mit seinem Wagen gehindert, was ihn fürchterlich ärgert. Er lässt den Motor ein paar Mal aufheulen, ohne dass die Schüler zur Seite gehen, dann fährt er schnell an und verletzt dabei zwei Schüler. Sein Ziel ist es nicht, die Schüler zu verletzen, sondern er will unbedingt nach Hause, aber wenn beim Anfahren einer der Rüpel verletzt wird, so ist ihm das egal.

Auch diese Stufe des schuldhaften Handelns findet man in der Schule nicht oft.

▶ **Grobe Fahrlässigkeit:** Nun kommen wir zu dem Bereich, in dem die meisten Fälle anzusiedeln sind, nämlich der **Fahrlässigkeit**, die ebenfalls zum schuldhaften Handeln zählt, für das man eintreten muss. Die Juristen definieren: »**Fahrlässig handelt, wer die erforderliche Sorgfalt außer Acht lässt.**«

Sehr häufig, insbesondere bei Fragen der Aufsicht, liegt die sog. **grobe (bewusste) Fahrlässigkeit** vor. Ein Lehrer, der **grob** fahrlässig handelt, **sieht die Möglichkeit** einer Gefahr, denkt sich aber: »**Es wird schon nichts passieren!**« Genau hier setzt der schwere Vorwurf an, den das Verwaltungsgericht ihm später machen wird. Denn wenn ein Lehrer so denkt, dann ist ihm die Gefahr bereits bewusst. Er vertraut bei seiner Entscheidung auf sein Glück. Allerdings ist das keine zulässige Grundlage für die gesetzlich vorgeschriebene Aufsichtspflicht über Schutzbefohlene.

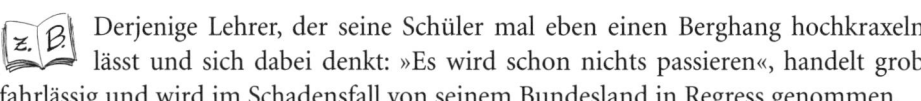 Derjenige Lehrer, der seine Schüler mal eben einen Berghang hochkraxeln lässt und sich dabei denkt: »Es wird schon nichts passieren«, handelt grob fahrlässig und wird im Schadensfall von seinem Bundesland in Regress genommen.

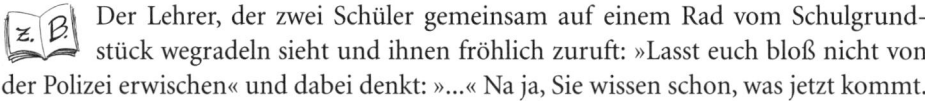 Der Lehrer, der zwei Schüler gemeinsam auf einem Rad vom Schulgrundstück wegradeln sieht und ihnen fröhlich zuruft: »Lasst euch bloß nicht von der Polizei erwischen« und dabei denkt: »...« Na ja, Sie wissen schon, was jetzt kommt.

So schnell ist man also im Bereich der groben Fahrlässigkeit. Und im Schadensfall verstehen die Juristen – vermutlich aber auch die Eltern eines verletzten Schülers – zu Recht keinen Spaß. Die Einlassungen der Lehrer in solchen Fällen sind nicht sonderlich originell und laufen meist auf ein »Ich wusste doch nicht, dass ...« hinaus. Natürlich wusste der Lehrer nicht, dass **tatsächlich** etwas passieren würde, das wäre ja noch schöner. Aber er wusste, dass etwas geschehen **konnte**, und das reicht völlig. Ein Gericht würde sagen: »Das hätte der Lehrer aber sehen **müssen**, nicht zuletzt deshalb, weil er dafür ausgebildet war und verpflichtet ist, die Rechtsvorschriften seines Berufs zu kennen.«

Merken Sie sich deshalb bitte den paradoxen, aber einprägsamen Satz: »**Der Teufel ist ein Eichhörnchen.**« Er besagt, dass Dinge, die auf den ersten Blick völlig harmlos aussehen (der sonnige Berghang, der stille See), sich später oft als gefährlich und verhängnisvoll herausstellen können.

▶ **Leichte Fahrlässigkeit:** Die letzte Stufe (immer noch schuldhaftes Handeln!) stellt die (einfache oder) leichte Fahrlässigkeit dar. Der Lehrer sieht die Möglichkeit einer (objektiven) Gefahr nicht, er passt nicht auf, er denkt nicht nach.

Dies liegt vor, wenn ein Lehrer vergisst, zum Beginn der großen Pause den Klassenraum abzuschließen, die Schüler wieder in die Klasse gehen, dort toben und einer von ihnen sich dabei verletzt. Ein Gericht würde hier sagen: »Das hätte der Lehrer aber erkennen können, wenn er sich intensiver damit beschäftigt hätte.«

Der Schuldvorwurf hängt hier zum einen von der Schwierigkeit ab, eine Gefahr im Voraus zu erkennen, zum anderen von der Berufserfahrung des Lehrers, sodass Referendare oder Berufsanfänger im ersten Berufsjahr evtl. noch mit einer milderen Beurteilung rechnen können.

Pausenaufsicht

Der einschlägige Paragraph Ihres Schulgesetzes regelt die Aufsichtspflicht und nennt meist bereits grob die Bereiche, in denen die Aufsicht zu führen ist. Der Aufsicht durch die Schule unterliegt das gesamte Schulgelände einschließlich der Zuwegungen und Bushaltestellen, falls sie in der Nähe der Schule liegen. Nicht immer präzise genannt wird der Zeitraum, in dem zu beaufsichtigen ist, weil der Gesetzgeber davon ausgeht, dass die Aufsicht für den **gesamten** Zeitraum gilt, in dem die Schüler sich in der Schule befinden. Der normale Unterricht selbst ist unproblematisch, da der Lehrer anwesend ist und die Klasse direkt beaufsichtigt.

Aufmerksame Leser dürften jetzt bereits ahnen, dass das Zuspätkommen eines Lehrers dann Probleme aufwirft, wenn in dieser Zeit einem Schüler etwas passiert. Man wird fragen, ob das Zuspätkommen **schuldhaft** war **oder nicht** (auch fahrlässiges Zuspätkommen ist schuldhaft, siehe Seite 46).

Die Pausenzeiten bergen eine erhöhte Gefahr, weil die Schüler sich nach dem langen Stillsitzen austoben wollen und sollen, weil jetzt viele zusätzliche Bereiche genutzt werden können, die während des Unterrichts nicht zur Verfügung stehen, und weil jetzt sehr viele Schüler durch sehr wenige Lehrer beaufsichtigt werden. Diejenigen Lehrer, die Pausenaufsicht haben und trotzdem im Lehrerzimmer bleiben, ihren Kaffee trinken und dabei denken »Es wird schon nichts passieren«, handeln schuldhaft, und zwar grob fahrlässig. Natürlich muss auch ein Lehrer einmal in der Pause auf die Toilette gehen oder einen Kaffee trinken, aber Letzteres kann er auch auf dem Pausenhof während seiner Aufsicht machen. Und falls die Schüler des Bereichs, in dem Lehrer X als Aufsicht eingeteilt ist und wo ein Unfall passiert ist, aussagen, dass X fast nie seine Aufsicht wahrnimmt, dann könnte ein Gericht die Be-hauptung des Lehrers, er sei zur Zeit des Unfalls auf der Toilette gewesen, als unglaubwürdige Schutzbehauptung werten, die es nicht akzeptiert.

Aus Untersuchungen zu Problemschülern wissen wir, dass die Treppenhäuser, die Toiletten und die kleinen, schwer einsehbaren Nischen, die jedes Schulgrundstück bietet, bevorzugte Plätze für verbotene Aktivitäten wie Rauchen, Hehlerei und Drogenhandel der Schüler sind. An solchen Orten ist folglich eine besonders dichte Kontrolle erforderlich. Die Augen vor solchen Verstößen, die es fast an jeder Schule gibt, zu schließen, indem man diese Bereiche vernachlässigt, ist zwar zunächst bequem, verursacht aber langfristig mehr Probleme als ein beherztes Eingreifen. Sinnvoll kann auch hier (wie bei der Polizei) der Einsatz von »Doppelstreifen« sein. Auf diese Weise hat man jemanden, um sich zu unterhalten, die Autorität des Auftritts ist erheblich größer und dem Weggucken wird ein Riegel vorgeschoben, weil sich vermutlich kein Lehrer vor dem anderen blamieren will, indem er sichtbare Verstöße ignoriert.

Verständlicherweise von Schülern, aber auch von vielen Lehrern, wird das Schneeballwerfen in seiner tatsächlichen Gefährlichkeit unterschätzt. Durch das Schneeschieben des Hausmeisters und das Festtreten durch viele Schuhe hat der Schnee oft eine Konsistenz, die Schneebälle zu gefährlichen Wurfgeschossen machen, mit denen jedes Jahr immer wieder etliche Schüler (meist am Kopf) gefährlich verletzt werden. Natürlich empfinden Schüler einen Lehrer als »cool«, der ihnen das Schneeballwerfen direkt oder indirekt erlaubt, allerdings nur so lange, bis einem Schüler ernsthaft etwas passiert. Dann wechselt die Argumentation, und es wird von Schüler- und Elternseite zu Recht argumentiert, dass der Lehrer als verantwortliche und vorausschauende Person sich gegen das verbotene Handeln der Jugendlichen hätte durchsetzen müssen, um die Schüler vor Schaden zu bewahren. In solchen Situationen, wie z.B. nach einem plötzlichen Schneefall, sollte der Schulleiter neben der regulären Aufsicht weitere zusätzliche Pausenaufsichten einteilen, um die Situation in den Griff zu bekommen. Falls er dies nicht einleitet, besteht die Möglichkeit für die aufsichtsführenden Lehrer, selbst um die Unterstützung von anderen Kollegen zu bitten, die dies hoffentlich nicht aus Bequemlichkeit abschlagen werden.

Gefahrgeneigter Unterricht

Neben der Pausenaufsicht muss der sog. »**gefahrgeneigte**« **Unterricht** erwähnt werden. Das ist Unterricht (z.B. Sport, Chemie, Physik), in dem interessante, aber auch gefährliche Aktivitäten anfallen. Für diese Fächer gibt es detaillierte Einzelregelungen, die hier nicht wiedergegeben werden können, die aber natürlich alle im Schulverwaltungsblatt Ihres Landes abgedruckt sind. Die Nachweise zu diesen Erlassen finden sich in Kommentaren oder im Stichwortverzeichnis der Jahrgangsbände des Schulverwaltungsblattes. Sachkundige Auskunft hierzu gibt es auch über die **Fachobleute/Leiter der Fachschaft** der jeweiligen Fächer. Zudem hat jede Schule einen **Sicherheitsbeauftragten**, über den ebenfalls die einschlägigen Bestimmungen zu erhalten sind. Die Schule hat hier, wie die Juristen sagen, eine »**Verkehrssicherungspflicht**«. Das bedeutet, wer eine Gefahrenquelle schafft oder besitzt und diese zugänglich macht, der muss dafür sorgen, dass sie so abgesichert ist, dass die Schüler keinen Schaden erleiden.

Chemie- und Physikräume, aber auch Sporthallen sind solche Orte mit erheblichen Gefahrenquellen, die die Schule absichern muss.

Selbstverständlich können aber auch in anderen Fächern »gefahrgeneigte« Tätigkeiten anfallen, so z.B. im Fach Kunst, wenn der Holzschnitt (mit scharfen Messern) durchgeführt wird. Woran muss nun ein Lehrer denken, wenn er diese Technik, z.B. in einer Klasse der Sekundarstufe I einführt? Vor dem Austeilen der Messer an die Schüler und dem eigentlichen Schneiden muss eine Einweisung mit einer Vorführung durch den Lehrer und einer entsprechenden Belehrung erfolgen, z.B.: »Immer nur vom Körper weg schneiden!« Erst danach sollten die Werkzeuge an die Schüler verteilt werden. Die Technik muss vom Lehrer kontrolliert und notfalls korrigiert werden, und es sollte Verbandsmaterial für alle Fälle bereitliegen.

Machen wir es jetzt ein wenig komplizierter. Was aber, wenn der Lehrer dringend in der Stunde auf die Toilette muss? Denn auch so etwas kann passieren. Welche Maßnahmen würden Sie treffen? Bis Sie den Raum dringend verlassen müssen, bleiben Ihnen noch etwa zwei Minuten. Überlegen Sie einmal. Vermutlich würden Sie schauen, ob Sie im Nebenraum einen Kollegen finden, der zwischendurch nach Ihren Schülern schaut. **Unabhängig davon** würden Sie Ihre Schüler **nachdrücklich** anweisen, die Arbeit zu unterbrechen, und den Klassensprecher einsetzen, dies zu überwachen – und dann würden Sie den schnellsten Weg zur ersehnten Toilette suchen.

Wenn Sie das getan haben, dann haben Sie **alles getan, was Sie** in dieser Situation **tun konnten**. Falls sich der Kollege aus dem Nachbarraum nicht um Ihre Klasse kümmert und ein Schüler sich nicht an Ihre und an die Ermahnungen des Klassensprechers hält, so trifft Sie bei einem Unfall keine Schuld, weil man Ihnen nichts vorwerfen kann. Das ist der entscheidende Punkt: Sie werden nicht jeden Schaden verhindern können, aber Sie müssen alles in Ihrer Macht Stehende unternehmen, um ihn zu vermeiden. Dann kann man Ihnen keinen Vorwurf machen. Falls trotzdem ein Schüler im Unterricht eine Verletzung erleidet, ist er über die Schule versichert, allerdings muss der Schaden **unverzüglich** der Versicherung gemeldet werden, andernfalls geht u.U. der Versicherungsschutz verloren. Formulare für Schadensmeldungen an die Schulversicherung gibt es i.d.R. im Sekretariat.

Aufsicht außerhalb der Schule

Auch außerhalb des Schulgebäudes bzw. des Schulgrundstücks können schulische Veranstaltungen stattfinden, bei denen die Schüler zu beaufsichtigen sind. Lassen Sie mich als erstes Beispiel den geführten Gang durch eine fremde Stadt nehmen. Je nach Reife der Schüler sollte eine knappe oder intensive Belehrung über das richtige Verhalten im Straßenverkehr erfolgen. Ein Vermerk im Klassenbuch über die stattgefundene Belehrung ist für den Lehrer notfalls entlastend, da er dokumentiert, dass dieser Punkt dem

Lehrer so wichtig war, dass er ihn nicht vergessen, sondern sogar im Klassenbuch vermerkt hat. Problemschüler müssen notfalls individuell angesprochen und gesondert ermahnt werden. Ist ein »Freigang« vorgesehen, d.h. die Schüler können anschließend auf eigene Faust bummeln, z.B. im Anschluss an das gemeinsame Pflichtprogramm (Museumsbesuch o.Ä.), so müssen die Eltern **vorher** hierüber unterrichtet werden und dazu ausdrücklich ihr Einverständnis geben (einen Musterbrief finden Sie auf Seite 188). Ich empfehle meinen Studenten und Referendaren, den Schülern eine Kopie des Stadtplans zu geben, in dem der Abfahrtspunkt deutlich markiert ist und nur Gruppen mit mindestens drei Schülern auf eigene Faust loszuziehen zu lassen (einer bleibt notfalls bei einem verletzten Schüler, der andere kann Hilfe holen oder den Lehrer benachrichtigen).

»**Führen heißt vorausdenken**«, das heißt, Sie sollten sich im Sinne eines »Worst Case« bereits **vorher** überlegen, wie Sie reagieren, falls ein Schüler (oder eine Dreiergruppe) nicht zur verabredeten Zeit am Abfahrtspunkt erscheint. Heute im Zeitalter der Handys ist dies nicht mehr so problematisch, da man fast immer Kontakt aufnehmen kann. Aber es soll noch Lehrer und Schüler geben, die nicht ständig ein Handy verfügbar haben. Und manchmal ist auch der Akku leer. Fast erscheint es mir überflüssig zu erwähnen, sich rechtzeitig vor der eigentlichen Abfahrt am Abfahrtspunkt zu treffen, damit man Zeit hat, um zu reagieren und sich Optionen zu überlegen. Ohne die Deutsche Bahn kränken zu wollen, muss gesagt werden, dass man in einer solchen Situation mit einem gemieteten Bus natürlich flexibler ist als mit einem Zug, denn dieser wartet nicht und fährt vermutlich an solch einem Tag ausnahmsweise pünktlich ab.

Spätestens jetzt wird klar, dass es sinnvoll ist, mit **zwei Begleitpersonen zu fahren, obwohl viele Schulleiter dies nicht gerne sehen**, weil es erstens die Erlasse für den Regelfall der Tagesfahrten nicht vorsehen und zweitens doppelt so viel Unterricht ausfällt. Es ist aber in vielen Bundesländern **möglich, wenn eine schwierige Aufsichtssituation** vorliegt (das ist Auslegungssache) oder wenn die Klasse für eine Aktivität, auch nur für kurze Zeit, in zwei Gruppen geteilt werden soll. Das können Sie steuern. Wenn eine der beiden Varianten vorliegt, kann selbst ein hartnäckiger Schulleiter kaum Nein sagen, ohne gegen die rechtlichen Vorgaben zu verstoßen.

Bei einer (eintägigen) Radtour (s. Checkliste S. 184) ist erhöhte Aufmerksamkeit gefordert: **Es muss geprüft werden, ob Verkehrserziehung erteilt wurde.** Wenn dies schon lange zurückliegt, so sollte eine kurze Auffrischung stattfinden, die der Lehrer ebenfalls im Klassenbuch vermerken sollte. Neben der obligatorischen Zustimmung der Eltern ist es empfehlenswert, Kontakt mit der Polizei aufzunehmen, um evtl. die Gruppe anzumelden und besondere Gefahrenpunkte zu erkunden. Auch hier gilt es, **vorher** zu überlegen, wie man bei einer Panne von einem oder mehreren Schülern reagiert. Trennt man die Gruppe (2. Begleitperson) oder wartet man mit allen Schülern?

> **Tipp:** Da heute der Besitz eines Handys weit verbreitet ist, dürfte auch der Lehrer sein Handy dabeihaben – hoffentlich sind auch die Rufnummern von Krankenhaus, Rettungsleitzentrale (19222, in Bayern leider mit anderer Nummer) oder Feuerwehr (112) gespeichert. Auch andere wichtige Rufnummern sollte der Lehrer parat haben: Dazu gehören die Nummern aller Erziehungsberechtigten (am besten dienstlich und privat).

Ich weiß, das hört sich alles sehr gefährlich an. Aber mir ist es lieber, ich stelle Ihnen ein »Worst-Case-Szenario« vor, das während Ihrer gesamten Berufstätigkeit nie eintritt, als dass Sie als Lehrer erhebliche Schwierigkeiten bekommen und mein Buch verfluchen, weil ich zu diesem Punkt nichts gesagt habe. Außerdem werden Juristen dafür ausgebildet, dass sie sich Gedanken über Dinge machen, von denen andere meinen, darüber müsse man sich nun wirklich nicht den Kopf zerbrechen.

Für die (mehrtägige) Klassenfahrt gibt es spezielle Erlasse. Auch hierfür ist eine Einverständniserklärung der Erziehungsberechtigten erforderlich, die **alle** geplanten Vorhaben abdeckt. Falls ein Lehrer vorhat, eventuell ein Schwimmbad zu besuchen (hierzu gibt es einen speziellen »Schwimmerlass«), so sollte er es in die Einverständniserklärung aufnehmen. Findet der Besuch dann doch nicht statt, so ist die erteilte Einwilligung der Eltern hierzu »unschädlich«, wie die Juristen sagen. Bei **gefahrgeneigten Aktivitäten** (dazu gehört selbstredend auch das Schwimmbad) **sind die Kenntnis und Befolgung der entsprechenden Erlasse zwingend.**

Für männliche Lehrkräfte wird in einigen Bundesländern empfohlen, eine weibliche Begleitung mitzunehmen, nicht jedoch umgekehrt. Die Herren der Schöpfung müssen mit dieser scheinbaren Ungleichbehandlung, die natürlich keine ist, leben. **Lehrkräfte sollten sich vor einer Klassenfahrt über etwaige gesundheitliche Probleme der Schüler schriftlich informieren lassen.** Es ist manchmal lebenswichtig zu wissen, wer allergisch auf Seefisch reagiert, wer an Epilepsie oder Diabetes leidet, wer eine Herz-Kreislaufschwäche hat oder wer bestimmte Medikamente braucht usw. (s. Gesundheitsbogen S. 188). Vor zehn Jahren habe ich noch (ohne nachzudenken, also leichte Fahrlässigkeit, folglich kein Regress) einer Schülerin mit starken Kopfschmerzen eine Aspirintablette von mir gegeben. Das würde ich heute, weil ich weiß, dass bestimmte Menschen allergisch auf Aspirin reagieren, nicht mehr machen.

Falls es unter **disziplinarischen Aspekten echte Problemschüler** gibt, sollte der Lehrer sich überlegen, ob er sie gar nicht erst mitnimmt. Das ist i.d.R. immer dann möglich, wenn dies vorher angekündigt und der Schüler mindestens einmal vorher **verwarnt** wurde. Die Vorstellung, Problemschüler, die den Anweisungen des Lehrers nicht folgen, würden sich durch die Teilnahme an einer Klassenfahrt nun problemlos verhalten, mag Pädagogen hoffnungsvoll erscheinen, Juristen erscheint sie etwas naiv.

Ebenfalls sollte der Lehrer die Grundlagen der Ersten Hilfe und die wichtigsten Symptome von medizinischen Notfällen kennen (s. Anhang S. 182). Enorm wichtig ist auch für den Fall der Fälle die Zustimmung der Eltern für eine ärztliche Notfallbehandlung (S. 189). Falls einige Lehrer eine (Klassen- oder) Kursfahrt ins Ausland planen, z.B. in die USA, nach Südafrika oder an die türkische Riviera, so sehen die Schüler und manchmal auch die Lehrer meist nur, dass die Teilnehmer der Fahrt Bundesbürger sind und es während der Fahrt bleiben. Es ist ja auch so einfach: Man steigt ins Flugzeug und schwuppdiwupp ist man im Ausland. Es ist fast alles wie zu Hause (es gibt Pizza, Hamburger, Coca-Cola und Melitta-Kaffee), nur das Wetter ist meist besser. Dies alles verleitet Lehrer und Schüler dazu zu glauben, auch sonst sei alles wie daheim. Was sich die Betreffenden i.d.R. nicht klarmachen, ist die juristische entscheidende Tatsache, dass dort **ausländisches Recht** gilt. Für Drogenkonsum und andere Delikte wie das Mitnehmen alter Steine von historischen Stätten, die uns liberalen Menschen als unerhebliche Bagatellen erscheinen, gibt es in anderen Ländern empfindliche Gefängnisstrafen, und zwar ohne Bewährung. Man sitzt dort tatsächlich ein, oft für mehrere Monate oder gar Jahre. Türkische Gefängnisse sind nach glaubwürdiger Aussage deutscher Touristen extrem gewöhnungsbedürftig und selbst in den USA herrscht in den Gefängnissen ein ungewohnt rüder Ton. Vor Auslandsfahrten sollten Sie deshalb Ihre Schüler über die wichtigsten Verbote des Landes belehren und sich dies auch von den Teilnehmern der Fahrt bestätigen lassen. Informationen und Merkblätter hierüber gibt es beim Auswärtigen Amt.

Pädagogischer Spielraum und seine Begrenzung

Damit Sie sich von den vielen juristischen Informationen ein wenig erholen können, möchte ich Ihnen nun etwas Pädagogischeres vermitteln. Dabei geht es um die sog. »pädagogische Freiheit« der Lehrer. **In Bezug auf die »pädagogische Freiheit« ist zu sagen: So, wie man sie sich wünscht, existiert sie nicht.** Stattdessen gibt es mehrere Faktoren, die diese »Freiheit« in der Praxis einschränken können.

(Beamtete) Lehrer sind keine Hochschullehrer, die erwachsene Studenten unterrichten und deshalb von der grundgesetzlichen Freiheit von Forschung und Lehre profitieren (Art. 5 III GG); Lehrer haben fast ausschließlich mit minderjährigen Schülern zu tun. Deshalb gilt für sie das o.g. Grundrecht nicht, obwohl der wohlklingende Begriff der »pädagogischen Freiheit« von Lehrern noch immer gerne im Munde geführt wird. Wer möchte nicht gerne nur das tun und lassen, was er will?

Damit dieses Missverständnis nicht länger besteht, hat man in vielen Schulgesetzen jetzt Formulierungen gefunden, die dies verdeutlichen: Meist wird dem Lehrer die Unterrichtung in eigener **pädagogischer Verantwortung** zugestanden. Der Begriff »pädagogisch« macht deutlich, dass pädagogische Gründe für getroffene Entscheidungen vorliegen müssen. Der Begriff »Verantwortung« macht, anders als der Begriff der »Freiheit« klar, dass dieses Ermessen dem Lehrer **nicht um seiner selbst willen** zugestanden wird, sondern im **Interesse der Schüler**. Die Juristen sprechen von einem sog. »Rechtsreflex«, d.h. vom Recht des Schülers reflektiert etwas auf den Lehrer. Dieser profitiert davon, ohne einen eigenen Rechtsanspruch zu haben. Damit ist es unzulässig, Inhalte und Methoden am Eigeninteresse des Lehrers auszurichten. Auch Dinge, die man als Lehrer nicht mag, z.B. Grammatik oder »Klassiker«, müssen behandelt werden.

Die Bindung des Lehrers geht aber noch weiter, denn Unterricht und Erziehung müssen sich nicht nur am Schulgesetz, sondern auch an den untergeordneten Rechts- und Verwaltungsvorschriften des Kultusministeriums ausrichten. Das heißt, der Lehrer muss sämtliche Verwaltungsvorschriften kennen, die sich auf seinen Unterricht beziehen. Und das sind eine ganze Menge. Und falls er hiergegen verstößt, wobei gleichgültig ist, ob er es weiß oder nicht (Sie erinnern sich noch an das, was der BGH gesagt hat?), so handelt er schuldhaft.

Wo findet man nun diese Rechts- und Verwaltungsvorschriften? Sie sind abgedruckt im Gesetzblatt (GBl.) und natürlich im Schulverwaltungsblatt (SVBl.) Ihres

Bundeslandes. Beide befinden sich in jeder Universitätsbibliothek, das Schulverwaltungsblatt findet sich als **Pflichtblatt** in jeder Schule und jeder Lehrer muss sich hierin über die wichtigen Dinge seines Berufs informieren. In diesen juristischen Zeitschriften sind die entsprechenden Verordnungen allerdings über etliche Jahre verstreut, sodass sich für den Einstieg in diese Vorschriften ein anderer Weg empfiehlt.

Die Berufsverbände der Lehrer geben (kostenlos oder gegen geringes Entgelt) Sammlungen der wichtigsten Vorschriften heraus. Auch die Verlage, die sich mit Schulrecht befassen, verlegen Sammlungen, in denen Sie alle wichtigen Vorschriften nach Stichworten geordnet finden. Sich daran zu orientieren, ist wesentlich leichter, als im Stichwortverzeichnis des Jahresbandes der Zeitschriften zu suchen. Zu stolzen Preisen gibt es diese Zeitschriften auch auf CD-ROM. Falls Ihre Schule darüber verfügt, gestaltet sich das Suchen einfach und schnell. Im Zeitalter des Internets finden Sie viele dieser Vorschriften auch über die Internetseiten des Kultusministeriums, der Berufsverbände, einiger Studien- bzw. Ausbildungsseminare oder über Suchmaschinen. Genauere Angaben hierzu finden Sie im Anhang.

Der pädagogische Spielraum des Lehrers kann, was in der Praxis allerdings selten ist, unter Umständen noch enger beschränkt werden, und zwar durch Anordnungen der Schulleitung oder der Schulaufsicht, falls der Unterricht gegen die bestehenden Rechts- und Verwaltungsvorschriften verstößt.

Eine weitere Begrenzung kann in Konferenzbeschlüssen liegen, die an der jeweiligen Schule existieren. Die möglichen Begrenzungen der pädagogischen Verantwortung durch Schulleitung und Konferenzen werden vom Gesetzgeber im Prinzip als gleichrangig angesehen, wobei die Konferenz ein demokratisches Kollegialorgan ist, das Grundsatzentscheidungen fällt; der Schulleitung und der Schulaufsicht obliegen jeweils eine Kontrollfunktion.

Dies alles macht nachdrücklich deutlich, dass von einer »pädagogischen Freiheit« im juristischen Sinne nicht die Rede sein kann. Trotzdem bleibt immer noch Spielraum, um flexibel zu reagieren und das zu machen, was der aktuellen Interessenslage von Schülern, Eltern und Lehrern entspricht. Die Handlungsmöglichkeiten des Lehrers sind also nicht so eng, wie es oft befürchtet wird.

Die Befugnisse der Konferenzen sind im Moment noch sehr umfassend, da die Konferenzen fast allzuständig sind, zumindest was die Grundsätze angeht. So könnten sie z.B. über die Verteilung der Haushaltsmittel, Schulfahrten, Schulordnung oder die Einführung von Lehrbüchern verbindliche Beschlüsse fassen. Erlaubt sind auch Resolutionen zu **schul**politischen Entscheidungen, jedoch haben die Konferenzen aufgrund des Neutralitätsgebots der Schule kein **allgemein**politisches Mandat. Konferenzen können auch keine Noten festlegen oder ändern, dies kann nur der einzelne Lehrer (oder im Ausnahmefall die vorgesetzte Behörde).

An Konferenzen unterscheidet man:

▶ die **Schul**konferenz (Lehrerkonferenz, Gesamtkonferenz), d.h. die Gesamtheit aller Lehrer plus Elternvertreter plus Schülervertreter (evtl. auch Vertreter der Schulangestellten);

▶ in vielen Bundesländern die sog. **Lehrer**konferenz (Gesamtlehrerkonferenz), d.h. ein Gremium, in dem nur die Lehrer der Schule versammelt sind.

Darunter gibt es als sog. Teilkonferenzen:

▶ die **Fach**konferenz, d.h. die Lehrer, die das betreffende Fach (z.B. Biologie) unterrichten plus Elternvertreter plus Schülervertreter;
▶ die **Klassen**konferenz/Jahrgangs(stufen)konferenz, d.h. die Lehrer, die in einer Klasse bzw. einem Jahrgang unterrichten plus Elternvertreter plus Schülervertreter. Eine Unterform der Klassenkonferenz ist die sog.»**Versetzungs**konferenz«: Es handelt sich dabei um die schon erwähnte Klassenkonferenz, die zum Halbjahr oder Schuljahresende zusammentritt, um nun über Warnungen bzw. die Versetzung bzw. Nichtversetzung der Schüler zu befinden.

Für alle Konferenzen gilt, dass die Zahl der stimmberechtigten Mitglieder, **die keine Lehrer sind,** sich an der Anzahl der Lehrer orientiert. Je mehr Lehrer an der Schule arbeiten oder in der Klasse oder in der Fachgruppe unterrichten, desto mehr Eltern- und Schülervertreter sind zugelassen. Die genaue Anzahl ist in Ihrem Schulgesetz festgelegt. Dies gilt auch für den Schulvorstand, den es inzwischen in einigen Bundesländern gibt. Auf ihn werde ich bei den Erziehungsberechtigten eingehen (S. 73).

Nach dieser Kurzvorstellung der Konferenzen kehre ich wieder zurück zum Spielraum der pädagogischen Verantwortung des Lehrers und den Begrenzungen, die diesem Spielraum gegenüber stehen, nur dass jetzt die Begrenzungen aus inhaltlichen Vorgaben begründet werden. Selbstredend sind an oberster Stelle die Ziele der Landesverfassung zu nennen, die wir hier überschlagen können. Nicht etwa weil sie unwichtig wären, sondern weil sie sich in ganz ähnlicher Form in den festgeschriebenen Bildungszielen des Schulgesetzes wiederfinden. An diesen Bildungszielen, die Sie einmal in Ruhe nachlesen sollten, müssen Unterrichtung und Erziehung sich orientieren, wobei beruhigenderweise nicht jeder Lehrer allein sämtliche Bildungsziele verwirklichen muss. Es genügt, dass er sich bemüht, einige der Ziele zu verwirklichen, vorzugsweise solche, die sich bei seinem Unterrichtsfach anbieten oder die für ein gedeihliches Zusammenleben unerlässlich sind.

Schwieriger wird es bei den sog. Rahmenrichtlinien, den Bildungsplänen bzw. den Curricula, die für jedes Fach existieren. Hier macht der Kultusminister inhaltliche Vorgaben, die als Verwaltungsvorschriften im Endeffekt so bindend sind wie ein Gesetz (»materielles Gesetz«). Die Rahmenrichtlinien/Curricula enthalten didaktische und methodische Vorgaben des jeweiligen Faches und nennen unmissverständlich verbindliche, daneben aber auch unverbindliche Ziele und Inhalte. Sie geben dem Lehrer **einen Rahmen vor** (z.B. ein Drama aus dem Sturm und Drang), deswegen heißen sie auch so. Sie dürfen den Lehrer jedoch nicht so stark einengen, dass seine pädagogische Verantwortung auf null reduziert wird. Falls ein Stundenansatz für die Behandlung bestimmter Inhalte vorliegt, also z.B. 30 Stunden Geometrie, muss dieser so kalkuliert sein, dass Zeit bleibt, um die individuellen Interessen von Schülern, Eltern und Lehrern zu verwirklichen. Auch das Zentralabitur oder andere zentrale Prüfungen dürfen diesen Spielraum nicht auf null reduzieren.

Die Rahmenrichtlinien/Curricula werden von einigen Lehrern manchmal nur als Vorschlag angesehen, was der Lehrer im Unterricht behandeln **könnte**, was dazu führt, dass bestimmte **verbindliche** Inhalte nicht vermittelt werden, weil der Lehrer es zeitlich nicht mehr geschafft hat oder weil er glaubte, bessere Ideen zu haben als die amtlichen Rahmenrichtlinien. Diese persönliche Fehlinterpretation einer angenommenen »pädagogischen Freiheit« ist einerseits unkollegial und geht andererseits zulasten der Schüler, da sie bestimmte Inhalte nicht beherrschen, die der nachfolgende Lehrer als Grundlage benötigt. Dieser muss davon ausgehen können, dass die verbindlichen Inhalte der Rahmenrichtlinien vermittelt worden sind, weil er sie in seinem Unterricht nicht nachholen kann, es sei denn, er verzichtet auf den ihm und seinen Schülern zugestandenen Freiraum. Juristisch gesehen handelt es sich bei der Nichtbeachtung der Rahmenrichtlinien um ein Dienstvergehen, in der Praxis wird es als Kavaliersdelikt eines »freien Lehrers« gesehen, der sich nicht »von oben« etwas vorschreiben lässt. Die Nichtbehandlung vorgeschriebener Inhalte könnte jedoch letztlich im Abitur dazu führen, dass Schüler einen Aufgabenvorschlag objektiv nicht bearbeiten können und sich hierüber zu Recht beschweren.

Neben den Rahmenrichtlinien gibt es an vielen Schulen einen »Stoffverteilungsplan«, »Netzplan« oder »schuleigenes Curriculum«, das von der jeweiligen Fachkonferenz beschlossen wird. Hierbei handelt es sich um eine weitergehende inhaltliche Konkretisierung. Beispiel: Von den Fachkollegen, den Eltern- und Schülervertretern werden jetzt Schillers »Räuber« als zu behandelndes Werk des Sturm und Drangs festgelegt. Auch solche Vorgaben der Fachkonferenz wären bindend, sie sind aber sehr selten so eng gefasst.

In die methodische Gestaltung des Unterrichts darf die Fachkonferenz jedoch nicht eingreifen, da sonst ein Verstoß gegen das übergeordnete Gesetz vorliegen würde; der Lehrer würde damit zum unselbstständigen Vollstrecker der Fachkonferenz degradiert. Anhand welcher Methode der Lehrer demnach »Die Räuber« behandelt, bleibt allein ihm überlassen.

Problemkreis: Datenschutz und Urheberrecht

Datenschutz

Früher wurden die Noten der Klassenarbeiten einfach vorne ins Klassenbuch eingetragen und der Klassenlehrer konnte sich sehr schnell einen Überblick über den Notenstand seiner Schüler verschaffen. Natürlich konnte auch jeder andere ins Klassenbuch schauen und sehen, wie die Chancen für Karlheinz oder Kunigunde stehen, das Jahr zu wiederholen. Aus genau diesem Grund ist das Eintragen von Noten ins Klassenbuch mittlerweile untersagt. Das ist für die jungen Kollegen ganz selbstverständlich, da sie in einer Zeit groß geworden sind, in denen der Datenschutz zu einer festen und wichtigen Größe wurde. Keine Information wird in die Öffentlichkeit gelassen, ohne dass sich nicht zumindest im Geist die Frage stellt: »Und wie sieht es mit dem Datenschutz aus?« Ja, wie sieht es eigentlich mit dem Datenschutz in der Schule aus?

Der Ausgangspunkt liegt im sog. »Volkszählungsurteil« des Bundesverfassungsgerichts des Jahres 1983. Die damalige Bundesregierung wollte eine Volkszählung durchführen und auch Informationen über die Wohnungssituation und die Einkommensverhältnisse gewinnen. Die Hausjuristen der Bundesregierung hatten ein hübsches Gesetz dafür zusammengezimmert und keinerlei Bedenken gehabt. Die hingegen hatten zwei damals noch unbekannte Anwältinnen aus Hamburg, die gegen das Volkszählungsgesetz klagten – und in den wichtigen Punkten gewannen.

Warum ich Ihnen das erzähle? Nun, weil das Bundesverfassungsgericht in diesem Zusammenhang zwei Begriffe prägte, die für den gesamten Datenschutz, und damit auch für die Schule, von großer Bedeutung sind. Es sind dies die Begriffe »**personenbezogene Daten**« und »**Recht auf informationelle Selbstbestimmung**«. Das Bundesverfassungsgericht stellte fest, dass jeder Mensch als Ausfluss seines Rechts auf freie Entfaltung seiner Persönlichkeit (Art. 2 GG) auch das Recht besitzt, über die Verwendung seiner (personenbezogenen) Daten zu bestimmen. Dieses Recht auf »informationelle Selbstbestimmung« wird von der Bedeutung **wie ein Grundrecht** eingestuft und erhält dadurch eine überragende Bedeutung. Es ist also vergleichbar mit der Unverletzlichkeit der Wohnung, dem Postgeheimnis oder dem Recht auf Leben. Dass das Bundesverfassungsgericht die Latte so hoch gelegt hat, mag man bedauern oder begrüßen. Es ist ein Faktum, mit dem auch die Schule leben muss.

Was nun sind »personenbezogene« Daten? Es sind eigentlich nicht bestimmte Daten, sondern Daten, die durch die Verbindung mit einem Namen (oder einer Adresse) schnell und eindeutig einer Person zuzuordnen sind. Deshalb das Verbot, die Noten von Klassenarbeiten mit den dazugehörigen Schülernamen ins Klassenbuch einzutragen. Stünden dort die Noten so verschlüsselt, dass nur die unterrichtenden Lehrer sie entziffern könnten, so wäre das möglich. Aber dafür ist natürlich der Aufwand viel zu hoch. Das zweite Kriterium ist, dass über die Daten nicht nur etwas Objektives wie das Geburtsdatum, sondern etwas ausgesagt wird, das zu einer Bewertung führen kann. Früher wurde bei den Schülern problemlos nach dem Beruf des Vaters gefragt, heute wird aus gutem Grund darauf verzichtet. Denn sonst hätte man einige Schüler, die mit stolz geschwellter Brust »Arzt«, »Professor« oder »Staatsanwalt« in den Raum rufen, andere, die mit rotem Kopf »Lehrer« oder wieder andere, die mit gesenktem Blick »Hilfsarbeiter« oder »Arbeitsloser« herausstottern.

Die juristische Forderung des Datenschutzes kann in Konkurrenz zu pädagogischen Überlegungen treten. Und zwar immer dann, wenn es pädagogisch sinnvoll erscheint, Probleme einzelner Schüler mit der gesamten Klasse zu besprechen. Das ist natürlich eine schwierige Entscheidung. Nehmen wir den Fall, dass ein Schüler zwei Mitschüler bestohlen hat. Soll man mit der Klasse darüber reden oder nicht? Das kommt darauf an. Zum einen ist die Geheimhaltung aufgrund des Datenschutzes nur dann noch wirksam, wenn die entsprechenden Informationen noch nicht bekannt sind. Falls also bereits die gesamte Klasse über den Vorfall informiert ist, greift auch der Datenschutz nicht mehr. Wenn der Vorgang noch nicht allgemein bekannt ist, stellt sich die Frage, was den Vorrang hat. Um den hoch angesetzten Datenschutz zu überbieten, wäre ein **überragendes** pädagogisches Interesse vonnöten. In diesem Fall könnte ein Zurückstellen des Datenschutzes gerechtfertigt sein. Ebenfalls fällt der Datenschutz immer dann weg, wenn der Betreffende von sich aus freiwillig die Daten preisgibt. Wenn also ein Schüler anhebt: »Mein Vater ist ...«, so braucht ihm der Lehrer nicht ins Wort zu fallen und die Nennung des Berufs verhindern.

Ein weiteres Problem ergibt sich bei den Notenbesprechungen zum Schuljahresende. Geht man davon aus, dass die Eintragung von Noten ins Klassenbuch unzulässig ist, so stellt sich die Frage, ob die öffentliche Bilanzierung und Verkündung der Gesamtnote gegen den Datenschutz verstößt. Ich kenne einige Kollegen, die ihre Notenbesprechung mit den jeweiligen Schülern »unter vier Augen« machen. Neben dem Aspekt des Datenschutzes spielt hier vielleicht auch die Überlegung eine Rolle, dass die Schüler so nicht die Noten miteinander vergleichen können und sich damit die Beschwerden verringern. Also, wenn Sie das so machen wollen, dann sind Sie juristisch auf der sicheren Seite. Das Argument des Datenschutzes ist eben kaum zu toppen.

Ich persönlich halte es jedoch für übertrieben und für pädagogisch wenig sinnvoll. Ich meine, eine nachvollziehbare Bewertung muss auch immer eine gewisse Transparenz und Vergleichbarkeit zu den Noten der Mitschüler besitzen. Wem dieses pädagogische Argument nicht genügt, der sei auf den Grundsatz der Gleichbehandlung (Art. 3 GG) verwiesen, der eine gleiche Behandlung der Bürger durch den Staat fordert, hier also der Schüler durch die Schule. Diese gleiche Behandlung muss jedoch von demjenigen, der bewertet wird, überprüfbar sein. Aus diesem Grunde meine ich, dass die öffentliche Notenbesprechung in der Lerngruppe gleichfalls vertretbar ist. Aber warten wir ab. Sicher gibt es bald die ersten Eltern, die fordern, dass die Noten ihrer Kinder nicht öffentlich, sondern nur unter vier Augen besprochen werden. Dann betreten wir in der Schule juristisches Neuland und das Schulrecht siegt über die Pädagogik.

Urheberrecht

Das waren noch schöne Zeiten, als es nur wenige Kopierer und vereinzelte Videorekorder gab! Warum? Die wenigen Kopien, die in der Schule gefertigt wurden und der eine Videofilm, der vielleicht einmal in der Schule gezeigt wurde, bedeutete für die Hersteller der Produkte einen finanziellen Verlust, der so minimal war, dass man nicht ernsthaft darüber zu reden brauchte. Doch die schönen Zeiten sind vorbei, in jeder Schule stehen heute mindestens ein Kopierer und zehn Geräte, mit denen man Videos oder DVD abspielen kann. Dazu gibt es noch Computer, mit denen man sich alles Erdenkliche aus dem Internet herunterladen kann. Der Gebrauch dieser fantastischen Möglichkeiten führt jedoch dazu, dass den Urhebern der ursprünglichen Werke erhebliche Verluste dadurch entstehen, dass nicht mehr die Originale gekauft, sondern nur noch Kopien und Kopien der Kopien gemacht werden. Jahrelang haben die Hersteller der Originale grollend zugesehen. Jetzt fangen sie an, sich ihren Lohn zu holen, mithilfe der Gerichte oder über Abmahnfirmen, aber vor allem auf der Grundlage eines neu gefassten Gesetzes. Und der Verstoß dagegen kann teuer werden. Deshalb müssen Sie etwas über das neue verschärfte Urheberrecht wissen, damit Ihnen klar ist, wie dünn das Eis ist, auf dem vielleicht auch Sie ab und zu tanzen.

Ich will nicht unnötig moralisieren, aber da etliche Schüler sich ständig illegal Filme und Musikstücke aus dem Internet herunterladen, sollten Sie unbedingt Ihre Schüler über die Ungesetzlichkeit dieses weit verbreiteten Tuns informieren. Selbstverständlich kann man heute über die Zugangscodes diejenigen aufspüren, die sich Filme oder Musik herunterladen. Das ist zwar etwas mühsam, aber die Hersteller machen es. So laufen auch in Deutschland bereits die ersten Klagen gegen Jugendliche, die so überführt wurden. Die geforderten Schadenssummen liegen z.T. bei 10.000 Euro und darüber. Und dabei spielt es keine Rolle, dass die Jugendlichen im Moment kein Geld besitzen, denn die Forderung aus einem Urteil verjährt erst in 30 Jahren! Und bis dahin kommen jedes Jahr die Zinsen zu der ursprünglichen Forderung dazu. Aber das ist nicht Ihr Problem, denn Sie als Lehrer müssten sofort zahlen.

Bevor wir uns den juristischen Details zuwenden, lassen Sie uns versuchen, die Urheber der Werke bzw. ihre Hersteller zu verstehen.

z. B. Der Autor bzw. der Verlag eines Buches hat entweder viel Zeit oder viel Geld in das Produkt gesteckt. Beide wollen ihre Arbeit bzw. ihr eingesetztes Kapital wieder heraushaben und dazu noch einen Gewinn machen. Das halten Sie hoffentlich nicht für ehrenrührig. Wenn jetzt das Buch nur 200 Mal verkauft, aber unter der Hand immer weitergereicht und kopiert wird, so entfällt der Gewinn. Im schlimmsten Fall werden nicht einmal die Kosten hereingeholt, der Verlag macht Verlust, der Autor hat sehr viel Zeit für sehr wenig Geld investiert.

z. B. Der Videoverleiher (juristisch ein »Vermieter«) kauft Videokassetten bzw. DVDs, um diese möglichst oft zu vermieten. Wenn nun ein Lehrer sich einen Film ausleiht und seiner Klasse vorspielt, so wird der Verleiher geschädigt. Das gilt verstärkt, wenn der Lehrer den Film aus einem Fernsehprogramm aufzeichnet und dann seiner Klasse zeigt, denn in diesem Fall kann der Verleiher kein einziges Mal eine Kassette vermieten. Aber nicht nur der Verleiher wird geschädigt, sondern letztlich auch der Hersteller, d.h. der Produzent des Films.

Warum besteht in diesem Bereich kein Unrechtsbewusstsein? Zum einen ist der Schaden durch die einzelne Kopieraktion nicht so riesig, dass man das Gefühl hat, man würde jemanden finanziell in den Ruin treiben. Zum anderen sind uns die Geschädigten persönlich unbekannt. Die Verlage sehen wir nicht als Personen, bei dem Videoverleiher handelt es sich um einen Berufsstand, der nicht sonderlich hoch geschätzt wird, und bei den Filmproduzenten sieht man nur die steinreichen Hollywoodgrößen. Wie dem auch sei, Unrechtsbewusstsein hin oder her: Das Kopieren ist in den meisten Fällen illegal und seit dem September 2003 hat es nicht nur zivilrechtliche Folgen (Schadensersatz), sondern ist auch noch strafrechtlich geschützt.

Bevor wir uns die Neuregelungen im Detail anschauen, möchte ich verdeutlichen, warum einige Kollegen Schwierigkeiten mit dem Urheberrecht haben. Früher unterschied man grob zwischen privater und öffentlicher Nutzung. Die Schule befand sich dabei in einer Grauzone. Sie war nicht privat, aber sie war auch nicht »öffentlich« in dem Sinne, dass man jedem den Videofilm zeigte, vielleicht noch gegen Gebühr. Zudem hatten einige Bundesländer über die Verwertungsgesellschaft Wort (VG Wort) mit den Verlagen ein Arrangement, wonach eine begrenzte Anzahl von Kopien aus einem Buch abgedeckt war. Weil diese Beschränkungen nicht eingehalten wurden und weil durch das illegale Kopieren die Hersteller weniger umsetzen und dadurch erhebliche Steuereinnahmen für den Staat wegfallen, haben wir jetzt auch für die Schule eine neue Situation. Grundlage ist das Urheber- und Verlagsrecht (UrhG), das mittlerweile durch den sog. »Zweiten Korb« noch weiter präzisiert worden ist.

Tipp zum privaten Gebrauch: Das Gesetz gestattet es zwar, private Kopien von einigen urheberrechtlich geschützten Werken anzufertigen (von Computerprogrammen 1 Sicherungs-Kopie); diese dürfen jedoch nicht in der Schule eingesetzt werden, sondern müssen im privaten Bereich verbleiben. Die beliebten »Sicherungskopien« von Computerprogrammen sind zwar zulässig, sie dürfen aber nicht einmal verschenkt oder verliehen werden. Völlig verboten ist es, Musiknoten oder komplette Bücher oder Zeitschriften zu kopieren.

Mittlerweile ist klar, dass die Schule nicht dem privaten, sondern dem öffentlichen Bereich zuzuordnen ist. Für diese beruflichen Zwecke gelten andere Regelungen. Von digitalen Werken dürfen die Schulen bzw. ihre Lehrer grundsätzlich **kleine Teile** so auf einem Server ablegen, dass die Schüler sie im Unterricht über einen Computer abrufen können. Allerdings muss der Zugang **nur für eine bestimmte Klasse** möglich sein, die z.B. mit einem Textauszug arbeiten soll. Eine Sammlung von Gedichten, die allen Schülern zugänglich ist, wäre danach unzulässig.

Was versteht man nun unter einem »kleinen Teil«? Das ist noch nicht so klar, die Rechtsprechung wird das sicher in den nächsten Jahren präzisieren. Ganz grob kann man sagen, dass dazu Auszüge gehören, die nicht mehr als 10 Prozent des Umfangs ausmachen. Allerdings gilt dies nicht für Schulbücher und andere Unterrichtsmaterialien sowie Lernsoftware oder elektronische Lexika. Hier ist **immer** die Einwilligung des Berechtigten erforderlich. Um es noch einmal ganz deutlich zu machen: Auszüge aus Schulbüchern und Unterrichtsmaterialien dürfen **nie** ohne Einwilligung des Berechtigten genutzt werden, da die Autoren bzw. Verlage diese Materialien gerade für den Unterrichtsbereich herstellen, ankaufen bzw. zusammenstellen. Eine erlaubnisfreie Nutzung würde diese Arbeit wirtschaftlich wertlos machen. Mit einer Einwilligung ist dies möglich, allerdings werden dafür Lizenzgebühren erhoben.

Unzulässig ist es auch, ohne Einwilligung z.B. Stadtpläne oder Grafiken aus dem Internet herunterzuladen, auszudrucken und an die Schüler zu verteilen. Warum? Weil der Urheber eines Stadtplanes mit dem Zeigen seines Werkes im Internet dem Betrachter i.d.R. kein urheberrechtliches Nutzungsrecht in dem Sinne einräumt, dass dieser es jetzt beliebig weiter vertreiben und verwerten darf.

Die widerrechtliche Nutzung stellt bereits eine strafbare Handlung dar. Daneben kommen aber zivilrechtliche Ansprüche auf Unterlassung und Schadensersatz. Und der Schadensersatz ist höher, als man gemeinhin glaubt. Was ist denn nun zulässig? Nach § 46 UrhG sind Sammlungen für Schul- oder Unterrichtsgebrauch möglich, aber gemäß Abs. III erst nach Benachrichtigung des Urhebers oder des Inhabers des Nutzungsrechts, gegen Vergütung. Etwas anderes gilt für Schulfunksendungen (§ 47), hier ist eine kostenlose Nutzung möglich, allerdings dürfen die Werke nach der Veröffentlichung nur den Rest des Schuljahres plus ein weiteres Schuljahr aufbewahrt und genutzt werden. Nach dieser Zeit müssen sie gelöscht werden oder es muss an den Urheber gezahlt werden.

§ 52 erlaubt den Schulen und vergleichbaren Einrichtungen die öffentliche Wiedergabe (im Sinne einer Aufführung) von gesamten Werken, z.B. Theaterstücke oder Konzerte, auch ohne Vergütung. Nun kommt der entscheidende § 52a, der die Urheberrechte im Rahmen von Unterricht und Forschung behandelt. Allerdings ist diese Regelung nach § 137k nur befristet gültig bis zum 31.12.2006. Gehen wir einmal davon aus, dass diese Regelung sich bewährt und dass sie deshalb auch nach diesem Zeitpunkt weiter Gültigkeit haben wird. Nach § 52a ist die Veröffentlichung **kleiner Teile** oder **kurzer Werke** (Gedichte, Zeitungsartikel) grundsätzlich ohne Einwilligung möglich.

Zulässig sind auch Texte oder Textauszüge für Klausuren oder Prüfungen. Diese Kopien sind nur in Klassen- bzw. Kursstärke zum eigenen beruflichen Gebrauch in der Schule zulässig, also nicht für die gesamte Fachgruppe. Für diese Zugänglichmachung ist zwar eine Vergütung zu zahlen, die aber nur zentral über eine Verwertungsgesellschaft gefordert werden kann. Dies geschieht im Regelfall durch eine Vereinbarung zwischen den Kultusministerien und der Verwertungsgesellschaft. Zudem führen z.B. die Hersteller von Kopiergeräten pauschal je nach Leistungsfähigkeit des Kopierers zwischen 39 Euro und 310 Euro an die Verwertungsgesellschaft ab. Zusätzlich zahlt der Betreiber, also die Schule, 1 Cent pro Kopie an die »Zentralstelle Fotokopieren an Schulen« (ZFS, Unterabteilung der VG Wort) in München. Ausdrücklich ausgenommen von dieser Regelung sind Kopien aus Schulbüchern oder anderen Unterrichtsmaterialien. Hier spielt auch das Merkmal des kleinen Teils oder des kurzen Textes keine Rolle, sondern es muss **in jedem Fall** vom Lehrer die Einwilligung des Verlages, die es i.d.R. nur gegen Vergütung gibt, eingeholt werden. Einige Verlage für Unterrichtsmaterialien (z.B. Klett oder Aulis) bieten bereits verstärkt Unterrichtsmaterialien an, bei denen die Lizenz zum Kopieren/Vervielfältigen bereits in den etwas höheren Kaufpreis »eingearbeitet« ist. Meist steht es auf jeder Seite des Werkes, eine sehr sinnvolle Lösung, da so auch Schülern und Eltern deutlich wird, dass es sich um legale Kopien handelt. Es bleibt zu wünschen, dass diese Variante sich durchsetzt, da sie den Lehrern Rechtssicherheit und den Verlagen ihren verdienten Lohn gibt.

Illegal ist weiterhin das Zeigen von irgendwelchen Spielfilmen, selbst wenn es dem Unterricht dient. Falls es sich um Filme handelt, die zentral sind und die immer wieder gezeigt werden, lohnt es sich, mit dem Inhaber des Urheberrechts Kontakt aufzunehmen und über eine Lizenzgebühr zu verhandeln. Ich weiß z.B. von einer Schule, die sich eine Videokassette und das Vorführrecht (Faust-Aufführung mit Gründgens) für damals etwa 300 DM erworben hat. Selbst wenn ein solcher Film heute 300 Euro kosten würde, wäre ein solcher Kauf mit unbegrenztem Vorführrecht sinnvoll. Außerdem müsste man nicht bei jeder Vorführung des Films zittern, ob nicht ein misslauniger Schüler eine gezielte Information weiterleitet.

Was erwartet nun denjenigen, der gegen das Urheberrecht verstößt? Bitte sagen Sie nicht: »Ich wusste doch nicht ...!«, denn das ist auch nicht nötig. »Unwissenheit schützt vor Strafe nicht«, sagt der Volksmund und hat damit Recht. Sie müssen auch gar nicht im Detail wissen, gegen welche Paragraphen Sie verstoßen, Sie müssen nur wissen, dass man nicht ungefragt das geistige Eigentum von anderen für eigene Zwecke nutzen darf. Und das weiß jeder Lehrer. Nun also zu den Preisen: Nach § 106 droht dem unbefugten Nutzer eine Geldstrafe oder Freiheitsstrafe bis zu drei Jahren. Dieses Vergehen ist zwar ein sog. »Antragsdelikt«, d.h. die Staatsanwaltschaft verfolgt es nicht aus eigenem Interesse, sondern nur auf Antrag des Geschädigten. Aber Sie dürfen sicher sein, der Hersteller wird einen Strafantrag stellen. Strafrechtlich wird also eine Geld- oder Freiheitsstrafe herauskommen, dazu natürlich die Gerichts- und Anwaltskosten. Grob vielleicht 2.000 Euro. Das wesentlich Interessantere ist jedoch die zivilrechtliche Seite, denn in einem zweiten Prozess geht es um Schadensersatz. Für die Höhe des Schadensersatzes wird eine fiktive Lizenzgebühr angenommen (z.B. 1.000 Euro für das Vervielfältigen eines Stadtplans), dazu kommen Prozess- und Anwaltskosten, eventuell noch Detektivkosten zur Aufdeckung. Wenn man das überschlägt, so kommen schnell 5.000 Euro oder mehr zusammen.

Ich weiß, an dieser Stelle wünschen Sie sich, Sie hätten das Vorangegangene nicht gelesen, weil Sie jetzt in einer Zwickmühle stecken. Sollen Sie weitermachen wie bisher, oder sollen Sie Ihr Verhalten beim Medieneinsatz ändern? Diese Entscheidung kann ich Ihnen nicht abnehmen, aber trösten Sie sich: Die Konsequenzen wären für Sie die gleichen, auch ohne Wissen über das Urheberrecht. Jetzt wissen Sie zumindest, wie dünn das Eis ist, auf dem Sie tanzen. Und Sie ahnen, wie kalt das Wasser ist, falls man einbricht.

Disziplinarrecht

Früher sagte man salopp, ein Beamter müsse schon »silberne Löffel stehlen«, um aus dem Dienst entlassen zu werden. Heute, in Zeiten einer allgemeinen Inflation der Werte, genügt das nicht mehr, um einen Beamten auf Lebenszeit aus dem Dienst zu entlassen, da muss schon mehr vorliegen, aber leider gibt es auch solche Fälle.

Das Disziplinarrecht für Lehrer bzw. Beamte ist in der Disziplinarordnung Ihres Landes geregelt, auf die ich nur sehr kurz eingehen will, da Sie hoffentlich nie damit zu tun haben werden. Das Disziplinarrecht ist das Recht der Dienstvergehen und ihrer Folgen, der sog. »Disziplinarmaßnahmen«. Ziel ist nicht die Bestrafung des Täters, sondern die Integrität und die Funktionsfähigkeit des öffentlichen Dienstes zu gewährleisten. Die Absicht des Disziplinarrechts ist es folglich, durch **Abschreckung** dafür zu sorgen, dass die Lehrkräfte ihren Dienst gemäß den rechtlichen Vorgaben versehen. Falls das nicht gelingt, wird der Beamte mehr oder weniger stark diszipliniert und im schlimmsten Fall aus dem Schuldienst entfernt.

Da beamtete Lehrer in einem besonders engen Pflichtverhältnis zu ihrem Dienstherren, dem jeweiligen Bundesland, stehen und den Staat quasi rund um die Uhr repräsentieren, kann auch das Verhalten eines Beamten **außerhalb** des Dienstes ein Dienstvergehen darstellen, wenn es in besonderem Maße geeignet ist, das Vertrauen in das Beamtentum zu beeinträchtigen. So z.B. wenn eine Lehrerin mehrfach Trunkenheitsfahrten unternimmt und dabei Unfälle verursacht oder wenn der Leiter einer Grundschule wiederholt des privaten »Konsums« von Kinderpornografie überführt wird.

Vermutlich ist Ihnen bekannt, dass nach einem Delikt (Lehrer fährt volltrunken einen Fußgänger an) nicht nur ein Strafprozess folgt, in dem eine Strafe (z.B. Führerscheinentzug) verhängt wird, sondern dass auch ein Zivilprozess folgen kann, in dem der finanzielle Ersatz des Schadens, der verschuldet wurde, vom Beklagten zu ersetzen ist. Da das Disziplinarrecht ein Teil eines anderen Rechtsgebietes, nämlich des Verwaltungsrechts ist, gilt das strafrechtliche Verbot der »Doppelbestrafung« (Art. 103 III GG), dass niemand wegen einer Straftat zweimal bestraft werden darf, hier **nicht**. Für Lehrer kann ein solches Delikt deshalb nicht nur strafrechtliche und zivilrechtliche Konsequenzen, sondern zusätzlich auch noch disziplinarrechtliche Folgen haben. Das heißt, ein wegen Diebstahls abgeurteilter Lehrer könnte daneben noch disziplinarrechtlich belangt werden, was in der Praxis allerdings nicht sehr oft geschieht.

Im Disziplinarrecht unterscheidet man das **förmliche** und das **nichtförmliche** Verfahren, wobei das letztere die mildere Stufe darstellt.

Im **nichtförmlichen** Verfahren spricht der Dienstvorgesetzte, hier der Kultusminister, je nach Schwere des Vergehens, eine Missbilligung, eine Rüge, eine Ermahnung oder als letzte Stufe einen Verweis aus. Er könnte auch eine Geldbuße verhängen, die jedoch nicht mehr als ein Monatsgehalt betragen darf.

z.B. So wurde eine Lehrerin, die fast ständig zu spät zum Unterricht kam und **trotz Ermahnung** ihre Aufsicht nicht wahrnahm, zu einer Disziplinarbuße von 1.000 DM verurteilt. Als letzte Stufe kommt eine Gehaltskürzung in Betracht, und zwar maximal ein Fünftel des Gehalts für maximal drei Jahre, im Endergebnis also maximal etwa sieben Monatsgehälter. Eine Lehrerin verlor wegen ihrer Weigerung, an einer Projektwoche teilzunehmen, ihre Dienstbezüge für diese Woche, einem Lehrer, der wiederholt Nazi-Verbrechen im Geschichtsunterricht verharmloste, wurde das Gehalt um 20 Prozent gekürzt, und zwar für die Dauer von drei Jahren.

Das **förmliche** Verfahren für schwerwiegende Fälle findet vor einer Disziplinarkammer statt und umfasst als mögliche Entscheidung die Versetzung an eine andere Dienststelle, evtl. verbunden mit einer »Degradierung«, und als letzte Stufe die Entfernung aus dem Dienst, die aber nur selten vollzogen wird.

So wurde ein Schulleiter gegen seinen Willen an eine andere Schule versetzt, weil er mehrfach sexuelle Beziehungen zu seinen Lehrerinnen hatte. Eine völlige Entfernung aus dem Dienst wurde verhängt bei einem Lehrer, der hartnäckig an seiner Mitgliedschaft in einer verfassungsfeindlichen Organisation **festhielt** oder bei einer Schulleiterin, die **mehrfach** von den öffentlichen Geldern, die ihrer Schule zur Verfügung standen, Dinge von erheblichem Wert (Kühlschrank, Mikrowelle) kaufte und sich persönlich aneignete.

Grundsätzlich kann man also sagen, dass ein Lehrer schon **mehrfach** gegen sein Dienstrecht verstoßen muss, um aus dem Dienst entlassen zu werden.

Falls Sie doch ernsthaft mit dem Disziplinarrecht in Konflikt kommen, d.h. wenn ein förmliches Verfahren gegen Sie ansteht, vielleicht weil Sie gegen die Aufsichtspflicht oder das Urhebergesetz verstoßen haben oder ein Verhältnis mit einer minderjährigen Schülerin haben (mehr dazu auf Seite 125), brauchen Sie einen guten Anwalt, am besten einen Fachanwalt für Verwaltungsrecht. Der wird Ihnen in vielen Fällen helfen können. Sparen Sie hierbei nicht an der falschen Stelle, nehmen Sie den besten, den Sie sich leisten können. Erschrecken Sie nicht, falls Ihr Anwalt nicht nach der 2004 novellierten gesetzlichen Gebührenordnung, der Rechtsanwaltsvergütungsordnung (RVG, früher BRAGO), abrechnen will, sondern mit Ihnen eine Honorarvereinbarung auf Stundenbasis abschließen will (pro Arbeitsstunde ca. 250 Euro). Das ist nicht unseriös, sondern hängt damit zusammen, dass bei Verwaltungsrechtsstreitigkeiten der sog. finanzielle »Streitwert« oft sehr niedrig, der Arbeitsaufwand aber meist sehr hoch ist. Bei einer Abrechnung nach der geltenden Tabelle käme der Anwalt bei komplizierten Fällen kaum auf seine Kosten, es sei denn, er würde sehr oberflächlich arbeiten. Das sollten Sie aber nicht wollen, denn hier werden Weichen für Ihre berufliche Zukunft gestellt.

Wenn Sie mit einem Anwalt sprechen und die Chancen für den Ausgang des Verfahrens sondieren wollen, machen Sie bitte nicht den Hauptfehler fast aller Mandanten und beschönigen Ihren Fall, indem Sie alles das weg lassen, was vielleicht gegen Sie spricht. Warum beschönigen die meisten Mandanten? Nun, sie wollen ihren Anwalt überzeugen, damit er ihren Fall übernimmt und eine günstige Prognose für sie abgibt. Das ist menschlich verständlich, aber genau der falsche Weg. Was wird passieren? Der

Anwalt, der dieses typische Verhalten seines Klienten natürlich ahnt, wird sagen, dass er den Fall selbstredend übernimmt und dass er **nach jetziger Kenntnis der Sachlage** davon ausgeht, dass man den Fall sicher gewinnen werde. Wie geht es weiter? Vor Gericht kommt natürlich auch all das heraus, was gegen den Mandanten spricht. Der Anwalt muss nun auf die Schnelle mehr schlecht als recht improvisieren, der Fall wird verloren und der Anwalt kann seinem Mandanten mit voller Berechtigung sagen: »Ja, wenn Sie mir vorher gesagt hätten, dass …«

Was der durchschnittliche Mandant nicht begreift, ist die Tatsache, dass der Anwalt grundsätzlich auf seiner Seite ist, **er muss nicht überzeugt werden, denn er wird dafür bezahlt.** Er ist es gewohnt, mit Engagement auch Mandanten zu vertreten, die Fehler begangen haben. Das ist sein Job. Seien Sie also bitte klüger als der Durchschnittsmandant, sagen Sie Ihrem Anwalt vorher alles, auch das, was gegen Sie spricht. Nur dann kann er sich in Ruhe eine überzeugende Strategie überlegen.

Aber Vorsicht: Ein Anwalt darf vor Gericht nicht auf »unschuldig« plädieren, wenn er **definitiv weiß**, dass sein Mandant schuldig ist. Er beginge dann eine selbst für Anwälte strafbare Strafvereitelung gemäß § 258 StGB. Nicht strafbar macht er sich hingegen, wenn er etwas **nur vermutet oder ahnt**, denn das ist juristisch etwas völlig anderes als »wissen«. Ich weiß, was Sie denken. Sie meinen, dass es den Juristen gelingt, selbst noch die dünnsten Haare zu spalten. Das stimmt.

Tipp: Deuten Sie also im Bedarfsfall nur an, sprechen Sie von einem theoretischen Fall, reden Sie im Konjunktiv, z.B. so: »Was wäre denn, wenn ich (oder jemand anders) dies getan hätte?«

Sie können davon ausgehen, dass Ihr Anwalt die Botschaft schon versteht, ohne etwas zu **wissen,** das ihn mit dem Gesetz in Konflikt bringen könnte. Er kann dann vor Gericht trotzdem völlig unbefangen auf »unschuldig« plädieren.

Halten Sie Ihren Anwalt bitte auch nicht für einen schlechten Anwalt, wenn er Ihnen nach Kenntnis aller Umstände sagt, dass die Sache keineswegs so sicher ist, wie Sie es sich erhofft haben. Eine realistische Einschätzung des Falles ist die Grundvoraussetzung für ein gutes Endergebnis vor Gericht. Junge, »dynamische« Anwälte, die noch jeden Klienten brauchen, neigen gerne dazu, gegen die bekannte Rechtsprechung Ihren Klienten einen Prozesserfolg zu prophezeien. Nicht zuletzt deshalb, weil sie vermuten, dass der Mandant ihnen die belastenden Details verschweigt, sodass sie hinterher eine gute Begründung für die Niederlage haben.

Problemkreis: Die Erziehungsberechtigten

Selbstverständlich gibt es sehr viele Eltern, mit denen Lehrer in der Praxis tagtäglich gut zusammenarbeiten können. Über diese Eltern sollten Sie sich freuen, weil sie Ihr Leben leichter machen, aber sie sind juristisch nicht interessant. Eine nähere Betrachtung wert sind solche Eltern, meist von problematischen Schülern, mit denen sich die Zusammenarbeit schwierig gestaltet oder mit denen der Umgang unangenehm ist. Über diese Fälle soll im Folgenden gesprochen werden. Damit das Verhältnis und die Kompetenzen von Schule und Elternhaus präzise geklärt sind, ist es notwendig, ein paar juristische Grundlagen zu kennen. Da vielen Eltern diese Vorgaben unbekannt sind, erleichtert bereits der schlichte Hinweis auf diese Grundlagen in vielen Fällen die Gespräche.

Grundgesetzliche Vorgaben

Fangen wir mit dem Grundgesetz an, der höchsten rechtlichen Norm, die wir im innerstaatlichen Recht haben. In Art. 6 Grundgesetz (GG) wird betont, dass die Pflege und Erziehung der Kinder das natürliche Recht der Eltern sind. Das ist eine ganze Menge, denn die Formulierung eines »natürlichen« Rechts bedeutet, dass dieses Recht nicht erst durch den Staat verliehen wird, sondern dass es gleichsam überall in der Natur als überstaatliches Recht existiert. Auch in anderen Nationen oder Kulturen sind die Eltern für die Erziehung der Kinder zuständig, ohne dass dies besonders begründet werden müsste.

Die Eltern haben Anspruch darauf (Art. 6 GG), dass ihre Vorstellungen über die Erziehung ihres Kindes berücksichtigt werden, weil das Erziehungsrecht der Eltern dem der öffentlichen Schule gleichgestellt ist. Zwar darf und soll die Schule erziehen, insbesondere gemeinschaftliche Aspekte sollen durch die gemeinsame Erziehung der Schule entwickelt werden; es darf jedoch grundsätzlich keine Gegenerziehung zu den Erziehungsprinzipien der Eltern stattfinden. Falls die Eltern allerdings offensichtlich Erziehungskonzepte anstreben, die eindeutig abzulehnen sind, da sie der Verfassung oder den Bildungszielen der Schule widersprechen, ist die Schule verpflichtet, hiergegen anzugehen. Das könnte z.B. vorliegen, wenn die Eltern ihren Kindern Alkohol- oder Drogenkonsum erlauben, weil sie diesen für harmlos und das gesetzliche Verbot für sinnlos halten. Auch einer Erziehung, die Gewalt als legitimes Mittel der menschlichen Auseinandersetzung betrachtet, ist entgegenzuwirken.

Die große Kompetenz der Eltern ist aber nur die eine Seite der Medaille. Ebenfalls im Grundgesetz, und zwar im Art. 7 GG, also gleich dahinter, findet sich die Aussage, dass das gesamte Schulwesen unter der Aufsicht des Staates steht. Der Staat hat folglich die Kontrolle über die Vermittlung von schulischer Bildung. Und wenn man akzeptiert, dass schulische Bildung nicht nur Unterrichtung, sondern auch Erziehung umfasst, dann kann es zu Interessenkonflikten zwischen den Wünschen einzelner Eltern und den Zielen des Staates kommen. Dieser Konflikt wurde vom Bundesverfassungsgericht geklärt, und zwar im sog. »Sexualkunde-Urteil«, das Sie schon kennen (siehe Seite 14). Es ist für das Verhältnis von Schule und Elternhaus von so maßgeblicher Bedeutung, dass ich den wichtigsten Punkt noch einmal nenne: Das Bundesverfassungsgericht stellte fest, dass das Elternrecht grundsätzlich **keinen Vorrang** vor dem staatlichen Bildungsauftrag hat. Allerdings ist es auch nicht so, dass der staatliche Bildungsauftrag höher steht. Beide Komponenten sind gleichberechtigt, was die Erziehung des Kindes angeht.

Wenn diese beiden Faktoren gleichberechtigt sind, was waren dann die Entscheidungsgründe für die verpflichtende Teilnahme am Sexualkundeunterricht? Das Bundesverfassungsgericht stellte fest, dass es den Eltern selbstverständlich unbenommen bleibt, ihr Kind zu Hause so aufzuklären, wie sie es für richtig halten. Aber da wir in einer modernen Massengesellschaft leben, müssen die Kinder auch lernen, in Großgruppen zurechtzukommen. Deshalb ist die gemeinschaftliche Erziehung ein ganz wesentlicher Faktor, den Schule zu vermitteln hat. Die Eltern haben somit kein Recht, ihr Kind aus der Gemeinschaft herauszulösen und nur individuell zu erziehen. Aus demselben Grund sind sämtliche Versuche von Eltern gescheitert, ihr Kind aus den nicht perfekten staatlichen Schulen zu nehmen und individuell privat zu unterrichten (und zu erziehen). Zulässig sind hingegen Privatschulen, aber auch sie stehen unter staatlicher Aufsicht und müssen gemeinschaftlich erziehen.

Nun aber wieder zu den Eltern, die zahlenmäßig den Lehrern deutlich überlegen sind und von deren Steuergeldern die Lehrer bezahlt werden: Sie dürfen bei der Umsetzung schulischer Bildung nicht übergangen werden. Sie haben eigene Rechte, aber auch Pflichten.

Rechte und Pflichten der »Eltern«

Früher, als die familiären Verhältnisse noch traditioneller und deshalb überschaubarer waren, sprach man einfach von den »Eltern« und erfasste damit grundsätzlich alle Fälle. Heute, da etwa jede dritte Ehe geschieden wird und danach unvollständige Familien übrig bleiben oder Familien sich neu zusammensetzen (sog. »Patchwork-Familien«), ergibt sich eine völlig andere Situation mit erheblichen Konsequenzen für die Schule. Hinzu kommt, dass das neue Kindschaftsrecht (seit 1998) die sog. »**elterliche Sorge**« deutlich anders regelt als noch vor 15 Jahren. Die meisten Schulgesetze tragen dieser neuen Situation Rechnung und sprechen jetzt fast immer von den »**Erziehungsberechtigten**«, die natürlich zugleich auch die Eltern sein **können**, aber nicht müssen. Die genaue Definition der »Erziehungsberechtigten« finden Sie im Schulgesetz Ihres Landes, für uns reicht an dieser Stelle die Behandlung des Standardfalles: Ein Ehepaar E1 und E2, die zugleich Eltern des Kindes K sind, hat sich scheiden lassen. Das Sorgerecht ist, wie heute üblich, beiden Elternteilen übertragen worden, aber das Kind wohnt bei der Mutter (E2). Diese lernt einen neuen Partner (P) kennen, der zu ihr und dem Kind zieht und dort lebt. In dieser Situation haben wir **drei Erziehungsberechtigte**, die in bestimmten Fällen zustimmen müssen, falls wichtige schulische Entscheidungen (z.B. Klassenfahrt oder Wechsel der Schulform) anstehen.

Für den Lehrer bedeutet das glücklicherweise nicht, dass er ständig hinter allen Erziehungsberechtigten (E1, E2 und P) herlaufen muss, um deren Zustimmung zu erhalten. Falls es keine Anhaltspunkte dafür gibt, dass der leibliche Vater E1 gegen die Klassenfahrt ist, so genügt auch die Unterschrift der Mutter, die hier stellvertretend handeln darf, da das Kind bei ihr wohnt. Falls der Schule jedoch unterschiedliche Auffassungen der Erziehungsberechtigten bekannt sind, darf sie sich nicht einfach die Meinung heraussuchen, die für sie am bequemsten ist. Im Extremfall müsste das zuständige Familiengericht entscheiden, welche Lösung dem **Kindeswohl** am meisten entspricht.

Tipp: Wenn Sie mehr über die »elterliche Sorge« wissen wollen, lesen Sie bitte im BGB die Paragraphen 1626 ff. Dort finden Sie sehr ausführlich und relativ verständlich die meisten Fragen beantwortet, so z.B. das Verfahren zur Lösung von Meinungsverschiedenheiten der Erziehungsberechtigten.

Sie werden mir hoffentlich nachsehen, dass mir ab und zu immer noch der Begriff der »Eltern« durchrutscht, aber dem Gesetzgeber passiert das ebenfalls, außerdem ist er deutlich kürzer.

Bei den gleich abzuhandelnden Rechten der Erziehungsberechtigten unterscheidet man **individuelle** Rechte und **kollektive** Rechte, wobei die letzteren so heißen, weil sie nur gemeinsam mit anderen Erziehungsberechtigten wahrgenommen werden können.

Kollektive Rechte

Hierzu gehört an erster Stelle die Bildung von Elternvertretungen (gemeint sind natürlich Vertretungen der »Erziehungsberechtigten«). Die Erziehungsberechtigten einer Klasse bilden die sog. »Klassenpflegschaft« (Klassenelternschaft, Elternbeirat), die gegenüber den Lehrern bzw. der Schule bestimmte, im Schulgesetz festgelegte Rechte hat. Abgesehen von der ersten konstituierenden Sitzung, zu welcher der Klassenlehrer einladen muss, da es noch keinen Vorsitzenden gibt, ist für die späteren Sitzungen der Vorsitzende der Klassenpflegschaft (Klassenelternsprecher) der Einladende, der auch durch die Sitzung führt. Der Klassenlehrer ist lediglich ein (wichtiger) Gast. In einigen Ländern ist er zugleich der Stellvertreter des Vorsitzenden.

Nun zu den kollektiven Rechten der Erziehungsberechtigten im Rahmen der Klassenpflegschaft/Klassenelternschaft: In den einschlägigen Paragraphen wird meist festgelegt, dass die Klassenpflegschaft nicht nur über wichtige Entscheidungen **informiert** werden muss, sie muss ebenfalls dazu **gehört** werden, d.h. ihre Argumente müssen angehört und, wenn möglich und vertretbar, berücksichtigt werden. Die Lehrer müssen ebenfalls mit der Klassenpflegschaft ihren geplanten Unterricht **erörtern**. Das bedeutet nicht, dass die Eltern den Unterricht des Lehrers bestimmen können. Dem stünden die pädagogische Eigenverantwortung des Lehrers und die Rahmenrichtlinien Ihres Bundeslandes gegenüber. Es soll eine einvernehmliche Absprache zwischen »Eltern« und Lehrern getroffen werden, denn in den meisten Fällen ist das, was die Erziehungsberechtigten wollen, gar nicht verkehrt. Sie wollen, dass ihre Kinder etwas lernen, und sie wollen in groben Zügen wissen, welcher Unterricht von Ihren Steuergeldern finanziert wird. Zulässig ist es z.B., wenn die Klassenpflegschaft zum Beginn des zweiten Halbjahres fordert, dass nun endlich mit der Behandlung der verpflichtenden Inhalte der Rahmenrichtlinien begonnen werden sollten. Unzulässig wäre es dagegen, falls die Klassenelternschaft fordern würde, verbindliche Inhalte der Rahmenrichtlinien eines Jahrgangs in eine andere Jahrgangsstufe zu verlegen. Sie sehen schon, es ist nicht nur für die Lehrer, sondern ebenso für Elternvertreter sinnvoll, sich über die Rahmenrichtlinien der jeweiligen Fächer zu informieren, wenn sie inhaltlich konkret argumentieren und sich nicht blamieren wollen.

> **INFO**
>
> **Tipp:** Die Rahmenrichtlinien sind in jeder Schule vorhanden. Der beste Ansprechpartner ist der sog. Fachobmann/die Fachobfrau bzw. der Leiter der Fachschaft, also der Lehrer, der für die Koordination des Faches X zuständig ist. Über diesen kann man die Rahmenrichtlinien einsehen oder eine Kopie davon erhalten, man kann sie aber auch im Buchhandel zu einem angemessenen Preis erwerben. Da die Rahmenrichtlinien allerdings nicht nur nach Fächern, sondern auch nach Schulformen und Schulstufen unterteilt sind, muss man z.B. nach den Rahmenrichtlinien **Mathematik** für die **Realschule**, Jahrgang **7 bis 10** oder nach den Rahmenrichtlinien Deutsch für das Gymnasium, Oberstufe fragen.

Die Klassenpflegschaft wählt auch für die Klassenkonferenz ihre Vertreter, die dort die Interessen aller Erziehungsberechtigten vertreten sollen.

Verlässt man die Ebene der einzelnen Klassen, so kommt man zur nächsthöheren Ebene, nämlich der Schule. Auch hier gibt es eine Vertretung der Erziehungsberechtigten (»Elternvertretung«), dies ist die sog. »**Schulpflegschaft**« (Schulbeirat, Schulelternbeirat, Schulelternrat), in dem die Vorsitzenden der Klassenpflegschaften zusammengefasst sind. Auch hier werden ein Vorsitzender und sein Stellvertreter gewählt, der sog. »Schulpflegschaftsvorsitzende«. Hier handelt es sich bei den Mitwirkungsrechten naturgemäß um Angelegenheiten, welche die gesamte Schule betreffen.

Daneben gibt es noch Vertreter der gesamten Elternschaft für die Schulkonferenz/Gesamtkonferenz und die Teilkonferenzen, z.B. die **Fachkonferenzen**. Hier haben die Eltern über ihre gewählten Vertreter die Möglichkeit, an der Organisation der Fächer mitzuwirken und Probleme anzusprechen, die es in den Fächern, und zwar nicht nur in einer einzelnen Klasse gibt. Das könnte der Fall sein, wenn im Fach Deutsch von kaum einem Lehrer Grammatik oder Zeichensetzung unterrichtet wird, wenn viele Religionslehrer häufig zu spät zum Unterricht erscheinen oder wenn im Kunstunterricht fast nie mit Farbe gearbeitet wird. Die Elternvertreter haben in den genannten Gremien grundsätzlich Stimmrecht, bis auf einige Ausnahmen wie Notengebung oder Versetzung bzw. Nichtversetzung, wo die Elternvertreter nur beratende Funktion, also lediglich ein **Mitsprache**recht, haben.

Ein Mit**bestimmungs**recht in wichtigen Angelegenheiten hat der sog. Schulvorstand, den es mittlerweile in einigen Bundesländern gibt. In Anlehnung an Privatschulen, in denen die Eltern den Schulbetrieb finanzieren, soll auch an staatlichen Schulen durch die »Einbindung« von Eltern (und Schülern) ein höheres Maß an Zufriedenheit der »Kunden« erreicht werden. Dies wird gelingen. Ob auch die Qualität der schulischen Bildung steigt, bleibt abzuwarten. Auf jeden Fall besitzen Eltern (und Schüler) in diesem Gremium eine enorme Macht, vor allem dann, wenn die Mitglieder des Gremiums zugleich Sponsoren der Schule sind.

Individuelle Rechte

Diese Rechte stehen jedem Elternpaar bzw. jedem Erziehungsberechtigten individuell und nicht erst im Rahmen einer Gemeinschaft zu. Als Ausfluss dieser individuellen Rechte besitzen die Erziehungsberechtigten bei Abstimmungen für ihr Kind ein Stimmrecht, allerdings pro Kind bzw. Schüler **nur eine Stimme**, selbst wenn aus dem oben genannten Beispiel sowohl E1 als auch E2 und P anwesend sein sollten.

Die individuellen Rechte der Erziehungsberechtigten leiten sich juristisch daraus her, dass sie die gesetzlichen Vertreter ihrer (minderjährigen) Kinder sind. So entscheiden sie zunächst über die Teilnahme ihres Kindes am Religionsunterricht oder einem »religionsfreien« Unterrichtsfach wie »Ethik«, »Werte und Normen« oder »praktische Philosophie«, bis das Kind mit 12 bzw. 14 Jahren religionsmündig ist und selbst seine Entscheidung fällt. Sie bestimmen den Bildungsweg ihres Kindes und treffen damit eine wesentliche Entscheidung für das weitere Leben ihres Kindes. Bei der Frage, ob das Kind letztlich für das Gymnasium oder eher für die Realschule geeignet ist, sollten die Eltern den Empfehlungen der Grundschule oder anderer abgebender Schulen vertrauen, die i.d.R. fundierter ist als die verständliche optimistische Selbsteinschätzung der Schüler (»Ich schaff' das schon!«). Bei unüberbrückbaren Meinungsverschiedenheiten zwischen den maximal drei Erziehungsberechtigten gilt, dass es nur eine Entscheidung für das Kind geben kann. Letztlich würde das zuständige Familiengericht beschließen, was dem **Kindeswohl** am meisten entspricht.

Früher lag die Entscheidung über die Zuordnung eines Kindes zu einer Schulform allein bei der aufnehmenden Schule, und einige Lehrer bedauern zutiefst, dass dem nicht mehr so ist. Ich empfinde die neuen Regelungen der meisten Bundesländer als enorme Entlastung für die Lehrer, weil jetzt die Eltern verantwortlich für die Wahl sind. Die Schule gibt nach bestem Wissen eine Empfehlung ab, aber falls die Eltern sich dagegen entschließen, dann tragen sie auch die Mitverantwortung für ein eventuelles Scheitern ihrer Kinder.

Die Erziehungsberechtigten haben das Recht, über wichtige Entwicklungen und Ereignisse ihrer Kinder wie deutlichen Leistungsabfall oder schwerwiegende schulinterne Verstöße informiert zu werden. Hier hat die Schule eine **Bringschuld**, d.h. sie muss die Eltern **ungefragt** über erhebliche Vorkommnisse unterrichten, z.B. über unerlaubten Zigaretten-, Alkohol- oder Drogenkonsum ihrer Kinder. Wie die Eltern dann diese Informationen umsetzen, bleibt letztlich ihnen überlassen. Für die Lehrer empfiehlt es sich, solche Informationen mit Datum aktenkundig zu machen, evtl. im Beisein des Klassenlehrers oder des Schulleiters.

Pädagogisch sicher gut gemeinte, aber wenig durchdachte Zusicherungen an den Schüler: »Na gut, ich sage Deinen Eltern nichts«, sind nicht nur ungeschickt, sondern juristisch nicht wirksam, da sie rechtswidrig sind.

Stellen Sie sich bitte vor, Sie erwischen als Lehrer einen Schüler beim Drogenkonsum, sagen den Eltern aber nichts. Natürlich weil der Schüler Ihnen versichert, er würde so etwas nie wieder tun. Der Schüler nimmt jedoch weiter unbemerkt Drogen und stirbt daran. Nun stellt sich heraus, dass Sie vom früheren Drogenkonsum wussten und dass man ihn unter Umständen hätte stoppen können, wenn Sie die Eltern darüber informiert hätten. In einer solchen Situation möchte ich nicht in Ihrer Haut stecken, weder aus juristisch noch aus pädagogischer Sicht, denn Sie sind (mit Ihrer gut gemeinten Mauschelei) vielleicht mitschuldig am Tod des Schülers.

Zwar sind wir noch nicht so weit wie in den USA. Aber ohne Prophet zu sein, wird sicher der Tag kommen, an dem ein krebskranker junger Mann sich auf dem Krankenbett daran erinnern wird, dass sein Klassenlehrer ihn als 14-Jährigen häufig in der Schule beim Rauchen gesehen hat, ohne etwas dagegen zu unternehmen oder seine Eltern zu informieren. Und ein geschickter Anwalt wird argumentieren, dass man die tödliche Krankheit hätte verhindern können, wenn der Lehrer ...

Was könnte der betreffende und hoffentlich auch betroffene Lehrer einem solchen Vorwurf entgegen halten? Eigentlich nur Ausreden.

»Melden macht frei!« Dieser schlagwortartig verkürzte Satz ist zutreffend und hilfreich. Leiten Sie wichtige Informationen weiter, und zwar an die Eltern und an die Schulleitung. Das ist nicht nur pflichtgemäß, sondern entlastet Sie seelisch und juristisch enorm.

Damit wir uns nicht missverstehen: Ich bin nicht der Ansicht mancher Bildungspolitiker, dass es die Aufgabe der Schule und ihrer Lehrer ist, die über Jahre hinweg angesammelten Erziehungsdefizite des Elternhauses aufzuarbeiten. Sie stehen also nicht in der Pflicht, dem Schüler das Rauchen abzugewöhnen, wenn die Eltern es stillschweigend oder offen billigen. Aber Sie müssen den Schülern klar machen, dass es verboten ist, und die Eltern über das rechtswidrige Verhalten ihres minderjährigen Kindes informieren, damit diese dann über die häusliche Erziehung für Abhilfe sorgen können.

Nach den Amokläufen einiger Schüler (z.B. Erfurt) ist in manchen Bundesländern vorgesehen, dass die Eltern auch bei volljährigen Problemschülern über deren Verstöße informiert werden sollen. Dies wird aber gegen den ausdrücklich erklärten Willen eines Volljährigen rechtlich kaum möglich sein. Deutlich mehr dazu gleich unter dem Punkt »Datenschutz« (siehe Seite 78).

Als gesetzliche Vertreter ihrer minderjährigen Kinder haben die Eltern das Recht auf Widerspruch und Klage gegen **belastende** Verwaltungsakte (§§ 68ff. VwGO). Das sind Entscheidungen, mit denen sie nicht einverstanden sind (z.B. die Nichtversetzung), die sie also juristisch und seelisch »belasten«.

Das sog. **Hospitationsrecht** der Eltern ist in den meisten Bundesländern ausdrücklich erwähnt. Aber auch in den übrigen Bundesländern gehen die Schuljuristen davon aus, dass die Eltern, wenn sie ein berechtigtes Interesse nachweisen, den Unterricht einer Lehrkraft besuchen können, **allerdings nur nach Voranmeldung**. Da der Schulleiter das Hausrecht besitzt, muss sein Einverständnis ebenfalls vorliegen, zumal das, was Schüler zu Hause über unbeliebte Lehrer erzählen, nicht unbedingt mit der Schulwirklichkeit übereinstimmen muss.

Keinesfalls braucht ein Lehrer es hinzunehmen, dass die gesamte Elternschaft einer Klasse, mit der es Schwierigkeiten gibt, hinten im Klassenraum sitzt. Denn eine Stunde mit Hospitation ist kein Tribunal, und der Lehrer ist **nicht der Beurteilung durch die Eltern unterworfen**. Falls es wiederholte Beschwerden über einen Lehrer gibt, kann eine Hospitation, z.B. vom Vorsitzenden der Klassenpflegschaft, sinnvoll sein. Lehrer, die von einer solchen Hospitation betroffen sind, sollten sich überlegen, ob es nicht ratsam ist, bei einem solchen Besuch durch Elternvertreter auch gleich den Schulleiter und evtl. ein Mitglied des Personalrats (Lehrerrats) dabeizuhaben. Auf diese Weise erspart man sich u.U. eine weitere Hospitation.

Last, but not least, haben die Erziehungsberechtigten ein Recht darauf, dass ihre Kinder in der Schule beaufsichtigt werden. Diese Aufsicht umfasst nicht nur die Zeit während der Unterrichtsstunden, sondern auch die (großen) Pausen oder die Beaufsichtigung während eines Tagesausflugs oder einer Klassenfahrt. Die Aufsicht muss sicherstellen, dass den Kindern weder vonseiten der Schule noch von Dritten (z.B. anderen Schülern) materieller oder körperlicher Schaden zugefügt wird. Sollte dies doch der Fall sein und sich herausstellen, dass die Schule es schuldhaft versäumt hat, Schäden von den Kindern fernzuhalten, so kommen Schadensersatzforderungen gegen die Schule bzw. den aufsichtsführenden Lehrer in Betracht.

Pflichten

Bei den Pflichten entfällt eine Unterscheidung zwischen individuellen und kollektiven Pflichten, da es keine kollektiven Pflichten gibt. Keine Elterngruppe kann gezwungen werden, Vertreter zu wählen. Es gibt aber auch sonst keine Verpflichtung, welche die Eltern insgesamt betrifft. Von daher existieren nur individuelle Verpflichtungen der Erziehungsberechtigten/Eltern. Hier nun die wichtigste: **Die Eltern** sind für die Durchsetzung der Schul(besuchs)pflicht und der anderen dort genannten Pflichten zuständig. So steht es in den Schulgesetzen der meisten Länder. Es ist nicht, wie viele Eltern und auch Lehrer glauben, **die Aufgabe der Schule oder gar des Lehrers**, dafür zu sorgen, dass die Schüler (pünktlich) zum Unterricht erscheinen und die erforderlichen Arbeitsmaterialien dabeihaben.

Bei von der SPD geprägten Schulgesetzen sind die Lehrer stärker gefordert. Sie müssen die Schüler zum Schulbesuch »anhalten« und auf die Schüler »einwirken«. Sie dürfen also nicht untätig zusehen, wie die Schüler gegen die Schulpflicht verstoßen. Entsprechende Belehrungen und Ermahnungen dürften aber genügen, um die Minimalanforderungen dieser Pflicht zu erfüllen.

Zwar ist der Lehrer verpflichtet, die Eltern von minderjährigen Schülern über solche Verstöße zu informieren, aber deren Aufgabe ist es, die Mängel bei ihren Kindern abzustellen. Dies gilt auch für das Mitbringen von verbotenen Gegenständen, z.B. Feuerwerkskörper oder Waffen. **Die Eltern** haben dafür zu sorgen, dass ihre Kinder solche Dinge nicht mit in die Schule bringen. Ausgehend von der rechtlichen Einschätzung, dass Elternhaus und Schule gleichberechtigt und gehalten sind zusammenzuarbeiten, dürfen die Eltern sich nicht entspannt zurücklehnen und ihre Kinder einfach das tun lassen, wozu diese Lust haben und somit ihre gesetzlichen Pflichten auf die Schule bzw. die Lehrer abwälzen. Sie müssen vielmehr aktiv werden und **mitziehen,** damit die notwendigen Voraussetzungen für eine erfolgreiche schulische Bildung geschaffen werden. Diese Elternpflicht ist so zentral, dass sie in den meisten Ländern nicht durch eine Verordnung des Kultusministers festgelegt, sondern vom Landesparlament beschlossen wurde und Einzug gefunden hat in das übergeordnete **Schulgesetz**.

Trotzdem ist diese Aufgabenverteilung kaum bekannt. Und Hunderte von Lehrern machen sich täglich Vorwürfe, weil es ihnen nicht gelingt, die Schüler dazu zu bewegen, dass sie pünktlich zum Unterricht erscheinen, ihre Arbeitsmaterialien vollständig dabeihaben oder die Hausaufgaben machen. Immer wieder erlebe ich erstaunte Blicke von Referendaren oder jungen Kollegen, die verzweifelt fragen, was sie machen müssen, damit die Schüler pünktlich zum Unterricht erscheinen. Außer der Pflicht, selbst pünktlich zu erscheinen, muss der Lehrer nicht viel machen, weil es nicht seine Aufgabe ist. Er muss die Schüler darauf hinweisen und sie notfalls ermahnen.

Etwaige Selbstvorwürfe sind unbegründet, weil hier ein fundamentales **Versagen des Elternhauses** vorliegt. Dieses muss höflich, aber bestimmt, darüber belehrt und dazu gebracht werden, seinen gesetzlich vorgeschriebenen Anteil an der Erziehung des Kindes zu leisten. Kommen die Eltern auch nach einer Ermahnung dieser gesetzlichen Verpflichtung nicht nach, so ist auch eine Geldbuße gegen die Eltern möglich. Im Extremfall, falls die Eltern ihr Kind von der Schule fernhalten, damit es z.B. den Haushalt führt, kann das schulpflichtige Kind sogar mithilfe der Polizei der Schule zwangsweise zugeführt werden.

Es ist die Pflicht der Eltern, für ein pünktliches Erscheinen ihrer minderjährigen Kinder zu sorgen. Lassen Sie sich deshalb von unwissenden oder raffinierten Eltern nicht einreden, es sei die Schuld des Lehrers, weil der Unterricht nicht spannend genug ist. So versuchen manche Eltern, unangenehme Dinge auf Sie abzuwälzen. In Wirklichkeit sind diese Eltern entweder nicht informiert oder zu bequem, ihren Teil der Verantwortung zu tragen. Wenn ihr Kind den Unterricht schwänzt, so ihre geschickte Argumentation, so natürlich nur deshalb, weil Ihr Unterricht so »langweilig« ist. Diese

Strategie ist clever, aber nicht überzeugend, und Sie sollten sich nicht darauf einlassen. Zitieren Sie stattdessen den Eltern die entsprechende Passage aus dem Schulgesetz Ihres Landes. Ich kenne Schulen, in denen es bereits Vordrucke gibt, in denen die gesetzlich festgeschriebenen Pflichten der Eltern aufgelistet sind, und die an solche Eltern verschickt werden. Denn es geht bei der Schulpflicht nicht um »Lust haben« oder »keine Lust haben«, sondern um die Umsetzung von verbindlichen gesetzlichen Vorgaben. Und diese Vorgaben gelten nicht nur für Lehrer, sondern auch für die Erziehungsberechtigten.

Die Schule ist glücklicherweise noch keine Fernsehshow, bei der Spannung, Spaß und Action im Vordergrund stehen müssten. Das Hauptziel der Schule ist es nicht, Spaß zu haben, sondern etwas zu lernen und bestimmte Erziehungsziele zu erreichen. Falls der Schulbesuch den Schülern Freude macht, ist das selbstverständlich zu begrüßen, **aber es ist nicht das Ziel**. Selbst wenn der Unterricht eines Lehrers noch so langweilig ist, müsste der Schüler regelmäßig und pünktlich erscheinen, und seine Eltern müssten ihn dazu anhalten. Denn dafür gibt es die gesetzliche Schulpflicht. Die Argumentation der bequemen Eltern mit den flotten Sprüchen, die Attraktivität der Schule sei zu gering, um ihre Sprösslinge zu motivieren, geht völlig fehl. Wer als Erziehungsberechtigter seinem Kind nicht begreifbar machen kann oder will, dass der Schulbesuch ein wertvolles Gut ist, von dem man besser keine Stunde versäumen sollte, der hat die Zeichen der Zeit nicht begriffen.

Ziehen Sie sich nicht den Schuh an, der speziell für die Erziehungsberechtigten geschustert wurde: In erster Linie sind die Eltern zuständig für die Durchsetzung der Schulpflicht.

Elternrecht und Schüler

Scheinbar noch komplizierter wird es, wenn man die Schüler als eigenständige Rechtssubjekte betrachtet. Bislang habe ich immer so getan, als hätten die Schüler keinen eigenen Willen oder das, was die Eltern fordern, sei auch genau das, was die Kinder wollen. Das mag der Idealfall sein, es stellt aber keine geistige Herausforderung dar, weil es unproblematisch ist. Selbstverständlich können Schüler- und Elterninteressen auch auseinander laufen, womit sich die Frage stellt, wie die Schule in einem solchen Fall zu reagieren hat.

Werfen wir einen kurzen Blick ins Bürgerliche Gesetzbuch (BGB), in dem präzise das Verhältnis von Eltern und Kindern geregelt ist. Das BGB hat eine, wie ich finde, sehr sinnvolle und einsichtige Regelung gefunden, die sich an der Volljährigkeit des Kindes mit der Vollendung des 18. Lebensjahres orientiert. Wenn ein Kind mit seinem 18. Geburtstag volljährig wird und ab diesem Zeitpunkt grundsätzlich über sämtliche Rechte und Pflichten eines Bundesbürgers verfügt, dann ist es wenig sinnvoll, dem Kind vorher überhaupt keine Mitspracherechte zu gewähren. Vielmehr soll ihm in dem Maße, wie es älter und hoffentlich auch reifer wird, schon vor diesem Zeitpunkt ein allmählich wachsendes Maß an Mitsprachemöglichkeiten eingeräumt werden.

Diese Idee des BGB findet sich z.B. in der Tatsache, dass Kinder mit Vollendung des 7. Lebensjahres mit ihrem Taschengeld bereits machen können, was sie wollen (§ 110 BGB). Oder in der Tatsache, dass Kinder ab dem 12. Lebensjahr nicht mehr gegen ihren Willen zum Religionsunterricht einer bestimmten Konfession gezwungen werden und dass sie ab dem 14. Lebensjahr ihre Religion frei wählen oder auf eine Religion verzichten können. Das steht schon im Gesetz über die religiöse Kindererziehung (RKEG) von 1921.

Nun haben diese Dinge aus dem BGB oder aus dem oben genannten Gesetz zunächst einmal nichts mit der Schule zu tun, weil diese durch öffentlich-rechtliche Rechtsbeziehungen geprägt ist. Trotzdem entfaltet sich eine Wirkung auf die Schule: Zum einen, weil die grundsätzliche Tendenz des Gesetzgebers sichtbar wird, zum zweiten, weil die Volljährigkeit ganz generell und damit auch für die Schule gilt. Daraus folgt, dass die Schule den Eltern etwaige Empfehlungen für schulische Laufbahnentscheidungen nicht nur mitteilen muss. Sie ist auch gehalten, den Eltern zu verdeutlichen, dass die Interessen des Kindes zu berücksichtigen sind. Damit wir uns nicht missverstehen: Die Entscheidung über wichtige Dinge in Bezug auf die Schule treffen grundsätzlich die Eltern, hoffentlich in Absprache mit ihren Kindern. Bei unüberbrückbaren Konflikten, wenn z.B. das Kind eine klare Gymnasialempfehlung hat, die Eltern es aber partout auf die Hauptschule schicken wollen, entscheidet notfalls das Familiengericht des Ortes. Der Dreh- und Angelpunkt der Entscheidung ist nicht der reine Elternwille, sondern das sog. »**Kindeswohl**«. Und es gibt Fälle, in denen das Familiengericht entschieden hat, dass dem begabten Kind, entgegen dem Wunsche der Eltern, der Besuch des Gymnasiums zu ermöglichen ist.

Elternrecht und Datenschutz

Ein weiteres Problem kann sich mit dem Eintritt der Volljährigkeit ergeben. Denn es stellt sich die Frage, welches Recht auf Information die Eltern noch besitzen, wenn ihr Kind volljährig ist. Dabei spielt es juristisch keine Rolle, ob das Kind noch im Haushalt der Eltern lebt oder nicht. Die Eltern mögen das anders sehen, sie verkennen aber die rechtliche Situation. Aber nicht nur die Eltern haben Schwierigkeiten mit dieser Situation, sondern auch die Kultusministerien. Um das Dilemma der Kultusverwaltungen zu begreifen, müssen wir ein wenig ausholen.

Sie erinnern sich sicherlich noch an den grausigen Amoklauf des Schülers aus Erfurt aus dem Jahre 2002: Ein wegen Disziplinverstößen von der Schule verwiesener Schüler hatte mit einer Schrotflinte erst etliche Mitschüler sowie einen Lehrer niedergestreckt und anschließend sich selbst getötet. Die Eltern wussten nichts von dem Schulverweis und den dahinter stehenden disziplinarischen Problemen, ganz einfach weil der Schüler volljährig war. Aus der pädagogisch motivierten Annahme heraus, dass man dieses Massaker hätte verhindern können, wenn die Eltern informiert gewesen wären, haben viele Kultusverwaltungen rechtliche Konstruktionen geschmiedet, die es der Schule ermöglichen sollen, die Eltern auch nach dem Eintritt der Volljährigkeit zu informieren, und zwar auch dann, wenn der Schüler dies nicht will. Ich verstehe schon die Kultusverwaltungen, die sich nicht die bitteren Vorwürfe von etwaigen Hinterbliebenen anhören wollen. Aber was nicht geht, das geht nicht.

Schauen wir uns einmal das Problem und seine Eckpunkte aus der Nähe an. Ein Eckpunkt ist die Tatsache, dass man vor etwa 30 Jahren die Volljährigkeit von 21 Jahre auf 18 Jahre gesenkt hat. Mit 21 Jahren waren die meisten Kinder bereits außer Haus und führten tatsächlich ihr eigenes Leben. Heute, mit einer Volljährigkeit ab 18 Jahren, haben wir die Situation, dass viele volljährige Kinder noch im Haushalt der Eltern leben. Das führt zu Verzerrungen, denn die volljährigen Kinder pochen auf ihre Rechte, die Eltern sind hingegen der Ansicht, dass sie bestimmen können, was in ihrem Haushalt passiert. Eine verzwickte Situation, aber keine, die die Schule zu vertreten hätte, sondern allenfalls die Regierung, die damals die Volljährigkeit gesenkt hat und bei der kurz darauf folgenden Bundestagswahl einen hohen Zuspruch durch die hoch erfreuten neuen Jungwähler erfahren konnte.

Rechtlich macht es keinen Unterschied, ob ein volljähriger Schüler noch bei den Eltern wohnt oder nicht. Eine andere Bewertung der Situation hätte zur Folge, dass die Tatsache, ob die Eltern ihrem volljährigen Kind eine eigene Wohnung finanzieren können oder wollen, darüber entscheidet, ob er die ihm durch seine Volljährigkeit zustehenden Rechte erhält oder nicht. Etwas überspitzt wäre das so, als würden für die nächste Bundestagswahl sämtliche Wahllokale auf der Zugspitze eingerichtet und wer nicht das Geld für die Fahrt dorthin und die Seilbahn hat, der hat eben Pech gehabt. Also, die Gewährung von zentralen Rechten kann und darf nicht von finanziellen Möglichkeiten abhängen. Soviel ich weiß, vertritt aber auch kein Jurist, wenn man nur konkret genug nachfragt, ernsthaft eine solche Position.

Selbstverständlich stellt es kein Problem dar, wenn volljährige Schüler sich damit einverstanden erklären, dass man ihre Eltern informiert. Diese Variante geht aber haarscharf am Problem vorbei, da die Schüler, die ein gutes und entspanntes Verhältnis zu ihren Eltern haben, nicht diejenigen sind, die der Schule Sorgen machen. Problematisch sind gerade die anderen. Und ob diese Schüler einwilligen würden, dass man ihre Eltern über ihre Verstöße informiert, erscheint mehr als fraglich.

Damit sind wir endlich am Kern des Problems: Darf man **gegen den Willen** eines volljährigen Schülers dessen Eltern über schulische Probleme informieren? Ich meine, man darf es nicht. Denn der Umgang mit sensiblen Informationen unterliegt dem **Grundrecht** der »informationellen Selbstbestimmung« (siehe Seite 60), die es verbietet, solche Informationen ohne Zustimmung weiterzuleiten.

Wenn schon die Eintragung der Noten von Klassenarbeiten in das Klassenbuch bei Minderjährigen nicht mehr zulässig ist, wie sollte es dann die Weiterleitung von solch diskriminierenden Daten bei volljährigen Schülern sein? Die Schule ist nach etlichen Entscheidungen des Bundesverfassungsgerichts eben kein »besonderes Gewaltverhältnis« mehr, in dem man, ähnlich wie in einem Gefängnis, die Rechte der »Insassen« beschneiden darf, indem man z.B. ihre Post liest.

Ich verstehe ja, dass die Schulen und Kultusverwaltungen bei Schwierigkeiten mit Problemschülern gerne die Eltern informieren würden, um »auf der sicheren Seite« zu sein. Aber die juristischen Markierungen sind so eindeutig, dass alle juristischen Klimmzüge, die man anstellt, um ein solches Vorgehen zu legitimieren, Grenzüberschreitungen in eine dunkelgraue Zone darstellen. Das wissen selbstredend auch die Hausjuristen der Kultusverwaltungen. Aber was sollen sie machen, wenn sie »von oben«, z.B. vom Kultusminister, den Auftrag bekommen, eine juristische Grundlage für die Information der Eltern zu konstruieren? Man macht es eben und setzt darauf, dass es schon irgendwie läuft und dass kein Schüler dagegen klagt. Oder man legt im Schulgesetz fest, dass die Eltern informiert werden dürfen, der Schüler aber davon »in Kenntnis« gesetzt werden muss. Zum einen ist nicht klar, ob dieses Inkenntnissetzen vor oder nach dem Weiterleiten der Information stattfinden soll. Falls es erst nachträglich geschieht, sodass der Schüler sich nicht mehr dagegen wehren kann, versucht man, einen Rechtsverstoß im Nachhinein zu »heilen«. Eine wacklige Konstruktion, bei der man gespannt sein darf, wie lange sie trägt.

Natürlich gibt es für den Fall der Fälle eine Möglichkeit: Sollte bei einem volljährigen Problemschüler die Gefahr der Gewalttätigkeit gesehen werden, so könnte die Schule trotz der Volljährigkeit das Elternhaus informieren. Allerdings müsste dann irgendjemand für die rechtlichen Folgen den Kopf hinhalten. So ginge es. Wenn Sie folglich als Lehrer die Eltern eines volljährigen Schülers gegen dessen Willen informieren sollen, dann sollten Sie sich absichern. Lassen Sie sich vom Schulleiter die Passage zeigen, in der klar steht, dass Sie **auch gegen den Schülerwillen** so handeln dürfen. Falls die Rechtsnorm Ihres Landes dies nicht klar hergibt, dann sollten Sie dem Schulleiter Ihre Bedenken vortragen. Falls er trotz Ihres Hinweises darauf besteht, so sind **Sie** beamtenrechtlich auf der sicheren Seite und können nun die Anweisung ausführen. Sie sollten auch überlegen, ob nicht am besten der Schulleiter die Eltern informiert. Dann sind Sie nämlich entlastet.

Unangenehme Eltern und Gegenstrategien

Kommen wir nun zu den Hauptgründen für abendliche Anrufe von unzufriedenen Eltern. Meist geht es um schlechte Noten, und zwar in einzelnen Arbeiten oder um die Gesamtnote kurz vor den Zeugnissen. Selbstverständlich haben Eltern das Recht zu erfahren, warum ihr Kind in der letzten Arbeit eine Fünf hatte oder warum eine Fünf auf dem Zeugnis droht. Sie als Lehrer werden sehr schnell merken, ob es sich bei den Eltern am anderen Ende der Leitung um die ernsthafte Suche nach Erklärungen oder vorrangig um eine Beschwerde darüber handelt, dass ihr Kind so schlecht abgeschnitten hat. Die mehr oder weniger geschickt verpackten Beschwerden haben i.d.R. das Ziel, auf telefonischem Wege eine bessere Note für das Kind zu erreichen. Streicht man alles Überflüssige weg, so dringt man zum Kern der Beschwerde und ihren Begründungen vor. Die meistgenannten Argumente in der Praxis sind folgende:

- ▶ »Er hat sich doch so angestrengt« oder
- ▶ »Gestern hat er noch alles gewusst«.

Schauen wir uns diese Behauptungen einmal in Ruhe an. Abgesehen davon, dass die Anstrengung eines Schülers etwas ist, was für den Lehrer nur schwer objektiv zu beurteilen ist, birgt dieses Argument einen weiteren Mangel. Die **Grundlage** der Bewertung kann nicht das Maß der Anstrengung sein, sondern immer nur die in der Arbeit erbrachte Leistung. Jede andere Regelung würde dazu führen, dass ein Schüler, der alles richtig gelöst, sich dafür aber überhaupt nicht angestrengt hat, schlechter beurteilt werden müsste als einer, der sich angestrengt, aber alles falsch gemacht hat. In letzter pointierter Konsequenz hätten wir dann irgendwann Ärzte, denen ständig Kunstfehler unterlaufen oder Fluglotsen, denen die Flugzeuge zusammenstoßen, die sich aber viel Mühe geben.

An dieser Stelle kommt mit der Regelmäßigkeit eines Monsunregens der Vorschlag, denjenigen, die gute Leistungen erbringen, natürlich eine gute Note zu geben, genauso aber denjenigen, die sich anstrengen, ohne letztlich gute Leistungen zu erbringen. Im Klartext bedeutet das: Es geht darum, insgesamt möglichst viele gute Noten zu vergeben. Diejenigen, die gute Leistungen bringen, bekommen sie für ihre Leistung, bei den anderen wechselt man flugs das Bewertungskriterium und geht in den höchst subjektiven Bereich der Anstrengung.

Wer soll nun aber das Maß der Anstrengung bewerten, der Lehrer, die Eltern oder vielleicht der Schüler selbst, da er sicher am besten weiß, wie sehr er sich angestrengt hat? Ich kann nicht beurteilen, ob die Eltern, die das Argument der Anstrengung vortragen, wirklich davon überzeugt sind. Ich bin es nicht. Gleichwohl hört man immer wieder das vorwurfsvolle Argument: »Wird denn bei Ihnen der gute Wille/die Anstrengung überhaupt nicht berücksichtigt? Zählt denn der gute Wille gar nicht?« Sie kennen solche Fragen? Zunächst muss festgestellt werden, dass dieses geflügelte Wort bezüglich des guten Willens (»Allein der gute Wille zählt«) sich auf Situationen bezieht, die fast unmöglich zu meistern sind. Wegen der enormen Schwierigkeiten wird der großen Anstrengung, es dennoch zu schaffen, eine eigene positive Bedeutung zugemessen. Alles andere wäre widersinnig. Man müsste sonst demjenigen, der sich vornimmt, am nächsten Morgen rechtzeitig aufzustehen, aber dann trotzdem bis Mittag im Bett bleibt, Anerkennung zollen, da er ja den guten Willen hatte aufzustehen. Es muss also unterschieden werden zwischen der Vorstufe des guten Willens, den nur der Betreffende beurteilen kann, und einer danach **sichtbar gewordenen Anstrengung**.

Aber zurück zur Frage der Eltern. Den guten Willen im Kopf kann die Schule kaum beurteilen. Die Anstrengungsbereitschaft hingegen wird wohl honoriert, wenn sie denn deutlich sichtbar wird. Jedoch bin ich der Ansicht, dass die Anstrengung nur nachrangig für die Bewertung herangezogen werden kann. Wenn also eine Arbeit auf der Kippe zwischen Vier und Fünf steht, so kann man die sichtbar gewordene Anstrengung heranziehen, um sich als Lehrer für eine pädagogisch begründete Vier zu entscheiden. Allerdings darf die Anstrengung nicht nur behauptet werden, sondern sie muss konkret nachvollziehbar sein. Ein Schüler, der die Klassenarbeit bereits nach der Hälfte der Zeit abgibt, kann sich nicht erheblich angestrengt haben. Eine Arbeit, die voller Flüchtigkeitsfehler steckt, kann keine besondere Anstrengung belegen. Dies sollte man den Eltern freundlich, aber mit aller gebotenen Deutlichkeit sagen.

Tipp: Die Anstrengung der Schüler kann nachrangig in die Bewertung mit einfließen, wenn sie für den Lehrer deutlich sichtbar wird.

Kommen wir nun zur nächsten gängigen Aussage einiger Eltern: »Gestern hat er noch alles gewusst.« Mit dieser Behauptung wollen die Eltern belegen, dass ihr Kind erfolgreich gearbeitet hat und das schlechte Ergebnis folglich auf Gründe zurückzuführen ist, die außerhalb der Person des Schülers liegen. Lassen wir einmal außer Betracht, was mit »alles« gemeint ist, was der Schüler am Vortag wusste. Selbst wenn es wirklich alles war, was den Inhalt der Arbeit ausmachte, ist es letztlich unerheblich. Maßgeblich für die Bewertung der Leistung ist das, was der Schüler **zum Zeitpunkt der Leistungskontrolle** in der Schule zu Papier bringt. Es geht um das Hier und Jetzt.

Dass dies nicht dem entsprechen muss, was der Schüler vielleicht zu Hause in entspannter Atmosphäre seinen Eltern mündlich vorträgt, ist unbestritten, denn jede Klassenarbeit kann nur eine punktuelle Überprüfung sein. Aber aus ihrer Summe ergibt sich ein recht zutreffendes Gesamtbild. Im Sinne einer Gleichbehandlung der Schüler ist es ebenfalls notwendig, Überprüfungen unter gleichen Bedingungen zu schaffen. Eine Bewertung durch die Eltern in der häuslichen Umgebung würde dem sicherlich nicht entsprechen.

Zudem geht es in der Schule bei Leistungskontrollen nicht darum, eine bestimmte Aufgabe zu lösen. Das klingt zunächst überraschend, entspricht aber den Tatsachen. Es geht nämlich immer darum, eine bestimmte Aufgabe **in einer begrenzten Zeit** zu lösen, was die Schüler verständlicherweise unter Druck setzt. Das ist durchaus gewollt, denn auch im wirklichen Leben, im späteren Beruf, müssen anstehende Aufgaben nahezu immer in einer vorgegebenen Zeit bewältigt werden. Wenn folglich ein Schüler tatsächlich zu Hause »alles« wusste, in der Schule jedoch versagt, so fehlt ihm offensichtlich die Belastbarkeit, unter Aufsicht und unter Zeitdruck die Aufgabe zu lösen. Ich weiß, das sind unangenehme Wahrheiten, weil sie am pädagogischen Wunschbild der stressfreien Schule nagen. Aber dieses Wunschbild war und ist für fast alle Schulformen eine Fiktion, und es ist nicht ehrenrührig, unter Zeitdruck arbeiten zu müssen. Und es verstößt auch nicht gegen die Menschenwürde. Nur einige weltferne Pädagogen halten noch die Forderung nach einer Schule aufrecht, die ohne objektivierte Leistungskontrollen innerhalb einer vorgegebenen Zeit auskommt.

Tipp: Besorgten Eltern, die ihren Kindern ernsthaft helfen wollen, sollte man den Rat geben, auch zu Hause die Belastung bei etwaigen Leistungsüberprüfungen zu erhöhen.

Ein Hauptproblem reklamierender Eltern liegt auch darin, dass sie nur isoliert die Leistung ihres Kindes sehen, die sie verständlicherweise fast immer für gut halten. Ihnen fehlt jedoch die Vergleichsmöglichkeit innerhalb der Klasse. Oftmals ist deshalb der Hinweis auf gute Arbeiten von anderen Schülern hilfreich, die exakt den gleichen Unterricht genossen haben, aber zu deutlich besseren Leistungen gekommen sind. Das belegt nachdrücklich, dass die gestellten Anforderungen des Lehrers durchaus angemessen waren.

Manchmal taucht die Bitte nach der Berücksichtigung von persönlichen Umständen in Bezug auf die Note auf. Selbstverständlich können und sollen außergewöhnliche persönliche Umstände wie lange oder schwere Krankheit, Tod eines Elternteils oder Trennung der Eltern berücksichtigt werden. Ich rate aber dazu, diese Berücksichtigung nicht schon bei den einzelnen Klassenarbeiten, sondern summarisch erst am Ende des Halbjahres bzw. des Schuljahres vorzunehmen. Die Klassenkonferenz, die dann zur Versetzungs- bzw. Zeugniskonferenz wird, ist das geeignete Gremium, um diese Aspekte mit den anderen Kollegen zu erörtern und die Argumente der Eltern pädagogisch angemessen zu berücksichtigen.

Rechtsbehelfe gegen Verwaltungsentscheidungen

Wenn die vorangegangenen Kapitel überwiegend auf die Interessen von Referendaren und Junglehrern ausgelegt waren, so ist dieser Abschnitt eher elternorientiert. Aber selbstverständlich können auch Sie als Lehrer davon dienstlich oder privat profitieren. Zum einen sind die meisten Lehrer gleichfalls Eltern schulpflichtiger Kinder, zum anderen hilft ihnen das Folgende, wenn z.B. Ihr Beihilfeantrag abgelehnt oder Ihre beantragte Baugenehmigung nicht erteilt wird. Es geht darum, wie man eigene Forderungen gegen die ungeliebte Verwaltung durchsetzt. Hierfür gibt es, vor der Klage beim Verwaltungsgericht, die sog. »Rechtsbehelfe«, die man in förmliche und formlose Rechtsbehelfe unterteilen kann.

Formlose Rechtsbehelfe

Fangen wir mit den formlosen Rechtsbehelfen an, da sie die mildere Stufe Ihres möglichen Handelns darstellen. Früher sagten die Juristen ironisch, die formlosen Rechtsbehelfe seien »FFF« und meinten damit:
▶ formlos,
▶ fristlos,
▶ fruchtlos.

Das mag in Zeiten, als die Verwaltung den Bürger als untergebenen Bittsteller sah, tatsächlich zutreffend gewesen sein. Es förderte zudem die Tätigkeit der Anwälte, die sich meist ungern mit solchem Kleinkram abgeben, sondern lieber gleich zu stärkeren Geschützen greifen, um den Mandanten zu beeindrucken. Heute ist die Situation in der öffentlichen Verwaltung anders, denn auch hier gibt es einen spürbaren Beförderungsstau. Und jeder, der weiterkommen will, sollte nicht durch allzu viele Fehlentscheidungen auffallen, sonst ist »Edeka« (EdK = Ende der Karriere). Wenn Sie also nicht sofort einen Anwalt bemühen wollen, z.B. weil die Zeit noch nicht drängt, dann probieren Sie es nach einer Entscheidung der Verwaltung, mit der Sie nicht einverstanden sind, doch zunächst einmal so:

▶ **Die Gegenvorstellung:** Es ist die Äußerung Ihrer gegenteiligen Auffassung, am besten gestützt durch eine ausführliche Begründung, mit der **Bitte um eine erneute Sachprüfung.** Sie ist an die erlassende Behörde gerichtet. Nun werden Sie fragen: Was soll das denn bringen? Weshalb soll ich mich noch einmal an genau die Behörde wenden, die gerade eben den mich belastenden Bescheid erlassen hat? Was kann ich denn da erwarten? Falls Sie auf einen borniertenen, unzufriedenen und wenig intelligenten Sachbearbeiter treffen, der nur noch drei Monate bis zu seiner Pensionierung hat, dann haben Sie vermutlich Recht. Aber die Chancen sind gar nicht schlecht, dass Sie an jemanden geraten, der auf der Karriereleiter noch ein kleines Stückchen weiter nach oben kommen will.

Der Fairness halber breche ich jetzt einmal eine (kurze) Lanze für die viel gescholtene Verwaltung. Ihr Sachbearbeiter hat vermutlich so viel zu tun (das meine ich nicht ironisch), dass er auf Ihren Antrag nur einen kurzen, flüchtigen Blick geworfen hat, bevor er seine Standardentscheidung gefällt hat. Ich weiß, das sollte er nicht tun, aber machen wir immer unseren Job so sorgfältig, wie es eigentlich sein sollte? Durch Ihre **Gegenvorstellung** wird ihm zunächst signalisiert, dass Sie sich nicht mit einer Ablehnung zufrieden geben (damit hat er natürlich nicht gerechnet, denn die meisten Bürger schimpfen nur, aber rühren sich nicht). Daneben geben Sie ihm eine zweite Chance, den Fall noch einmal gründlich und in Ruhe zu prüfen. Vielleicht liefern Sie ihm ja eine nachvollziehbare Begründung, die es ihm erleichtert, nun anders zu entscheiden. Natürlich könnte er auch Ihre Gegenvorstellung ablehnen, so wie er Ihren ursprünglichen Antrag abgelehnt hat. Aber falls Sie ihm dezent andeuten, dass Sie sich bei einer erneuten Ablehnung eventuell an eine höhere Stelle wenden, so muss er damit rechnen, dass sein Vorgesetzter seine Entscheidung aufhebt. Und das ist für ihn erheblich peinlicher. Falls er sich dagegen zu Ihren Gunsten entscheidet, hat er die Sache endgültig vom Tisch und im Sinne einer dienstleistenden Verwaltung einen zufriedenen »Kunden« mehr. Damit ich aber in der Systematik weiterkomme, lassen Sie unseren Verwaltungsmenschen einmal borniert sein und Ihre wunderbare Gegenvorstellung ablehnen.

▶ **Die Aufsichtsbeschwerde:** Nun folgt der nächste Schritt, die **Aufsichtsbeschwerde** (bitte nicht verwechseln mit der **Dienst**aufsichtsbeschwerde!). Die Aufsichtsbeschwerde ist gerichtet an die übergeordnete Behörde oder den Vorgesetzten, mit der Bitte, die Sachentscheidung der untergeordneten Behörde zu überprüfen. Jetzt sind Ihre Erfolgschancen besser, denn jetzt kommen Sie an jemanden, der nicht nur besser bezahlt wird, sondern der als Vorgesetzter i.d.R. auch besser qualifiziert ist, der einen weiteren Horizont hat, der die aktuelle Rechtsprechung kennt usw. Und falls dieser Vorgesetzte erkennt, dass »unten«, also nicht von ihm selbst, ein Fehler gemacht wurde, warum sollte er das nicht zugunsten des Bürgers korrigieren? Dieses »kundenfreundliche« Verhalten wird unterstützt, wenn Sie vorsichtig andeuten (nicht drohen), dass Sie notfalls bereit sind, noch weiter zu gehen. Würde sich dann die von der Verwaltung getroffene

Entscheidung als fehlerhaft herausstellen, wäre dies für den Vorgesetzten peinlich und evtl. karrierehemmend. Bis hierher haben Sie erfahrungsgemäß eine Erfolgsaussicht von etwa 30 Prozent. Und wir sind noch nicht am Ende.

▶ **Die Dienstaufsichtsbeschwerde:** Nun zu einem Rechtsbehelf, der sehr ähnlich klingt, aber ganz etwas anderes ist, nämlich die **Dienstaufsichtsbeschwerde**. Sie ist **keine inhaltliche Kritik** an einer Sachentscheidung, sondern eine **Kritik am dienstlichen Verhalten** eines Beamten, gerichtet wiederum an dessen Vorgesetzten.

Tipp: Wenn Sie also von oben herab »abgekanzelt« werden, wenn man Sie mit einer berechtigten Frage behandelt wie einen dummen Jungen, so wäre das ein ausreichender Grund für eine Dienstaufsichtsbeschwerde. Eine erstaunliche Wirkung erzielen Sie oft bereits durch die Erwähnung des richtigen Fachbegriffes, z.B. so: »Ich möchte eigentlich keine Dienstaufsichtsbeschwerde schreiben, aber wenn Sie ...«
Manchmal wird Ihnen an dieser Stelle ein Kaffee angeboten, auf jeden Fall ändert sich das Verhalten des Beamten schlagartig zum Positiven. Es sei denn, er hat nur noch drei Monate bis zu seiner Pensionierung. Probieren Sie es einmal aus. Es wirkt.

Während Sie die ersten beiden Rechtsbehelfe nur anwenden können, wenn Sie selbst betroffen sind, gilt das nicht für die Dienstaufsichtsbeschwerde.
Wenn Sie also erfahren, dass die Verwaltung Ihnen gegenüber höflich und zuvorkommend ist, weil man spürt, dass Sie sich auskennen, Sie aber mitbekommen, dass man den Unmut darüber am nächsten armen Wurm auslässt, der ins Zimmer tritt, so können auch Sie eine Dienstaufsichtsbeschwerde gegen den Verwaltungsmenschen schreiben.

Die formlosen **Rechtsbehelfe sind an keine besondere Form der Mitteilung gebunden (Sie könnten sie folglich als Gedicht verfassen), sind an keine Frist gebunden (Sie könnten sie erst zwei Monate nach der Entscheidung der Verwaltung einreichen, obwohl Sie vermutlich bald reagieren werden), aber sie sind erfreulicherweise nicht mehr fruchtlos. Sie führen allerdings nicht immer zum Erfolg, aber das tut eine Klage auch nicht. Denn es ist nicht auszuschließen, dass die Verwaltung auch einmal Recht hat, vielleicht gerade in Ihrem Fall.**

Förmliche Rechtsbehelfe

Kommen wir nun zu den sog. »förmlichen« Rechtsbehelfen, das sind der Widerspruch und die Klage. Ihre formlosen Rechtsbehelfe sind, so wollen wir es annehmen, leider alle erfolglos geblieben. Sie sind gleichwohl der Meinung, dass Sie im Recht und die Verwaltung im Unrecht ist. Damit Sie einen **förmlichen** Rechtsbehelf einlegen können, muss es sich zunächst einmal um einen **Verwaltungsakt** handeln. Wissen Sie noch, was das war (siehe Seite 26)? Wenn ein Lehrer sich dafür entscheidet, nie Hausaufgaben aufzugeben, so kann man sich darüber beschweren (Aufsichtsbeschwerde, formloser

Rechtsbehelf), aber man kann nicht dagegen klagen. Das gleiche gilt für die einzelne Klassenarbeit, auch sie ist kein Verwaltungsakt, gegen den man klagen könnte.

Klagen kann man nur gegen Verwaltungsakte, also Entscheidungen von einigem Gewicht, die eine Behörde (also die Schule) zur Regelung eines Einzelfalls erlässt und die auf Rechtswirkung nach außen gerichtet sind. Nehmen wir also als Musterfall folgenden (belastenden) Verwaltungsakt: Ihr Kind, Schüler der Schule X, soll wegen eines Verstoßes in drei Tagen für zwei Wochen vom Schulbesuch ausgeschlossen werden, was man Ihnen als Eltern schriftlich mitgeteilt hat. Entweder sind die formlosen Rechtsbehelfe fruchtlos gewesen oder Sie wollen keine Zeit verschwenden und gleich mit stärkeren Mitteln dagegen angehen, wofür es in diesem Fall einen guten Grund gibt, nämlich die sehr kurze Zeit bis zur Vollstreckung der Maßnahme.

Vorweg aber ein kleiner Wermutstropfen: **Sie können** gegen einen (belastenden) Verwaltungsakt **nicht sofort klagen**, sondern das Verfahrensrecht (§ 68ff. VwGO) schreibt fast immer **zwingend** ein **Vorverfahren** vor, um die Gerichte zu entlasten und der Schulverwaltung die Möglichkeit zu geben, die Entscheidung nochmals zu überprüfen.

In einigen Bundesländern hat man für »Kleinkram«, z.B. die Abrechnung der Müllgebühren, die Widerspruchsmöglichkeit abgeschafft, um die Bürger dazu zu bringen, sich zu überlegen, ob die Angelegenheit so wichtig ist, dass sie eine kostenpflichtige Klage einreichen wollen. Das Schulrecht ist hiervon aber noch nicht betroffen.

Das Vorverfahren umfasst also den Widerspruch, der vor einer Klage eingelegt werden muss. Bitte merken Sie sich:
Grundsätzlich erst Widerspruch – dann (vielleicht) Klage.

Sie als Eltern haben die unangenehme Entscheidung der Schule schriftlich bekommen. In der schriftlichen Entscheidung der Schule werden Sie i.d.R. mit der sog. »**Rechtsbehelfsbelehrung**« (manchmal auch nicht ganz korrekt »**Rechts**mittelbelehrung« genannt) auf die Möglichkeit zum Widerspruch hingewiesen. Originalton: »Gegen diesen Bescheid können Sie binnen eines Monats Widerspruch einlegen.« So oder ähnlich lautet die Rechtsmittelbelehrung. Falls Sie vorhanden ist, beträgt die Frist für den Widerspruch, Sie ahnen es schon, einen Monat.

Tipp: Nun machen wir einen kleinen Exkurs, um ein häufig auftretendes Problem anzusprechen und zu lösen. Der Bescheid der Verwaltung landet bei Ihnen just am Beginn Ihres Urlaubs im Briefkasten, während Sie gut gelaunt, aber nichts ahnend im sonnigen Süden sind.

Sie kommen erholt aus dem Urlaub zurück, aber Ihre Erholung ist schlagartig dahin, als Sie den Brief öffnen, den belastenden Bescheid samt Rechtsmittelbelehrung lesen und bestürzt feststellen, dass die Frist für die Einlegung des Widerspruchs seit gestern vorbei ist. Was nun?

Nicht verzweifeln, Hilfe naht. Sie beantragen einfach die »**Wiedereinsetzung in den vorigen Stand**« (ist das nicht ein herrlicher Begriff?) gem. § 60 I VwGO oder § 32 VwVfG. Das heißt, Sie beantragen, dass man Sie so stellt, als sei der Brief Ihnen erst heute zugegangen. Dafür haben Sie zwei Wochen Zeit. Wenn Sie im Antrag glaubhaft begründen bzw. belegen können, dass Sie die Fristüberschreitung nicht verschuldet haben, und das liegt bei einem Urlaub vor, wird man Ihrem Antrag stattgeben.

In unserem Ausgangsfall gegen Ihr Kind betrug die Frist in der Rechtsbehelfsbelehrung einen Monat. Was ist aber, wenn, und das passiert recht häufig, die Rechtsbehelfsbelehrung fehlt?

Umso besser für Sie, denn dann beträgt die Frist ein Jahr (siehe § 58 VwGO). Man könnte folglich, wenn die Zeit nicht drängt, sich elf Monate ruhig verhalten und dann, wenn niemand in der Schule mehr daran denkt, seinen Widerspruch einlegen. Selbstverständlich sind Versetzungs- oder Abiturzeugnisse Verwaltungsakte; ich habe dort aber in der Vergangenheit nur sehr selten eine Rechtsmittelbelehrung gesehen. Wenn ein Schüler sein Abiturzeugnis nach elf Monaten anfechten würde, weil er aufgrund seiner Noten einen bestimmten Studienplatz nicht bekommt, so würde er die Schule gehörig ins Schwitzen bringen, denn der Widerspruch wäre noch fristgemäß.

Ebenfalls gut für Sie zu wissen: **Der Widerspruch hat grundsätzlich aufschiebende Wirkung** (§ 80 VwGO). Das bedeutet, so lange über den Widerspruch nicht endgültig entschieden ist, darf die belastende Maßnahme nicht vollzogen werden. Es sei denn, die Behörde (die Schule) beantragt wegen der besonderen Dringlichkeit, die jedoch begründet werden muss, die sog. »sofortige Vollziehung« (§ 80 II VwGO). Aber auch dagegen kann man sich wenden.

Zurück zum Grundprinzip: Der Widerspruch hat grundsätzlich aufschiebende Wirkung (gilt leider nicht bei Zahlungen an die Staatskasse) und ist an die erlassende Behörde zu richten. Falls nach Ihrem Widerspruch der (belastende) Verwaltungsakt aufgehoben oder zu Ihren Gunsten abgeändert wird, so darf das auch dieselbe Behörde tun, die den belastenden Verwaltungsakt erlassen hat. Warum auch nicht?

Eine etwaige **Ablehnung** muss jedoch grundsätzlich von der **nächsthöheren** Behörde erfolgen. Das leuchtet ein, denn es soll im Widerspruchsverfahren ja eine unabhängige Kontrolle durchgeführt werden. Theoretisch können Ihnen durch den Widerspruch Kosten entstehen, die Behörde droht manchmal damit, um die Widerspruchsführer zu testen, wie wichtig ihnen die Angelegenheit ist. In der Praxis passiert es selten, und die Kosten können im Regelfall auch nicht sehr hoch sein. Denn welche Mehrkosten entstehen der Behörde tatsächlich durch die Bearbeitung Ihres Widerspruchs? Mit etwa 100 Euro müssen Sie aber notfalls rechnen, darauf werden Sie aber vorher hingewiesen.

Im **Widerspruchsverfahren** wird nicht nur die Rechtmäßigkeit, das war die formale Übereinstimmung mit den Rechtsnormen, sondern auch, und das ist mindestens ebenso wichtig, die **Zweckmäßigkeit** der Entscheidung überprüft. Eine rechtmäßige Maßnahme der Verwaltung muss nicht zwangsläufig zweckmäßig sein. Mein Musterbeispiel hierfür ist ein zweiwöchiger Schulausschluss gegen einen häufig schwänzenden Schüler. Das ist rechtmäßig, die Ordnungsmaßnahmen der Schulgesetze decken das, aber es ist sicher nicht zweckmäßig. Falls also eine Entscheidung nicht zweckmäßig ist, dann muss sie bereits im Vorverfahren aufgehoben werden.

Falls die Behörde über Ihren Widerspruch nach drei Monaten immer noch nicht entschieden hat und auch keinen Grund für die Verzögerung genannt hat (»Wir arbeiten dran, aber die Ermittlungen sind kompliziert.«), kann man eine sog. »Untätigkeitsklage« (§ 75 VwGO) zunächst androhen und später einreichen.

Spielen wir einmal durch, dass auch Ihr Widerspruch abgelehnt wurde. Dann können Sie jetzt den nächsthöheren förmlichen Rechtsbehelf einlegen und endlich klagen. **Auch die Klage** vor dem Verwaltungsgericht **hat aufschiebende Wirkung.** Die Eltern/Schüler haben also mit Widerspruch und Klage zwei Mittel in der Hand, mit denen sie belastende Entscheidungen aufschieben können. Bei geschicktem Einsatz kann man hiermit indirekt eine begünstigende Entscheidung herbeiführen, wie der folgende Fall aus der Praxis zeigt.

Schüler X, ein intelligenter, aber fauler Kerl, wird (zu Recht) am Ende der 8. Klasse knapp nicht versetzt. Wenn, wie im Regelfall, keine Rechtsbehelfsbelehrung unter dem Zeugnis der Nichtversetzung ist, warten die Eltern mit dem Widerspruch bis zum letzten Ferientag vor dem Beginn des neuen Schuljahres. Der eingelegte Widerspruch hat, wie Sie jetzt wissen, aufschiebende Wirkung. Also besucht unser Schüler nach den Sommerferien zunächst wie seine ehemaligen Klassenkameraden die 9. Klasse.

Für eine sofortige Vollziehung gibt es keinen triftigen Grund, außerdem wäre sie für die Schule höchst riskant, wie Sie gleich feststellen werden. Selbst wenn die Behörde einmal schnell arbeitet, wird es ein paar Wochen dauern, bis der Widerspruch abgelehnt wird. Daraufhin legen die Eltern Klage ein, die wiederum aufschiebende Wirkung hat, und beantragen, dass der Schüler, aus Gründen des **vorläufigen Rechtsschutzes,** in der 9. Klasse verbleiben darf, bis der Fall vor dem Verwaltungsgericht endgültig geklärt ist.

Vom Einreichen der Klage bis zum tatsächlich stattfindenden Verwaltungsprozess dauert es durchschnittlich ein bis zwei Jahre, aber gehen wir einmal von knapp einem Jahr aus. Jetzt wird vermutlich klar, warum die Schulbehörde den Schüler vorläufig in der 9. Klasse lassen wird. Falls sie es ihm verweigert hätte und er würde den Prozess gewinnen, so hätte die Schule verschuldet, dass er ein ganzes Jahr verloren hat, d.h. ein Jahr weniger Verdienst, ein Jahr weniger Rentenansprüche usw. Über eine solche Schadensersatzklage würde sich jeder Anwalt freuen.

Da die Schule dieses Risiko nicht eingehen will, bleibt unser Schüler somit bis zur endgültigen Entscheidung des Verwaltungsgerichts in der 9. Klasse. Und da er weiß, dass es für ihn um Sein oder Nichtsein geht, strengt er sich an. Seine Leistungen sind nicht gut, aber passabel, das Halbjahreszeugnis weist nun keine Fünf mehr auf, und die Arbeiten im zweiten Halbjahr bestätigen diese Tendenz. Das 9. Schuljahr endet, und er hat ein Zeugnis, mit dem man jeden Schüler versetzen müsste und mit dem man auch ihn (zähneknirschend) versetzt.

Führt man sich vor Augen, dass die damalige Nichtversetzung im Grunde eine Prognoseentscheidung darüber gewesen ist, **ob er in der 9. Klasse erfolgreich mitarbeiten kann**, so hat der Schüler die damalige Prognoseentscheidung durch seine Versetzung faktisch widerlegt. Einen Tag nach der Versetzung kommt die lang ersehnte Entscheidung des Verwaltungsgerichts: Die Entscheidung der Konferenz über die (damalige) Nichtversetzung war fehlerfrei. Was nun? Soll der Schüler jetzt doch noch die 8. Klasse wiederholen, obwohl er die darauf aufbauende 9. Klasse bereits erfolgreich absolviert hat? Damit würde man eine Rechtsposition durchdrücken, die durch die zeitliche Entwicklung bereits überholt ist und deshalb ein untragbares Ergebnis darstellen würde. »**Rechtsmissbrauch**« nennen die Juristen so etwas. Das heißt, ein bestehendes Recht wird ausgeübt, ohne dass es dafür einen vernünftigen, legitimen Grund gibt. Das Recht wird lediglich dazu benutzt, um jemanden zu ärgern.

> **Widerspruch und Klage haben aufschiebende Wirkung, und manchmal kann es vorteilhaft sein, dass die überlasteten Gerichte nur sehr langsam voran kommen.**

Allerdings funktioniert dieser Kniff, über Widerspruch und Klage eine Entscheidung zu verändern, nur bei Schülern, bei denen die Nichtversetzung knapp gewesen ist und die danach die folgende Klasse erfolgreich absolvieren. Andernfalls wäre es ein Vabanquespiel.

Problemkreis: Die Schüler

Einem Lehrer stehen oder sitzen im Schulalltag ständig etwa 20 bis 30 Schüler gegenüber. Das ist in jeder Beziehung ein sehr ungünstiges Zahlenverhältnis. Damit wir uns nicht missverstehen: Ich habe nichts gegen Schüler. Die meisten von ihnen sind nett und pflegeleicht, und es macht Spaß, sie zu unterrichten. Aber wir reden hier schließlich nicht über die vielen Fälle, in denen der Umgang unproblematisch ist, sondern nur über den Teil einer Klasse, der Schwierigkeiten bereitet. In solchen Klassen werden Sie erleben, dass einer, aber meist mehrere Schüler Ihnen gegenüber stehen und etwas von Ihnen fordern. Und wenn Sie als Lehrer mit Praxiserfahrung wissen, dass Lehrer und Schüler unterschiedliche Interessen haben, dann haben Sie einen oder mehrere potenzielle Gegenspieler. Das ist nichts Schlimmes, denn ein Gegenspieler ist kein Feind, sondern jemand, dessen Interessen naturgemäß in eine andere Richtung gehen, so wie beim Schachspiel. Das mag für sensible pädagogische Ohren etwas negativ klingen, aber es ist eindeutig. Und ich glaube, dass es zutrifft.

Heute haben wir in der Schule mit Jugendlichen zu tun, die in hohem Maße durch das Fernsehen mit seinen Werbepausen, den Videoclips, durch das Handy mit seinen reduzierten Bild- und Textbotschaften und durch den Computer mit seinen Spielen und dem Internet geprägt sind. Es ist eine Generation der hektischen Bewegung und der kleinen Häppchen. Ebenso bestimmend ist die Tatsache, dass es für einen Großteil der Schüler keine Familien im traditionellen Sinne mehr gibt. Das gemeinsame Frühstück zu Hause oder ein von Mutti mit Liebe und einem Salatblatt gemachtes Pausenbrot sind eher die Ausnahme. Stattdessen ersetzen Kartoffelchips und Cola das Frühstück bzw. das Pausenbrot. Das ist der soziale Hintergrund der Schüler, mit dem die heutige Schule und ihre Lehrer leben müssen. Dabei geht es hier nicht um eine Ursachenforschung, warum die Gegebenheiten so sind, sondern vorrangig darum, diese gesellschaftlichen Voraussetzungen für Ihr konkretes Handeln zu berücksichtigen.

Trotz der verstärkten Freizeitorientierung sind die Schüler an der Schule maßgeblich beteiligt, denn auch sie haben, unabhängig von ihrer generellen Minderjährigkeit, selbstständige Rechte und Pflichten. Juristische Grundlagen hierfür sind vor allem der Art. 2 I GG (freie Entfaltung der Persönlichkeit), Art. 3 III GG (Gleichbehandlung), Art. 5 I GG (Meinungsfreiheit) und einzelne Paragraphen Ihres Landesschulgesetzes, in denen sich verstreut Rechte und Pflichten finden. Wie bei den Rechten der Erziehungsberechtigten unterscheidet man auch bei den Schülern kollektive und individuelle Rechte.

Rechte und Pflichten

Kollektive Rechte

Auch die Schüler können, falls sie es wollen, Schülervertretungen bilden. Und diese haben nicht nur ein Mit**sprache**-, sondern häufig auch ein Mit**wirkungs**recht, allerdings nur in wenigen Bereichen ein Mit**bestimmungs**recht. Die Schülervertretung ist im Schulgesetz geregelt, und ähnlich wie bei den Erziehungsberechtigten besteht eine Vertretung auf Klassenebene und eine übergeordnete Vertretung auf der Schulebene.

Die **Klassen**schülerschaft, d.h. schlicht gesagt die Klasse, kann einen Klassensprecher nebst Stellvertreter wählen sowie Vertreter für die Klassenkonferenz. Der Klassenlehrer ist gehalten, die Schüler über diese gesetzlich vorgesehene Mitwirkungsmöglichkeit zu informieren und sie ihnen nahe zu legen, zwingen kann er eine Klasse jedoch nicht, einen Klassensprecher zu wählen. In den meisten Bundesländern ist z.B. festgelegt, dass auch der Klassenschülerschaft das Recht zusteht, mit den Lehrern die Inhalte und/oder die Planung des Unterrichts zu erörtern. Der Lehrer muss ihre Argumente anhören, prüfen und dann zu einer Entscheidung kommen. Allerdings hat der Lehrer das Recht, diese Besprechungen, wenn sie nicht dringend sind, in Unterrichtsstunden zu legen, in denen ausreichend Zeit für solche Gespräche vorhanden ist. Auch die Begrenzung der Zeit für diese Art von Mitsprache ist zulässig. In vielen Fällen werden 15 bis 20 Minuten ausreichen, um die vorgebrachten Argumente der Schüler angemessen zu erörtern.

> **Tipp:** Lassen Sie sich nicht unter Druck setzen, indem Sie nachgeben, nur um eine unangenehme Diskussion aus Zeitgründen zu beenden. Hören Sie sich die Argumente an und schließen Sie die Diskussion. Prüfen Sie zu Hause in Ruhe und ohne Druck von außen das Für und Wider und fällen Sie Ihre Entscheidung, die Sie dann bei nächster Gelegenheit Ihren Schülern mitteilen. Mit Ihrer Entscheidung ist das Thema beendet.

Die Klassensprecher sämtlicher Klassen bilden den sog. »Schülerrat« (Schülerbeirat/Klassenschülerversammlung) der Schule und wählen aus ihrer Mitte einen Schülersprecher und Vertreter. Aus dem Schülerrat werden die Schülervertreter für die Schulkonferenz und für die Fachkonferenzen gewählt. In den Konferenzen besitzen die Schülervertreter, genau wie die Elternvertreter, mit denen sie vor dem Gesetz gleichberechtigt sind, ein grundsätzliches Stimmrecht. Ausgenommen hiervon sind die Bereiche der Noten, Zeugnisse und Versetzungen.

Die Schüler sind ebenfalls berechtigt, eine **Schüler**zeitung herauszugeben, was etwas völlig anderes ist als eine sog. »**Schul**zeitung«. Letztere ist ein Presseprodukt der Schule, im Wesentlichen geprägt durch Schulleitung und Lehrer, in dem natürlich auch (wohlwollende) Artikel von Eltern und Schülern veröffentlicht werden. Eine Schülerzeitung ist hingegen ein Presseprodukt der **Schüler**schaft. Sie ist keiner Zensur, z.B. durch die Schulleitung, unterworfen. Sie braucht nicht einmal zur Information vorgelegt zu werden, sondern sie unterliegt wie jede andere Zeitung nur dem allgemeinen

Presserecht und darf grundsätzlich auf dem Schulgrundstück verteilt werden. Diejenigen Schüler, die verantwortlich für die Herausgabe sind und im Impressum genannt werden müssen, können sich von der Schule durch einen Lehrer (z.B. vom SV-Beratungslehrer) beraten lassen, können dies aber ebenso ablehnen. Falls sie auf eine Beratung verzichten, tragen sie jedoch auch das volle Risiko der Veröffentlichung, z.B. einer strafrechtlichen Verfolgung wegen Beleidigung (»Lehrer X ist ein Idiot.«) oder wegen eines Aufrufs zu strafbaren Handlungen (»Brennt die Schule ab! Schade, dass Beton nicht brennt!«). Ich empfehle Schülern, die eine Schülerzeitung herausgeben, sich vorher beraten zu lassen, um mögliche rechtliche Konsequenzen einschätzen zu können und das Schulklima nicht unnötig zu beeinträchtigen. Die Entscheidung, ob man dem Ratschlag des betreuenden Lehrers folgt, bleibt in jedem Fall im Ermessen der herausgebenden Schüler.

Individuelle Rechte

Neben den Rechten, die Schüler nur kollektiv wahrnehmen können, gibt es auch solche, die jedem einzelnen Schüler als individuelles Recht zustehen. Hierzu gehört vor allem das Recht auf Bildung, das in vielen Schulgesetzen, teilweise sogar in den Landesverfassungen, genannt ist. Bei genauer Lektüre dieses Paragraphen werden Sie jedoch schnell feststellen, dass dieses Recht meist **nur im Rahmen der Möglichkeiten** gilt, und dazu gehören auch die finanziellen Möglichkeiten des Landes. Das »Recht auf Bildung« bedeutet juristisch nicht einen einklagbaren Anspruch auf ungekürzten Unterricht ohne Ausfälle. Es ist lediglich eine Rechtsnorm, die ein Ziel des Landes formuliert, eine sog. »Zielnorm«. Aus dem Blickwinkel der Schüler ist das »Recht« auf Bildung zudem kein Recht in dem Sinne, dass man es wahrnehmen kann, wenn man möchte, man es aber nicht wahrzunehmen braucht, wenn man keine Lust dazu hat. Vielmehr liegt durch die Koppelung mit der gesetzlichen Schulpflicht ungewöhnlicherweise ein Recht vor, das nicht nur dem Individualinteresse dient, sondern das in vollem Umfang wahrgenommen werden **muss,** um im öffentlichen Interesse einen gemeinschaftlichen Zweck zu erfüllen.

Seit einiger Zeit steht den Schülern das Recht auf Schutz ihrer Daten zu, das sich auf das **Grundrecht** der informationellen Selbstbestimmung (hergeleitet aus Art. 2 GG) gründet. Darum ist es auch rechtlich höchst problematisch, wie schon dargelegt, Informationen über volljährige Schüler ohne deren Billigung an deren Eltern zu leiten. Für die Position der Schüler bedeutet das: So genannte »**personenbezogene**« Daten dürfen nicht mehr für jeden Dritten einsehbar sein. Beispielsweise dürfen die Noten der Klassenarbeiten nicht mehr, wie früher üblich, ins Klassenbuch eingetragen werden, wo sie von anderen Schülern eingesehen werden könnten. Das Gleiche gilt für Ermahnungen und Verweise für störendes Verhalten. Ebenso dürfen die Zeugnisnoten eines Schülers, **falls ein Schüler darauf besteht**, nicht mehr öffentlich vor der Klasse besprochen werden. Ich kenne einige Lehrer, die dies bereits praktizieren, vielleicht aus Angst vor möglichen Beschwerden der Eltern oder vor der öffentlichen Diskussion der

Noten, bei denen die Schüler sich regelmäßig gegenseitig unterstützen. Wie dem auch sei, ich halte diese Art der isolierten Besprechung für etwas überzogen. Ich meine, dass gerade im Bereich der Notengebung Transparenz ist erforderlich, um einen aussagefähigen Vergleich zu ermöglichen. Aber wenn Sie möchten, können Sie die Noten jedes Schülers unter vier Augen besprechen und hätten dabei noch das gute Gefühl, den Datenschutz in der Schule zu fördern. Zudem erlaubt Ihnen dieses Vorgehen, keinem Schüler zu sagen, welche Note Sie den Mitschülern gegeben haben.

Jeder Schüler hat aus Art. 5 II GG das Recht, im Unterricht seine Meinung frei zu äußern, solange er dadurch nicht Mitschüler, Lehrer oder Dritte beleidigt. Handelt es sich nicht um Äußerungen zum Unterricht, so kann der Lehrer sowohl den Zeitpunkt der Meinungsäußerung (»erst am Ende der Stunde«) als auch deren Umfang (»aber nicht länger als 5 Minuten«) festlegen.

Juristisch problematisch war früher die Teilnahme von Schülern an Demonstrationen, welche die Veranstalter meist bewusst auf den Vormittag legten, damit Schüler an ihnen teilnahmen. Welcher Schüler wäre schon freiwillig nachmittags gekommen? Wenn Schüler aber die Wahl zwischen anstrengendem Unterricht und zwangloser Teilnahme an einer Demonstration haben, fällt die Wahl zugunsten der guten Sache leicht. Die Rechtsprechung hat mittlerweile überzeugend geklärt, dass die Teilnahme an Demonstrationen zu **schul**politischen Belangen (Schließung einer Schule, ständiger Unterrichtsausfall) während der Unterrichtszeit zulässig ist. Der Grund liegt darin, dass (genehmigte) Demonstrationen legitime Mittel der politischen Meinungsäußerung sind, an denen Schüler teilnehmen können, damit sie zu mündigen Bürgern werden. Grundsätzlich unzulässig ist dagegen die eigenmächtige Teilnahme von minderjährigen Schülern an **allgemeinpolitischen** Demonstrationen. Ausnahmen kann die Schulleitung genehmigen, wenn es sich um Kundgebungen handelt, die keiner parteipolitischen Richtung zuzuordnen sind (z.B. Schweigemarsch gegen Diskriminierung von Ausländern).

Wird keine Genehmigung erteilt, so fehlt der Schüler, der an einer Demonstration teilnimmt, aus juristischer Sicht zunächst unentschuldigt im Unterricht und muss als Konsequenz des Fehlens das Versäumte selbstständig nachholen. Seine Eltern könnten, falls sie es wollen, um die Entschuldigung seines Fehlens bitten. Würde die Schule die Entschuldigung der Eltern nicht akzeptieren oder würde keine Entschuldigung vorgelegt, so hätte der Schüler unentschuldigt gefehlt. Dieses Fehlen wäre jedoch auf der Skala möglicher Verstöße gegen die Schulpflicht weit unten anzusiedeln und dürfte als einmaliger Verstoß keine gravierenden Konsequenzen haben.

Die Frage, ob Schüler ihr religiöses Bekenntnis nach außen demonstrieren dürfen, ist völlig anders zu beantworten als bei Lehrern. Da die deutsche Schule zwar neutral, aber von ihrem Verständnis keine laizistische (religionsfreie) Schule ist, kann man nicht einfach das französische Kopftuchverbot auf deutsche Schülerinnen übertragen. Vielmehr besitzt bei uns die Religionsfreiheit der Schülerinnen eine so überragende Stellung, dass andere Interessen, z.B. die problemlose Teilnahme am Sportunterricht, dahinter zurücktreten müssen.

Bei belastenden Eingriffsmaßnahmen (z.B. Ordnungsmaßnahmen) hat der Schüler das Recht, **vor** der Verhängung der Maßnahme mit seinen Erziehungsberechtigten gehört zu werden. Zusätzlich darf er sich in den meisten Bundesländern hierbei von einem Schüler und/oder einem Lehrer seines Vertrauens unterstützen lassen. Die juristisch brisante Frage, ob er sich bereits in diesem frühen Stadium von einem Anwalt vertreten lassen darf, wird von den Pädagogen und den Schulbehörden bislang verneint. Allerdings bin ich nicht sicher, ob ein Verwaltungsgericht diese Auffassung teilen würde, denn ein volljähriger Schüler kann sich in einer solchen Situation prinzipiell von **jeder** volljährigen Person seines Vertrauens vertreten lassen, folglich auch von einem Anwalt. Bei einem minderjährigen Schüler könnten die Eltern sich selbst von einem Anwalt vertreten lassen, falls sie der Ansicht sind, dass dieser die Interessen ihres Kindes in der Konferenz besser vertreten kann als sie selbst, sodass man im Endeffekt das gleiche Ergebnis hätte.

Pflichten

Hier ist vor allem die gesetzlich festgeschriebene Schulpflicht zu nennen, denn sie umfasst nicht nur die Pflicht zum ständigen Besuch der Schule, sondern aus ihr resultiert, wie aus Kommentierungen und zahlreichen Erlassen deutlich wird, eine umfassende Mitwirkungspflicht des Schülers. Aus dieser **Mitwirkungs**pflicht ergibt sich z.B., dass Schüler im Unterricht mitarbeiten, die vorgeschriebenen Leistungskontrollen ablegen und Hausaufgaben anfertigen müssen, falls der Lehrer es für notwendig hält. Kurzum, sie müssen den Anweisungen des Lehrers bzw. der Schule folgen, damit diese ihren vorgegebenen Zweck erfüllen kann. Leider werden höfliche Formulierungen des Lehrers wie »Bitte lest zum nächsten Mal den Text von Kafka!« von den Schülern oft bewusst dahingehend fehlinterpretiert, es handle sich um eine echte Bitte, der man folgen könne, wenn man möchte. Leider nicht. Durch den Imperativ und die Stellung des Lehrers handelt es sich juristisch um eine schulbezogene **Anweisung** des Lehrers, der zu folgen ist.

Die Schulpflicht mit der darin enthaltenen Mitwirkungspflicht ist eine Verpflichtung, die der Gemeinschaft zu erbringen ist. Das teilnahmslose Herumsitzen, das einer inneren Verweigerung entspringt, ist folglich ein Verstoß gegen diese Mitwirkungspflicht. Denn wer sich der Gemeinschaft entzieht, schadet nicht nur sich selbst, sondern auch der Klassen- und der Schulgemeinschaft, die auf jeden Schüler angewiesen ist, um eine erfolgreiche gemeinschaftliche Erziehung zu bewirken.

Die ersten Stunden in der Klasse

Obwohl jeder junge Kollege schon als Praktikant eine oder mehrere Stunden unterrichtet und als Referendar jede Woche etwa zehn Stunden eigenverantwortlichen Unterricht erteilt hat, sind die ersten Stunden als »richtiger« Lehrer deutlich anders.

Als Praktikant wird man von den Schülern nicht ernst genommen, weil absehbar ist, dass man nur ein, zwei oder vielleicht drei Stunden selbst unterrichtet. Das führt dazu, dass der Praktikant einen unsichtbaren Schutz genießt, zumal in der Regel auch der zuständige Fachlehrer bei diesen Stunden anwesend ist und notfalls steuernd eingreifen kann oder negatives Verhalten seiner Schüler zur Kenntnis nimmt.

Die Situation des Referendars ist etwas anders, weil er längere Zeit die Lerngruppe unterrichtet und weil er Noten gibt. Allerdings ist der Referendar bei seinen benoteten Unterrichtsbesuchen und bei den wichtigen Examenslehrproben darauf angewiesen, dass die Klasse »mitspielt«. Eine Klasse, die einen Referendar nicht sympathisch findet, kann diesem die gesamte Examenslehrprobe verderben. Hingegen kann eine Lerngruppe, die einen beliebten Referendar unterstützen will, dies ebenfalls problemlos steuern. Das reicht vom Absprechen wichtiger Fragen und Antworten bis zum Vorüben der gesamten Stunde oder dem Trick, dass diejenigen Schüler, die eine richtige Antwort wissen, sich mit dem rechten Arm melden, während alle anderen sich mit links melden. Auf diese Weise erzielt man eine erstaunlich hohe Unterrichtsbeteiligung und erhält nur solche Antworten, die für den Unterrichtsfortgang nützlich sind. Aus diesem faktischen Abhängigkeitsverhältnis erklärt sich somit die Tatsache, dass Referendare eigentlich nie schlechte Noten geben, selbst bei katastrophalen Leistungen der Schüler.

Aber diese Zeiten sind vorbei, wenn Sie richtiger Lehrer mit allen Rechten und Pflichten sind. Niemand sitzt hinten im Klassenraum und beobachtet Sie dabei. Sie brauchen nicht mehr seitenlang zu rechtfertigen, warum Sie diesen Text und keinen anderen nehmen. Sie müssen nicht mehr theoretisch ausführlich begründen, warum Sie etwas an die Tafel schreiben und nicht den Overheadprojektor nehmen. Sie können im Prinzip machen, was Sie wollen. Das hört sich verlockend und ganz einfach an, wenn man als Junglehrer nur genau wüsste, was man denn eigentlich will.

Von der Universität oder vom Ausbildungsseminar hat man noch die Idee des partnerschaftlichen Umgangs miteinander im Ohr. Bloß nicht zu autoritär auftreten und einfach Arbeitsaufträge verteilen, ohne sich vorher darüber mit den Schülern verständigt zu haben. Am besten nur ganz dezente »stumme Impulse« setzen, sodass die interessierten Schüler hochgradig neugierig werden und von ganz alleine darauf kommen, was sie wollen sollen.

Was macht man aber, falls die Schüler trotz aller Impulse keine Lust haben, Grammatik oder Vokabeln zu lernen, die doch verbindlich in den Rahmenrichtlinien vorgeschrieben sind? So etwas soll es geben. Es ist nur noch nicht zu allen Hochschullehrern durchgedrungen. Die Erinnerung an die eigene Schulzeit kann hier helfen. Sie entspricht vielleicht nicht der herrschenden pädagogischen Theorie, aber sie stellt einiges richtig. Warum hat man denn in der Schule gelernt? Weil man unbedingt wissen wollte, wie es bei Cäsars Krieg in Gallien weitergeht? Weil es einen brennend interessierte, welche Probleme amerikanische Ghettokids haben oder wie viele Käferarten im brasilianischen Regenwald leben bzw. bedroht sind?

Ich weiß natürlich nicht, wie es bei Ihnen war, ich habe als Schüler aus ganz profanen Gründen gelernt. Ich habe gelernt, weil ich keine allzu schlechten Noten wollte, aber vor allem weil meine Lehrer »Druck« gemacht haben. Das heißt, sie haben festgelegt, was für uns wichtig war, und sie haben nicht locker gelassen. Uns hat niemand gefragt, ob wir Shakespeares »Macbeth« oder Goethes »Faust« lesen wollten, denn vermutlich hätten wir im Chor »Nein!« gerufen. Wen interessiert denn schon als Schüler die Geschichte eines alten Wissenschaftlers, der mit seiner Forschung nicht voran kommt und stattdessen eine Minderjährige schwängert? Trotzdem haben wir es gelesen, es annähernd verstanden, und hinterher haben wir festgestellt, dass es uns auch Spaß gemacht hat.

Der zweite Grund, warum Schüler lernen, ist vermutlich Sympathie für ihren Lehrer. Sie lernen, um ihrem Lehrer einen Gefallen zu tun. Es ist quasi die Gegenleistung für einen interessanten und engagierten Unterricht. Ich finde, das ist ein fairer Deal. Wenn es Ihnen während der Schulzeit ähnlich erging wie mir, dann vertrauen Sie doch einfach Ihren praktischen Erfahrungen und nicht der Theorie von Leuten, die seit ihrer Schulzeit nie wieder einen Klassenraum von innen gesehen haben.

Tipp: Der erste Auftritt vor Ihren Schülern ist entscheidend. Untersuchungen haben ergeben, dass die Entscheidung über die Einschätzung eines anderen Menschen in den ersten fünf Minuten fällt. Danach sind nur noch graduelle Abweichungen möglich.

Innerhalb einer sehr kurzen Zeit wissen wir also meist recht genau, mit wem wir es zu tun haben. Und die Schüler wissen es bei einem Lehrer ebenfalls. Von daher sollten Sie sich vorher gut überlegen, wie Sie zu den Schülern stehen und wie Sie auftreten wollen. Und diese Haltung sollten Sie von Anfang an glaubhaft vermitteln.

Klären Sie darum vorab für sich: In welchem Verhältnis sehen Sie Ihre Position zu den Schülern? Als Gleicher unter Gleichen, als Erster unter Gleichen – oder stehen Sie über den Schülern? Ich meine, das tun Sie. Eine Gleichheit zwischen Lehrer und Schülern ist schon deshalb nicht gegeben, weil Sie die Leistungen der Schüler mit Noten bewerten. Sie mögen das bedauern und von einer Schule ohne Leistungsdruck und Noten träumen, aber dann hätten Sie besser nicht Lehrer an einer staatlichen Schule werden sollen.

In den Auswirkungen fatal sind darum Sätze wie: »Mir wäre es ja auch lieber, wenn ich keine Noten geben müsste.« Durch eine solche Äußerung, die schülerfreundlich wirken soll, outen Sie sich als jemand, der bei der Vergabe von schlechten Noten ein ebensolches Gewissen hat. Die Schüler werden diese wertvolle Information speichern und zu gegebener Zeit wieder hervorholen. Machen Sie sich bitte klar, dass nicht nur der Lehrer die Leistung von anderen beurteilt, sondern dass es ein elementares Prinzip jeglicher Leistungsgesellschaft ist, von höher Eingestuften beurteilt zu werden. Das ist nichts Schlimmes, solange die Beurteilungen möglichst gerecht sind.

Von der Variante, erst einmal alles ganz locker laufen zu lassen, kann ich nur abraten. Die Vorstellung, die Zügel anzuziehen, wenn der lockere Umgang nicht klappt, funktioniert in der Praxis meist nur unter erheblichen Widerständen. Umgekehrt ist es deutlich einfacher und für beide Seiten angenehmer.

Trotz der pädagogischen Absicht ist Ihr Verhältnis zu den Schülern juristisch fundiert: Sie sind aufgrund Ihrer Dienststellung als Beamter dazu befugt, den Schülern Weisungen zu erteilen und Noten für ihre Leistungen zu geben. Da ich auf den Punkt der Leistungsbewertung weiter hinten ausführlich eingehe (siehe Seite 128 ff.), lassen

Sie uns die Weisungsbefugnis genauer anschauen. Im Rahmen Ihrer Tätigkeit dürfen Sie den Schülern jede Art von Weisungen erteilen, falls sie sachlich oder pädagogisch begründet sind. Sie dürfen den Schülern aufgeben, einen bestimmten Text zu lesen, eine Hausaufgabe anzufertigen, ein Geschichtsheft zu führen oder Referate nur handschriftlich abzufassen. Kurz, Sie dürfen im gesetzlich vorgegebenen Rahmen eine ganze Menge, wenn es begründet ist. Diese Amtsautorität, die Ihnen vom Staat, d.h. von Ihrem Bundesland, verliehen wurde, sollte Ihnen bewusst sein, wenn Sie das erste Mal vor Ihren Schülern stehen. Diese Amtsautorität wird Ihnen nicht geschenkt und Sie haben sie auch nicht im Lotto gewonnen, sondern Sie haben sie sich während Ihrer Ausbildung durch entsprechende Leistungsnachweise redlich erworben. Leider wird während des Referendariats und vor allem während des Studiums so getan, als sei es ehrenrührig, sich auf diese Amtsautorität zu stützen. Ich halte das für falsch. Natürlich braucht ein »gestandener« Lehrer mit 20 Dienstjahren nicht mehr ständig auf seine Amtsautorität zu pochen, aber er besitzt sie gleichwohl. Für einen Referendar oder Junglehrer ist diese qua Amt verliehene Befugnis jedoch eine wertvolle Stütze im Umgang mit neuen Schülern. Wenn Sie dagegen vor der neuen Klasse wie ein verschüchterter Bittsteller auftauchen, dann werden Sie auch so behandelt.

Tipp: Wenn Sie jedoch unmissverständlich deutlich machen, dass **Sie** den Unterricht bestimmen, dann haben Sie gute Chancen, dass es von den Schülern auch akzeptiert wird. Merken Sie sich bitte: Wenn man Schüler führt, dann folgen sie auch.

Arbeitshaltung

Als Lehrkraft, die heute an einer staatlichen Schule unterrichtet, müssen Sie mit zwei Behauptungen der Schüler rechnen. Die erste lautet: »Das geht nicht!« Die zweite lautet: »Ich kann das nicht!« Immer wieder werden Sie über diese beiden Aussagen stolpern und oft erst zu spät merken, dass sie nur ein raffinierter Kniff sind, Arbeit bzw. Anstrengungen zu verlagern. Viele der heutigen Schüler haben bereits im zarten Kindesalter folgende Erfahrung gemacht: Wenn man jemanden in der Nähe hat, der sich für kinderfreundlich hält, so genügt es meist, laut zu schreien und Hilflosigkeit zu demonstrieren. Daraufhin lässt das kinderfreundliche Wesen alles stehen und liegen, eilt zu dem vermeintlich Hilfsbedürftigen – und löst für diesen das Problem. Beide Teile sind mit diesem Arrangement zunächst zufrieden. Der Kinderfreundliche hat ein gutes Gewissen und konnte dem Kind seine Überlegenheit demonstrieren, das Kind bekommt ein Problem gelöst, ohne dass es sich selbst dafür anstrengen muss.

Diese grundlegenden Erfahrungen aus Elternhaus, Kindergarten und Grundschule prägen sich so tief ein, dass sie auch in der weiterführenden Schule auftauchen, eben in Form der beiden oben genannten Sätze. Die Erfolgsaussichten, Anstrengung zu verlagern, sind durchaus günstig, handelt es sich doch bei Lehrern um Wesen, die dafür ausgebildet worden sind, anderen zu helfen. Modern gesagt: Die Lehrer sollen die Schüler da abholen, wo sie stehen. Dagegen ist auch nichts zu sagen, wenn die Schüler selbst gehen müssen und nicht vom Lehrer getragen werden sollen. Aber schauen wir uns die beiden Sätze einmal genauer an.

»Das geht nicht!« ist eine kühne und vorschnelle Behauptung. Vor allem dann, wenn sie bereits nach dem ersten oder zweiten erfolglosen Versuch in den Raum geschleudert wird. Der Schüler schließt aus der Tatsache, dass er nicht sofort zum Erfolg gelangt, dass die Aufgabenstellung fehlerhaft sein muss. Es ist ein geschickter indirekter Vorwurf gegen den Lehrer, der etwas verlangt, was eigentlich unmöglich ist. Die Schuld für das Misslingen wird somit nicht bei sich selbst gesucht, sondern auf den Lehrer verlagert. Dieser ist nun aufgrund des Vorwurfs in der Defensive. Sollte er tatsächlich etwas Unmögliches verlangt haben? Indirekt steckt in dem Satz »Das geht nicht!« die Aufforderung, dem Schüler doch das Gegenteil zu beweisen, indem der Lehrer dem Schüler die Lösung zeigt. Danach sind vermutlich beide Seiten zufrieden: Der Lehrer hat Recht behalten, es ging doch. Und er hat zudem noch dem Schüler demonstriert, dass er die Materie beherrscht – der Schüler hingegen hat keine Anstrengung, dafür aber einen Dummen gefunden, der sie für ihn teilweise oder ganz erledigte.

Falls die erste Strategie des »Das geht nicht!« erfolglos bleibt, z.B. weil ein hartnäckiger Lehrer darauf verweist, dass es doch geht und man sich nur entsprechend anstrengen muss, wird die zweite Attacke gestartet. Mit einem leidenden Unterton folgt jetzt: »Ich kann das nicht!« Dieser Ausspruch signalisiert eine persönliche Hilfsbedürftigkeit, der sich ein durchschnittlicher Lehrer nur schwer entziehen kann. Insbesondere Referendare und Junglehrer, die voller pädagogischem Engagement sind, erkennen hier ihre Existenzberechtigung. Mit schnellen Schritten eilen sie zum Platz des Hilfsbedürftigen, um dort mit einem »Schau mal, das ist doch ganz einfach« das anstehende Problem zu lösen oder so deutliche Hilfen zu geben, dass die Lösung des Problems keine Anstrengung mehr darstellt. Damit wir uns nicht missverstehen: Selbstverständlich ist es Aufgabe des Lehrers, Schülern bei der Lösung von Problemen zu helfen, aber nicht so, dass der Lehrer den Schülern die Arbeit abnimmt oder so starke Hilfen gibt, dass die Schüler sich nicht mehr anzustrengen brauchen.

Ein wichtiges pädagogisches Ziel ist die Erziehung zur Selbstständigkeit. Und dies wird unterlaufen, wenn die Hilfen durch den Lehrer stark entlastend sind oder zu früh erfolgen. Außerdem ist entscheidend, nach wie vielen ernsthaften Fehlversuchen diese Hilferufe erfolgen. Ich meine, man tut den Schülern letztlich keinen Gefallen, indem man die erforderliche Anstrengung reduziert. Wer dies aus gut gemeinten Motiven unterstützt, braucht sich nicht zu wundern, wenn die Schüler kein Durchhaltevermögen mehr besitzen, sondern bereits nach dem ersten misslungenen Versuch die Flinte ins Korn werfen.

Unterrichtsversäumnisse

Ausfluss einer schwachen Arbeitshaltung kann es auch sein, wenn Schüler Unterricht versäumen. Das **Zuspätkommen** von Schülern stellt ein kurzes Unterrichtsversäumnis dar. Tritt es wiederholt auf, ohne dass der Lehrer darauf reagiert, so kann diese Unsitte schnell einreißen, vor allem dann, wenn der Lehrer mit schlechtem Beispiel vorangeht. Juristisch gesehen ist das Zuspätkommen, wenn es dafür keine echte Entschuldigung gibt, ein geringer Verstoß gegen die gesetzliche Schulpflicht. Er kann als nachlässige Arbeitshaltung mit in die Zensur eines Faches einfließen, **wenn dies den Schülern vorher bekannt war.** Taucht das Zuspätkommen wiederholt und in mehreren Fächern auf, so kann es seit der Einführung von sog. »Kopfnoten« im Zeugnis einiger Bundesländer unter dem Punkt »Arbeitsverhalten« seinen Niederschlag finden, allerdings meist nur für die Schüler der Sekundarstufe I. Der Gesetzgeber ist wohl davon ausgegangen, dass das Arbeitsverhalten von Schülern der Sekundarstufe II so gut ist, dass ein Vermerk hierüber auf dem Zeugnis überflüssig ist. In der pädagogisch-juristischen Grauzone soll es einige Kollegen geben, die zu spät kommende Schüler gleich von der Tür zur Tafel durchwinken und dort zur Stundenwiederholung bitten und auf diese Weise den Anteil der Zuspätkommenden drastisch reduzieren konnten.

Von einem **Fehlen** spricht man, wenn das Unterrichtsversäumnis länger dauert, in der Regel mindestens eine Unterrichtsstunde. Aber selbstverständlich können Schüler auch ganze Tage oder Wochen fehlen. Das Fehlen der Schüler kann **entschuldigt oder unentschuldigt** erfolgen, wobei von der Frage, ob eine Entschuldigung vorliegt, erhebliche Folgen abhängen. Rechtsgrundlage für die diesbezüglichen Regelungen ist i.d.R. ein Erlass im Schulverwaltungsblatt Ihres Landes. Die Entschuldigungen werden von den Eltern oder (bei volljährigen Schülern) von den Schülern selbst erstellt; **vorzulegen sind sie unaufgefordert** (Bringschuld). Sie müssen **der Schule**, also nicht sofort jedem einzelnen Fachlehrer, vorgelegt werden. Ein Fax an das Schulsekretariat oder die Vorlage beim Klassenlehrer oder Tutor erfüllt hier die notwendige Bedingung.

Die Frist beträgt in den meisten Ländern drei Tage, wobei aber ein Lehrer auch festlegen kann, dass es ihm genügt, die Entschuldigung zu seiner nächsten Stunde (z.B. in fünf Tagen) zu erhalten. Die Vorgabe von drei Tagen ist juristisch nicht als zwingende Ausschlussfrist zu sehen, zumal wenn der Erlass nicht präzisiert, ob es sich um Schul-, Werk-, oder Kalendertage handelt, sondern eher als sog. Ordnungsfrist, die besagt, dass eine Entschuldigung der Schule möglichst bald vorzulegen ist. Einige Kollegen verstehen dies nicht und weigern sich manchmal zu Unrecht, eine Entschuldigung zu akzeptieren, wenn sie erst nach einem einwöchigen Krankenhausaufenthalt vorgelegt wird.

Der Grund des Fehlens muss nicht detailliert genannt werden; es genügen Formulierungen wie »krankheitshalber« oder »aus familiären Gründen«. Lehrer, denen das nicht genügt, sondern die die Gründe präzise dargelegt haben wollen, um danach zu beurteilen, ob sie diese Entschuldigung akzeptieren, sind im Unrecht. Detaillierte Auskünfte fordernde Kollegen sollten sich mit dieser Haltung nicht zu weit »aus dem Fenster herauslehnen« und sich klar machen, dass sie nicht auf der Stufe eines Arztes stehen. Sonst könnte es ihnen passieren, dass eines Tages ein Schüler vor der gesamten Klasse unter dem Druck eines so fordernden Lehrers unter Tränen sagt: »Ich habe Aids!« oder »Ich musste zum Nervenarzt!« Falls das passiert, dann möchte ich (juristisch und pädagogisch) nicht in der Haut dieses Lehrers stecken, wohl aber seinen Eintrag in die Personalakte lesen.

Bei häufigeren oder längeren Erkrankungen muss der Schule ein ärztliches Attest vorgelegt werden. Spekulationen von Lehrern darüber, ob bestimmte Ärzte einigen Schülern »Gefälligkeitsatteste« ausstellen, sollten nicht zu laut geäußert werden, sonst könnte eine Klage wegen übler Nachrede (§ 186 StGB) erfolgen. Falls der (begründete) Verdacht besteht, dass die Entschuldigungen wegen Krankheit nicht den Tatsachen entsprechen, muss notfalls der örtliche **Amtsarzt** eingeschaltet werden, der entscheidet, ob ein Krankheitsfall vorliegt. So wird die Angelegenheit geklärt, aber die ärztliche Schweigepflicht bleibt gewahrt und der einzelne Lehrer erfährt keine Details über eine Krankheit. Bei begründeten Vermutungen, dass die Entschuldigungen aus familiären oder persönlichen Gründen nur vorgeschoben sind, können Klassenlehrer, Tutor, Vertrauenslehrer oder Schulpsychologe eingeschaltet werden, um zu klären, ob diese Entschuldigungen zu akzeptieren sind. Sollte z.B. der Vertrauens- bzw. Beratungslehrer zu dem Ergebnis kommen, dass die vorliegenden persönlichen Probleme so stark sind, dass sie eine Entschuldigung rechtfertigen, so hat der einzelne Fachlehrer dies ebenfalls zu akzeptieren.

Eltern, die wider besseres Wissen ihrem Kind eine ungerechtfertigte Entschuldigung schreiben, um ihm einen »Gefallen« zu tun, sollte man als Lehrer klarmachen, dass dies nicht nur rechtswidrig ist (was aber vermutlich nie herauskommen wird). Dadurch, dass die Eltern die Lüge ihres Kindes decken, machen sie deutlich, dass sie das Lügen für ein akzeptables Mittel halten, um den Weg des geringsten Widerstandes zu gehen. Da nicht nur ihr minderjähriges Kind lügt, das diese »Entschuldigung« präsentiert, sondern vor allem sie, weil sie diese Entschuldigung schreiben, zeigen sie ihrem Kind, wie sie es mit der Wahrheit halten. Eine spätere Aufforderung der Eltern an das eigene Kind, doch bitte die Wahrheit zu sagen, könnte bei diesem Unverständnis und schallendes Gelächter auslösen.

Fehlt ein Schüler so häufig, dass sein Leistungsstand zum Halbjahres- oder Jahresende vermutlich nicht mehr beurteilt werden kann, so müssen er bzw. seine Eltern **rechtzeitig vorher gewarnt** werden. Nur dann kann bei weiterem Fehlen die schulische Leistung in diesem Fach notfalls mit einer Sechs bzw. null Punkten bewertet werden. An dieser Stelle wird hoffentlich deutlich, wie wichtig das Klassenbuch bzw. das Kursheft des Lehrers ist. Es dient nicht nur als Gedächtnisstütze für Lehrer und Schüler, sondern ist darüber hinaus eine Urkunde, die im Bedarfsfall als Beweismittel von der Schulbehörde oder von einem Gericht herangezogen wird, um z.B. festzustellen, wie oft ein Schüler gefehlt hat.

Kriminalität in der Schule

Vorüberlegungen

Wenn Sie mit der Kriminalität von Schülern in der Schule keine Berührung haben wollen, müssen Sie nur wegschauen. Damit befinden Sie sich zwar nicht in guter, aber in zahlreicher Gesellschaft. Die Mehrzahl der vom Alltag gestressten Kollegen legt keinen

Wert darauf, mit diesen Schwierigkeiten konfrontiert zu werden. Auch viele Schulleiter leugnen so lange die Probleme, bis sie unübersehbar werden. Darauf werden die unangenehmen Vorfälle als bedauerliche Einzelfälle abgetan und man geht wieder zur Tagesordnung über. Falls Sie bei dieser Vorgehensweise Bedenken haben, weil Sie zu Recht vermuten, dass man durch ein solches Vorgehen die Probleme der Schule letztlich nur vergrößert, dann sollten Sie sich das folgende Kapitel genauer anschauen.

Wenn Sie einmal eine anonyme Befragung unter Ihren Schülern durchführen, dann werden Sie sehr schnell herausfinden, dass an einer durchschnittlichen Schule, und dazu gehören auch die Gymnasien, folgende Delikte verübt werden: Sachbeschädigung, Körperverletzung, Erpressung von Schutzgeld oder »Eintrittsgeld« für die Toiletten, Diebstahl bzw. Raub, Verkauf von Hehlerware und Drogen. Damit meine ich nicht, dass die öffentlichen Schulen ein einziger krimineller Sumpf sind. Das sind sie sicherlich nicht. Aber es existiert an fast jeder Schule eine nicht unerhebliche Grauzone, die von den Lehrkräften nicht eingesehen, geschweige denn kontrolliert wird.

Die Eltern wissen ebenfalls von dieser Grauzone oft nichts, weil es für die Schüler »Ehrensache« ist, Probleme selbst zu lösen oder klaglos zu überstehen. Auswüchse wie das sog. »Mobbing«, Misshandlungen von Schülern, deren Demütigungen man aufzeichnete und zur Gaudi ins Internet stellte, sind nur die sichtbare Spitze eines Eisbergs, über den niemand gerne redet. Warum? Ganz einfach. Wenn man dieses Problem nämlich ernst nimmt, ist man pädagogisch und juristisch gezwungen, etwas dagegen zu unternehmen – und das ist mit Arbeit verbunden. Wer hingegen diese Vorfälle als einmalige Ausrutscher oder als harmlose Scherze abtut, der kann sich entspannt zurücklehnen und sich einreden, es sei alles nicht so dramatisch.

Test

Aber lassen Sie uns einmal testen, wie es bei Ihnen in der Praxis aussieht. Sie erwischen einen Schüler dabei, wie er einen Tisch, der bereits bemalt ist, mit einem Filzstift (»Edding«) weiter verschmiert. Darauf angesprochen, erwidert der Schüler, dass der Tisch ja bereits beschmiert worden sei und dass es auf seinen Schriftzug nun wirklich nicht mehr ankomme.
Wie reagieren Sie? Ich biete Ihnen drei Möglichkeiten zur Auswahl:

▶ Sie finden, dass der Schüler eigentlich Recht hat, ermahnen ihn, so etwas nicht noch einmal zu tun und schlagen auf der nächsten Schulkonferenz vor, endlich neue, saubere Tische anzuschaffen.
▶ Sie lassen den Schüler das entfernen, was er geschrieben hat, um ihm die Verantwortlichkeit für sein Handeln zu verdeutlichen.
▶ Sie lassen den Schüler nicht nur das entfernen, was er geschrieben hat, sondern zusätzlich auch die Schmierereien, die schon vorher auf dem Tisch waren.

Abgesehen von der ersten Variante, die von nur sehr wenigen Pädagogen gewählt wird, entscheiden sich die meisten Studenten und Referendare, die ich befragt habe, für die zweite Möglichkeit. Kaum jemand wählt die dritte Variante; sie erscheint dem typischen Lehramtstudenten, Referendar oder Junglehrer »irgendwie ungerecht«.

Ich werde versuchen, Ihnen zu zeigen, allerdings aus juristischer Sicht, dass nur die dritte Möglichkeit dem Verhalten des Schülers angemessen ist. Es macht einen wesentlichen Unterschied, ob jemand aus Versehen (fahrlässig) einen Schaden anrichtet oder ob er dies absichtlich (vorsätzlich) tut. Das heißt, auf einen Schüler, der aus Versehen auf die Federtasche eines anderen tritt und den Inhalt zerstört, sollte man deutlich anders reagieren als auf jemanden, der seinem Nachbar die Federtasche wegnimmt, auf den Boden wirft und darauf herumtrampelt. Einverstanden?

Schauen wir uns nun unseren Schüler an, der den Tisch beschmiert hat. War die Verschmutzung ein Versehen oder wollte der Schüler den Tisch beschreiben? Keine Frage, er wollte den Tisch beschreiben, und er wusste auch, dass man das nicht darf. Der Hinweis auf die bereits vorhandenen Beschmierungen ist völlig unerheblich und nebenbei bemerkt ziemlicher Unfug. Das wäre so, als dürfte man bei einem Haus mit einer kaputten Scheibe nun auch die anderen Scheiben einwerfen oder jemandem, der gerade bestohlen wurde, problemlos noch etwas wegnehmen, da er sowieso kaum noch etwas besitzt. Ich gebe zu, das letzte Beispiel ist recht pointiert, aber es trifft den Kern. Wer als Lehrer dieser typischen Schülerargumentation folgt, der verkennt, dass ein bereits verübtes Unrecht niemals Rechtfertigung für neues Unrecht sein kann.

Auch die zweite vorgeschlagene Möglichkeit ist wenig überzeugend, weil sie vom Schüler nur die Beseitigung des Schadens fordert, darüber hinaus aber keine pädagogische Einwirkung darstellt. Platt und unpädagogisch gesagt: Es folgt **keine Strafe** auf die verbotene Handlung. Für einen Schüler, der einen Schaden anrichten will, ist diese Variante optimal. Falls er nicht erwischt wird, und dafür stehen die Chancen nicht schlecht, muss er mit keinerlei Konsequenzen rechnen. Wird er jedoch ertappt, so ist das Schlimmste, was ihm passieren kann, dass er den ursprünglichen Zustand wieder herstellen muss. Er muss, juristisch gesprochen, nur zivilrechtlichen Schadensersatz leisten. Dass sich problematische Schüler von dieser Konsequenz abschrecken lassen, erscheint mehr als fraglich. Vielmehr wird der Schüler es als Erfolg verbuchen, dass er nicht den gesamten Tisch säubern muss, sondern nur das, wobei man ihn gerade entdeckt hat. Würde der Lehrer pädagogisch strafend auf ihn einwirken und dazu verpflichten, den gesamten Tisch zu säubern, und dazu hätte er das Recht, so sähe die Risikoabwägung schon ganz anders aus. Jetzt müsste der Schüler nämlich damit rechnen, zusätzlich belastet zu werden.

So seltsam es klingt, aber nicht jedem Lehrer ist klar, was eigentlich eine Strafe im juristischen Sinne ist.

z. B. Ein Schüler zerstört das Fahrrad eines anderen und wird entdeckt. Als Konsequenz muss er von seinem Geld ein neues Rad (300 Euro) kaufen, was ihn finanziell hart trifft. Ist das eine Strafe? Was glauben Sie? Der Schüler wird dies subjektiv sicher so empfinden und auch viele Lehrer vertreten die Ansicht, er sei hinreichend bestraft, wenn er zahlt. Aber es liegt überhaupt keine Strafe vor. In keiner Weise ist der Täter bestraft worden. Denn er hat lediglich das ersetzt, was er zerstört hat, d.h. er hat den ursprünglichen Zustand wieder hergestellt, was nicht mehr als recht und billig ist. Nun ist man quasi wieder bei Null angelangt. Juristen nennen das, Sie wissen es schon, »Schadensersatz« (§ 823 BGB). Eine Strafe würde erst dann vorliegen, wenn er außer bzw. nach dem Schadensersatz zusätzlich Geld zahlen oder noch eine andere Belastung hinnehmen müsste, die ihn »beschwert«, wie die Juristen sagen. Wenn er also mit einer Maßnahme konfrontiert würde, die ihn nach dem ohnehin fälligen Ausgleich des Schadens zusätzlich schlechter stellt als vorher, dann erst wäre er bestraft.

Nur ein Schadensersatz ist keine Strafe.

Hier zeigt sich ein deutlicher Unterschied zwischen Juristen und Pädagogen. Die meisten Pädagogen haben erhebliche Bedenken, dem Schüler aufzuerlegen, den gesamten Tisch zu säubern, vielleicht weil sie fälschlicherweise glauben, sie dürften es nicht. Sie dürfen es. Und es wird auch gemacht, wenn sie es nachdrücklich anordnen.

Unabhängig von der strafrechtlichen Seite und der Tatsache, dass man sich in der Schule befindet, ist ein Schüler bereits ab dem 7. Lebensjahr zivilrechtlich (BGB § 828 II) für einen Schaden ersatzpflichtig, wenn er die nötige Einsicht in sein Handeln und deren mögliche Folgen hat. Völlig unbestritten wird diese Einsicht von der Rechtsprechung angenommen, wenn der Schüler älter als zehn Jahre ist. Ein normal entwickelter Fünftklässler muss folglich einem anderen den Füllhalter ersetzen (Schadensersatz), wenn er diesen gegen die Wand wirft, sodass er zerbricht.

Aber zurück zum beschmierten Schultisch. Die Beseitigung nur der eigenen Verschmutzung wäre angemessen, wenn dem Schüler aus Versehen eine Flasche mit schwarzer Tusche auf dem Tisch umgefallen wäre. In diesem Fall gäbe es keinen Grund für eine belastende erzieherische Maßnahme. Aber dieser Fall lag nicht vor, sondern es war eine **vorsätzliche** Verschmutzung, die neben der selbstverständlichen Schadensbeseitigung eine erzieherisch belastende Maßnahme erfordert, falls man solche Verstöße nicht widerspruchslos hinnehmen will. Natürlich könnte der Lehrer dem Schüler auch aufgeben, einen Besinnungsaufsatz darüber zu verfassen, warum das Beschmieren von Tischen sozial nicht angemessen ist. Aber ich finde das Säubern des beschmierten Tisches erheblich sinnvoller.

An dieser Stelle höre ich oft den Einwand: »Und wer beaufsichtigt das Reinigen des Tisches? Soll ich das etwa in meiner Pause machen?« Ich meine, wenn Sie an der Schule keinen Hausmeister haben, der das Reinigen überwachen kann, dann sollten Sie es tatsächlich selbst überwachen, um Ihre Maßnahme auch durchzusetzen. Denn nichts erscheint pädagogisch verfehlter als die Ankündigung einer knackigen Maßnahme, die dann aus Bequemlichkeit des Erziehenden unterbleibt. Und man soll doch bitte nicht glauben, dass unser schulisches Leben einfacher wird, wenn man darauf verzichtet, beherzt einzugreifen. Man wird immer mehr und immer größere Probleme bekommen und als Folge davon nur noch mit verengtem Blick durch die Schule laufen, um keine Verstöße wahrnehmen zu müssen.

Ernsthafte Delikte

Falls Sie mutig sind und sich auf das Gebiet der schweren Delikte vorwagen wollen und den Schülern, die diese Delikte begehen, sachkundig gegenübertreten wollen, benötigen Sie einige juristische Grundkenntnisse. Keine Sorge, es ist nicht allzu kompliziert. Zunächst einmal sollte jeder wissen, dass Jugendliche nach dem 14. Geburtstag »strafmündig« sind. Das heißt, der Gesetzgeber geht davon aus, dass sie ab diesem Zeitpunkt das Recht oder Unrecht ihrer Handlungen unterscheiden können. Aus diesem Grund kann der Staat sie auch (nach dem Jugendstrafrecht) bestrafen.

Unter 14 Jahren spricht das Gesetz von »Kindern«, sie können, so die Vorstellung des Gesetzgebers, die Unrechtmäßigkeit ihres Handelns nicht einschätzen und können deshalb nicht bestraft, sondern nur zwangsweise erzogen werden.

Kaum ein Lehrer, aber auch kaum ein Durchschnittsbürger, kennt den Unterschied zwischen Diebstahl und Raub, dabei ist dieser Unterschied strafrechtlich von großer Bedeutung. Das Strafrecht unterscheidet nämlich zwischen den nicht so schweren **Vergehen**, das ist z.B. der Diebstahl, und den deutlich schwereren **Verbrechen**, das ist der Raub. Letztere sind im Strafgesetzbuch daran zu erkennen, dass die vorgesehene Mindeststrafe ein Jahr beträgt.

Aber lassen Sie uns zu einem typischen Fall in die Schule gehen, um die Unterschiede konkret zu verdeutlichen.

Schüler A sieht, dass B eine neue, coole Jacke zusammengerollt unter dem Arm trägt. In einem unbemerkten Moment entreißt er ihm die Jacke und verschwindet damit vom Schulgelände. Was liegt vor? Falls Sie glauben, A habe B **bestohlen**, dann irren Sie sich, denn das, was gerade abgelaufen ist, war bereits ein Verbrechen, nämlich ein Raub.

Nun zur Begründung. Was ein Diebstahl (§ 242 StGB) ist, weiß eigentlich jeder: Es ist die Wegnahme einer Sache, die einem nicht gehört. Ein typischer Fall des Diebstahls wäre es deshalb, wenn Schüler A die Jacke von B wegnehmen würde, ohne dass dieser es bemerkt. Entscheidend ist, dass kein Element der Gewalt hinzukommt, denn diese zeigt ein höheres Maß an »krimineller Energie« und führt zu einer strengeren Bewertung der Tat.

Wenn die Gewalt sich »nur« gegen Sachen richtet, indem der Schüler z.B. ein Behältnis aufbricht (einen Schrank), um an die Jacke zu gelangen, so handelt es sich juristisch um einen schweren Diebstahl, im Volksmund auch »Einbruch« genannt.

Richtet sich jedoch die Gewalt gegen andere Menschen, dann handelt es sich um einen Raub. Das ist dem Schüler natürlich genauso wenig klar wie dem Jugendlichen, der einer alten Frau die Handtasche wegreißt. Es ändert aber nichts an der rechtlichen Bewertung der Tatsache, dass der Täter bereit ist, **Gewalt** gegen Menschen anzuwenden, um an etwas zu gelangen, das ihm nicht gehört. Machen Sie einmal den Test und stellen Sie den oben genannten Fall im Kollegenkreis vor. Ich wette mit Ihnen, dass der Großteil der Lehrer und aller anderen Erwachsenen die Tat als simplen Diebstahl einstufen werden. Sie werden es ab jetzt vermutlich nicht mehr tun und Sie sollten Ihre Schüler darauf hinweisen, dass die Anwendung (oder die Androhung) von Gewalt kein »Spaß« ist und von der Schule in keiner Form gebilligt werden kann.

Wer hier als Lehrer keine weiteren Konsequenzen in die Wege leitet, sondern lediglich darauf besteht, dass A die geraubte Jacke wieder hergibt, handelt in meinen Augen juristisch und pädagogisch unverantwortlich. Auch die gängige Einlassung solcher Schüler, es habe sich nur um einen »Scherz« gehandelt, sollte ganz entschieden zurückgewiesen werden. Damit wir uns nicht missverstehen: Natürlich bin ich als Lehrer nicht so schulfern, dass ich nicht wüsste, dass es kleine harmlose Neckereien gibt, die darin bestehen, dass ein Schüler einem anderen vorübergehend einmal etwas wegnimmt, und die man nicht unnötig dramatisieren sollte. Aber es besteht eine Grenze zwischen diesen Scherzen und einem Verhalten, das die Schule nicht tolerieren darf. Und wenn, wie im Ausgangsfall, A mit der Jacke des B das Schulgrundstück verlässt oder verlassen will, dann ist diese Grenze eindeutig überschritten.

Auch wer nur mit Gewalt **droht** und daraufhin etwas wegnimmt, ist juristisch ein Räuber. Das wäre der Fall, wenn die Jacke auf dem Tisch vor B liegt, der A hinzutritt und provozierend sagt: »Wenn Du unbedingt Prügel haben willst, dann versuch doch, Deine Jacke zu behalten.« Bitte merken Sie sich: Raub ist die Wegnahme mit Gewalt (oder ihrer Androhung), Diebstahl ist die schlichte unbemerkte Wegnahme.

Ähnlich wie der einfache Diebstahl wird die Unterschlagung bewertet. Dabei **behält** man rechtswidrig etwas, was man rechtmäßig bekommen hat. Wenn der Schüler A dem Schüler B ein Sweatshirt geliehen hätte, und dieser es jetzt nicht mehr hergibt, so ist das »nur« eine Unterschlagung, denn A hat sich ja freiwillig von seinem Sweatshirt getrennt.

Und was ist nun Erpressung? Bei der Erpressung »lässt man sich geben«, ein kleiner, aber feiner Unterschied zum Raub, bei dem aktiv weggenommen wird. Die an einigen Schulen geforderten »Schutzgelder« oder »Eintrittsgelder« für die Toilettenbenutzung sind strafrechtliche Erpressungen. Sie ist noch strenger zu bewerten als der Raub, denn bei der Erpressung wird über die Drohung mit einem empfindlichen Übel, z.B. Schläge, eine Freiwilligkeit vorgetäuscht, die selbstredend nicht existiert. Gleichwohl wird der Täter sich meist damit herausreden, dass er so tut, als habe der andere die freie Wahl gehabt: »Selbst schuld, er hätte ja nicht in der Schule auf die Toilette gehen müssen!« oder »Er hätte ja nicht darauf eingehen müssen.« So oder so ähnlich lauten die typischen »Rechtfertigungen« der Täter.

Die Erpressung von »Schutzgeld« oder »Eintrittsgeld« wird meist in Großstädten nicht von Einzeltätern, sondern von kleinen oder größeren Banden begangen. Das macht die Eindämmung besonders schwierig, weil hier quasi mafiose Strukturen mit all ihren Verflechtungen und Stellvertretungen existieren. Wer hier glaubt, die Schule könne mit pädagogischem Idealismus und gutem Willen ein solches Problem lösen, der lebt im Elfenbeinturm und nicht in einer Schule von heute. Kriminelle Netzwerke dieser Art lassen sich nur mit professioneller Hilfe, d.h. der Polizei, lösen.

In dem Maße, wie diese bedrückende Erkenntnis auch in den Kultusverwaltungen immer stärkere Beachtung findet, gibt es in vielen Bundesländern auch schon Verordnungen, die für solche und andere Fälle verbindlich vorsehen, die Polizei bzw. die Staatsanwaltschaft zu informieren. Ich verstehe, dass es einigen Kollegen schwer fällt, zu akzeptieren, dass die Pädagogik nicht jedes Problem lösen kann, denn es scheint die eigene Unzulänglichkeit zu demonstrieren. Ich sehe das nicht so. Schließlich überlassen wir doch auch die Bremsen unseres Autos, Starkstromanlagen oder Gasleitungen ausgebildeten Handwerkern, ohne dass wir uns deshalb ohnmächtig fühlen. Für gewisse Probleme braucht man eben qualifizierte Fachleute und spezielles Handwerkszeug.

Ein ausgesprochen geringes Unrechtsbewusstsein findet man beim Kauf von Hehlerware. Das trifft nicht nur auf Schüler zu, die solche Dinge auf dem Schulhof kaufen, sondern auch auf durchschnittliche Erwachsene, die ohne große moralische Skrupel gestohlene Sachen auf den »Polenmärkten« der Großstädte oder nicht versteuerte Zigaretten von vietnamesischen Händlern kaufen. Aber keine Sorge, ich will nicht unnötig moralisieren, ich möchte nur den Hintergrund offen legen. Warum nun fehlt dem Käufer von Hehlerware das Unrechtsbewusstsein? Ganz einfach, die Entfernung zur ursprünglichen rechtswidrigen Tat ist so groß, dass man sich einreden kann, man habe mit ihr nichts mehr zu tun. Zwar vermutet man, dass bei diesem erstaunlich günstigen Preis etwas faul ist, aber definitiv wissen tut man es nicht. Also ist man doch aus dem Schneider, oder? Nicht ganz.

Kommen wir nun zu den juristischen Grundlagen, die man kennen sollte, bevor man sich auf das dünne Eis der vorteilhaften Käufe begibt. Fangen wir mit dem Zivilrecht an, und zwar mit einer Aussage, die Sie vielleicht überraschen wird.

Man wird niemals Eigentümer von gestohlenen Gütern, selbst dann nicht, wenn man sie in gutem Glauben erwirbt (§ 935 BGB).

Was aber, wenn Sie wirklich nicht wussten, dass die Sache gestohlen war? Auch dann nicht, es spielt einfach keine Rolle. Da es sich bei Ebay rechtlich nicht um eine echte Auktion, sondern um eine besondere Form des Kaufs handelt, ist man auch dort nicht sicher. Sie müssen deshalb immer damit rechnen, dass Sie die gekaufte Sache wieder hergeben müssen, falls sich herausstellt, dass sie gestohlen ist. Sie können sich danach zwar an den Verkäufer der Sache halten, aber ich bezweifle, dass Sie damit viel Erfolg haben werden. Außerdem, fragen Sie einmal ganz offen Ihre Schüler. Die meisten von ihnen ahnen schon, dass bei den günstigen Preisen für neue oder fast neue Sachen etwas faul ist. Und das bedeutet, dass sie nicht mehr in gutem Glauben handeln.

Sie glauben zu wissen, was Hehlerei ist? Dann lassen Sie uns einmal in eine Ecke des Schulhofs schauen: Dort verscherbelt gerade Schüler V zu einem erstaunlich günstigen Preis an Schüler K einen gestohlenen MP3-Spieler, den dieser für seine Freundin zum Geburtstag kauft, um so Geld zu sparen. Wer macht sich der Hehlerei strafbar? Schüler V? Ja, natürlich. Aber auch Schüler K begeht Hehlerei, und das weiß kaum ein Schüler. Auch viele Erwachsene wissen es nicht. Aber ein Blick ins Gesetz, hier also ins Strafgesetzbuch, besagt, dass auch derjenige Hehlerei begeht, der, um sich zu bereichern, eine gestohlene Sache günstig kauft, um Geld zu sparen und sie für sich zu nutzen. Und genau das tut K, indem er seiner Freundin ein Geschenk machen und ihr preiswert imponieren will.

Der Umgang mit gestohlenen Dingen ist also längst nicht so problemlos, wie man gemeinhin glaubt. Und wenn unser Schüler K später vor Gericht damit argumentiert, er habe nicht hundertprozentig sicher gewusst, dass der MP3-Spieler gestohlen ist, dann wird der Richter entgegnen, dass das auch gar nicht notwendig ist. Denn jeder normale Jugendliche, der sich mit solchen Geräten auskennt, weiß, dass bei einem solch niedrigen Preis etwas faul ist. Und er kauft, um Geld zu sparen, d.h. er bereichert sich indirekt.

Tipp: Sie und die anderen Kollegen, die das nun wissen, sollten Ihre Schüler über diesen Sachverhalt aufklären, damit zumindest die vorsichtigen Schüler die Finger von gestohlenen Dingen lassen.

Kommen wir nun zu den Drogendelikten, von den Juristen auch BTM-Delikte (Betäubungsmittel) genannt. Über die Flasche Sekt, die einige Schüler nach einer überstandenen Klausur auf der Toilette trinken, rede ich nicht, weil ich vorrangig die gravierenden Probleme ausführlich behandeln möchte. Aber selbstverständlich ist der Genuss von Alkohol in der Schule verboten und wenn der Alkoholkonsum an Ihrer Schule ein ernstes Problem darstellt, sollten Sie unverzüglich etwas dagegen unternehmen.

Sie wissen sicher, dass es einen erheblichen Unterschied macht, ob jemand selbst Drogen konsumiert oder Drogen vertreibt (»dealt«), um damit Geld zu verdienen, und sei es auch nur, um seinen eigenen Drogenverbrauch zu finanzieren. Der Handel mit Drogen stellt ein so schweres Vergehen dar, dass er die sofortige Verweisung von der Schule rechtfertigt, und zwar notfalls auch ohne vorherige Androhung, die sonst fast immer zwingend vorgeschaltet ist. Wenn also Schüler glauben, bei einem solchen Delikt an der Schule noch eine zweite Chance zu erhalten, dann haben sie sich unter Umständen getäuscht. Selbst wenn nicht die sofortige Verweisung von der Schule erfolgt, muss die Schule hier reagieren. Die Unterlassung einer empfindlichen Maßnahme wäre eine Ermessensunterschreitung und würde die vorgesetzte Schulbehörde auf den Plan rufen, die hier für die Schule eintreten und an ihrer Stelle eine angemessene Maßnahme verhängen würde. Man spricht in einem solchen Fall vom »Selbsteintrittsrecht« der vorgesetzten Behörde.

Neben der Verhängung einer schulischen Ordnungsmaßnahme ist die Information der Polizei bzw. der Staatsanwaltschaft dringend geboten, weil durch den Drogenhandel die Gesundheit der Mitschüler in hohem Maße gefährdet ist. Diese Informationspflicht ist mittlerweile durch Verordnungen in den meisten Bundesländern für die Schulen zur Pflicht geworden. Der Grund für diese festgeschriebene Verpflichtung liegt darin, dass man festgestellt hat, dass einige Schulen aus falsch verstandenem pädagogischen Engagement oder aus Angst vor »negativer Publicity« versucht haben, diese Delikte zu verharmlosen.

Wie sieht es mit dem individuellen Drogenkonsum eines Schülers aus, der von einem aufmerksamen Lehrer entdeckt wird? Mir geht es hier nicht um Mengenangaben für die einzelnen Drogen, bei denen von einer Strafverfolgung abgesehen wird, weil sie zu gering erscheinen. Mir geht es um den Hauptfehler von Junglehrern, die nämlich, in einer Mischung aus pädagogischem Ehrgeiz und »Solidarität« mit dem ertappten Schüler, diesem zusichern, seinen Eltern nichts von dieser Verfehlung zu sagen. Abgesehen davon, dass Sie heute als Lehrer durch ein solches Verschweigen in der Regel gegen die entsprechende Verordnung Ihres Landes und damit gegen Ihr Dienstrecht verstoßen, stellt sich noch ein ganz anderes Problem.

 Gehen wir einmal davon aus, dass Sie dem Schüler versprechen, seinen Eltern nichts zu sagen und sich auch daran halten. Der Schüler sichert Ihnen im Gegenzug zu, keine Drogen mehr zu nehmen. Was soll er auch sonst in einer solchen Situation machen? Ohne dass Sie es merken, nimmt der Schüler aber doch weiter Drogen. Und eines Tages stirbt er daran. Sei es, dass er eine Überdosis genommen hat, sei es, dass der »Stoff« mit einem gefährlichen Mittel gestreckt war, es spielt keine Rolle mehr, denn der Schüler ist tot. Im Nachhinein kommt heraus, z.B. durch Mitschüler des Verstorbenen, dass Sie vom Drogenkonsum wussten, dies aber den Eltern verschwiegen haben. Dann möchte ich nicht in Ihrer Haut stecken. Die Eltern werden wie folgt argumentieren: »Wenn wir das gewusst hätten, dann hätten wir etwas dagegen unternommen.« Und Sie können es drehen und wenden, wie Sie wollen, das Argument der Eltern stimmt. Sie haben durch Ihr Verhalten den Eltern **die Möglichkeit** genommen, wirksam etwas dagegen zu unternehmen. Vielleicht hätten die Maßnahmen der Eltern nicht gewirkt, vielleicht aber doch. Das weiß kein Mensch. Aber Sie hatten nicht das Recht zu entscheiden, dass die Eltern nicht einmal die Chance bekommen sollen, etwas dagegen zu unternehmen.

> **Sie müssen die Eltern und die Schulleitung bei schweren Verstößen informieren. Was dann passiert, liegt nicht mehr in Ihrer Verantwortung.**

Wollen wir es noch etwas komplizierter machen? Wie würden Sie reagieren, wenn ein ertappter minderjähriger Schüler Ihnen gegenüber behauptet, sein Vater würde ihn schlagen, wenn Sie den Eltern vom Drogenkonsum berichten? Spielen Sie die Varianten einmal ganz in Ruhe durch. Was also sollen Sie tun, falls ein Schüler Sie unter diesen Bedingungen um Verschwiegenheit bittet?

Zu Recht erwarten Sie von mir, dass ich Ihnen nicht nur interessante Probleme auftische, sondern auch praktikable Lösungen vorstelle. Deshalb aus der Praxis für die Praxis: Am einfachsten ist natürlich, es rundheraus abzulehnen. Wenn Sie das nicht wollen, machen Sie es doch so wie die Polizei in besseren Krimis. Was sagt denn der Kommissar, wenn der Gauner auspacken will, aber Zugeständnisse fordert? »Ich will sehen, was ich für dich tun kann«, »Ich tu mein Bestes«, »Ich rede mit dem Staatsanwalt und versuche, Dir zu helfen«. Das sollen keine Lügen sein. Setzen Sie sich für den

Betreffenden bei den Eltern oder beim Schulleiter ein, wenn Sie es wollen. Aber versprechen Sie nichts, was Sie nicht halten können oder nicht halten dürfen. Auch in diesem Fall müssten Sie die Eltern eines minderjährigen Schülers informieren. Wie wollen Sie denn beurteilen, ob die Behauptung des Schülers wahr oder nur eine Schutzbehauptung ist? Falls Sie nicht sicher sind, wie Sie reagieren sollen, wenden Sie sich vertrauensvoll an den Schulleiter, den Sie in jedem Fall informieren müssen. Verlagern Sie die Verantwortung auf breitere und besser bezahlte Schultern. Falls der Schulleiter ein Verschweigen decken sollte, was ich nicht glaube, wäre Ihr Verhalten abgesichert.

Insbesondere Referendare und Junglehrer neigen dazu, vorschnell Schülern gegenüber Zugeständnisse zu machen, die sie hinterher bereuen, wenn sie in Ruhe darüber nachdenken.

Tipp: Gewöhnen Sie sich an, als Reflex **zunächst einmal Nein** zu sagen bzw. irgendwelche konkreten Zugeständnisse abzulehnen. Wenn Sie in Ruhe darüber nachgedacht haben, können Sie immer noch Zugeständnisse machen. Das zeigt den Schülern einerseits, dass Sie sich nicht überfahren lassen, andererseits jedoch auch großzügig sein können. Aber umgekehrt ist es sehr schwierig und untergräbt Ihre pädagogische Glaubwürdigkeit.

Störende Schüler und Gegenmaßnahmen

Bereits in geringer Anzahl stellen störende Schüler eine erhebliche Belastung des Schulalltags dar, wobei in einigen Fällen die Belastung so stark werden kann, dass friedliche Schüler oder unsichere Lehrer eine regelrechte Angst vor der Schule bzw. vor dem Unterricht in bestimmten Klassen entwickeln.

Für die schweren Fälle bieten die Schulgesetze als Reaktion zur Problemlösung die sog. **Ordnungsmaßnahmen** an, für die leichteren die sog. erzieherischen Einwirkungen (pädagogische Maßnahmen, Erziehungsmittel). Aber durch einige präventive Maßnahmen kann man bereits im Vorfeld vielfach der Entstehung von Problemen vorbeugen.

Vorfeld

Wenn Sie eine neue Klasse übernehmen, gehört zu den präventiven Maßnahmen, dass Sie **unverzüglich** und nicht erst in der nächsten oder übernächsten Stunde die Namen aller Schüler lernen. Wenn Sie die Namen nicht bald lernen, wird die Hemmung, sich den Namen eines Schülers nennen zu lassen, immer größer. So gibt es Lehrer (meist in den zweistündigen Nebenfächern), die selbst am Ende eines Halbjahres noch immer nicht ihre Schüler mit Namen kennen. Erklären Sie Ihren Schülern, dass es Ihnen wichtig ist, als Erstes ihre Namen zu lernen, bevor Sie sich mit inhaltlichen Dingen auseinander setzen. Das Namenlernen sollte m.E. nicht über die bei vielen Lehrern so beliebten Namensschildchen auf den Tischen erfolgen. Gerade schwierige Schüler neigen dazu, die Schildchen bei der nächstbesten Gelegenheit zu vertauschen, um dadurch auf einfache Weise viel Spaß zu haben. Daher sollte das Lernen der Namen über das intensive Anschauen der Gesichter und das Einprägen der dazugehörigen Namen stattfinden. Das kann in 15 bis 20 Minuten geschafft sein, und diese Zeit ist äußerst sinnvoll verwendet. Denn für jeden Schüler wie für jeden anderen Menschen ist sein Name etwas Besonderes; durch ihn wird er als Person, als Individuum, wahrgenommen. Nichts ist aus Sicht der Schüler peinlicher für einen Lehrer, als wenn er nach einem Vierteljahr noch immer nicht die Namen der Schüler kennt, die er unterrichtet. Falls Ihr Gedächtnis nicht so gut ist, können Sie auch ein Foto Ihrer Schüler machen, mit dem Sie sich vor der nächsten Stunde noch einmal die Namen einprägen.

Falls Sie die Namen nicht kennen, führen unklare Äußerungen wie:»Du da hinten, lass den da rechts mit dem grünen Pullover in Ruhe!« in großen Klassen – und wo haben wir die heute nicht – zu langen Diskussionen darüber, wer denn gemeint sein könnte und wer etwas getan hat. Effektiver ist es deshalb, den betreffenden Schüler anzuschauen und gezielt mit seinem Namen aufzufordern: »Karlheinz, leg dein Handy weg!« Das ist klar und präzise.

Eine dynamische Stundenführung und eine interessante »Verpackung« des Inhalts sind ebenfalls Faktoren, die Störungen vermeiden oder begrenzen helfen. Man muss dazu nicht wie ein Zauberkünstler ständig Kaninchen aus dem Hut ziehen, aber Tempo und Abwechslung in den ersten Stunden sind hilfreich, um Langeweile zu vermeiden, die Schüler geistig zu fesseln und so die eigene Position zu stärken.

Loben Sie Ihre Schüler nicht nur bei richtigen Antworten, sondern wann immer es geht, das kann auch für die bloße Mitarbeit sein: »Das ist ein guter Ansatz, Egon, aber ...«, oder »Leider falsch Karlheinz, aber danke fürs Mitmachen«, »Nicht schlecht, Erna«, »Fast richtig, Steffi«, »Versuchs noch einmal, Klaus!«. Diese Anregungen erscheinen banal, vielleicht wissen Sie das alles auch schon. Andernfalls sollten Sie es einmal ausprobieren. Es wirkt.

> Jetzt komme ich zum Grundsätzlichen: **Sie als Lehrer sind den Schülern gegenüber weisungsbefugt,** das müssen Sie sich immer wieder klar machen.

Sie geben, juristisch gesehen, eine dienstliche Anweisung, die zu befolgen ist, denn Sie sind weisungsbefugt. Dies ist jedoch nicht allen Lehrern wirklich klar. Und in der Vergangenheit wurde es auch zu selten gesagt, weil es so hart und unpädagogisch klingt. Stattdessen ging man davon aus, die Schüler müssten von sich aus interessiert sein oder vom Lehrer interessiert werden, sodass sie freiwillig jede anfallende Arbeit mit Freude erledigen. Von Studenten wurde mir noch vor kurzem glaubhaft versichert, dass diese Auffassung z.T. immer noch vertreten wird.

Sie müssen die Schüler nicht wirklich um etwas bitten, aber falls Sie als höflicher Mensch Ihre Anweisungen mit dem Wörtchen »bitte« garnieren, sollte durch den Tonfall unmissverständlich klar sein, dass es eine Anweisung ist. Sie haben **so viel Autorität, wie Sie sich zutrauen** bzw. wie Sie mit Ihrem Auftreten ausstrahlen, was nicht zuletzt auch von Ihrem Erscheinungsbild abhängt. Lehrer, die unrasiert und mit schlabberiger, verschmutzter Kleidung und ungeputzten Schuhen am Arbeitsplatz auftreten, geben damit eine Menge über ihre Persönlichkeit zu erkennen. Schüler erkennen diese Botschaft und haben im Laufe ihrer Schulzeit ein sehr feines Gespür für die Einschätzung von Lehrern entwickelt, und nach spätestens drei Stunden wissen sie auch, woran sie mit Ihnen sind.

Falls Sie (als Referendar oder Junglehrer) ungern zu problematischen Schülern oder in unangenehme Klassen gehen, sollten Sie versuchen, Ihre defensive Einstellung zu ändern und etwaige Konfrontationen nicht zu fürchten. Denken Sie daran: Wenn Sie vor der Klasse stehen, dann bestimmen **Sie** die Musik und niemand sonst. Ich weiß, das klingt ein wenig nach Hauruck-Pädagogik, aber es funktioniert in den meisten Fällen. Zudem sollten Sie sich Folgendes vor Augen führen: Selbst wenn Sie am Anfang Ihrer Unterrichtstätigkeit der Klasse oder einzelnen Schülern nachgeben, werden Sie eine Konfrontation auf Dauer nicht verhindern können. Sie werden ihr nur später gegenüber stehen. Es sei denn, Sie sind bereit, ständig und immer mehr nachzugeben. Dann werden die Schüler Ihnen sagen, dass Sie ein ganz toller und cooler Lehrer sind. Aber auf dem Schulhof werden sich die Kommentare über Sie vermutlich deutlich anders anhören. Für die Schüler wird Ihr Erscheinen als neuer Lehrer die Frage auslösen, wer im Unterricht die Richtung bestimmt. **Diese Machtfrage wird geklärt werden, ob Sie es wollen oder nicht, und zwar so oder so.**

> **Tipp:** Dringend abzuraten ist vom pädagogisch verbrämten Anbiedern, das man vor allem bei unsicheren Referendaren findet: »Wir sitzen doch alle in einem Boot, sagt doch Klaus zu mir.« (Originalton mit geändertem Namen.) Die Schüler verstehen eine solche Äußerung genau so, wie sie gemeint ist, nämlich als ein Friedensangebot, bei dem der Lehrer die weiße Fahne der antiautoritären Pädagogik schwenkt. Ausgesprochen peinlich (aus der Sicht der Schüler) ist auch die Formulierung »Ich will Euch/Dir doch nur helfen!« Selbst wenn das stimmt, woran ich nicht zweifle und was natürlich überhaupt nicht gegen Sie als Pädagogen spricht, ist dies das Letzte, was pubertierende Schüler öffentlich hören wollen, nämlich die amtliche Feststellung ihrer Hilfsbedürftigkeit.

Die Schüler, insbesondere die problematischen, sind »cool«, d.h. sie halten sich für erwachsen, souverän, für fähig, selbst Entscheidungen für ihr Leben zu treffen und wollen so angesprochen werden. Na gut, gehen Sie darauf ein, machen Sie also den Schülern deutlich, dass es ihre Wahl ist, wie sie sich entscheiden, ob sie mitarbeiten und ihre Hausaufgaben machen, dass es ihre Entscheidung ist, wie sie Ihnen gegenübertreten. Sie müssen dann aber auch, wie Erwachsene, die Konsequenzen ihres Handelns tragen.

> **Tipp:**
> Machen Sie den Schülern deutlich,
> dass Sie sie für gleichwertig,
> aber nicht für gleichberechtigt halten.

Erziehungsmittel

Nun komme ich zu den sog. erzieherischen Einwirkungen/pädagogischen Maßnahmen/Erziehungsmitteln. Das sind leichte Steuerungsmaßnahmen gegen Störungen, die vor den Ordnungsmaßnahmen liegen und meist per Erlass geregelt sind. Erziehungsmaßnahmen greifen nur gering in die Rechtssphäre der Schüler ein und sind deshalb **keine Verwaltungsakte** und somit auch nicht mit Widerspruch und Klage anfechtbar. Grundsätzlich sind zuerst pädagogische Maßnahmen/Erziehungsmittel/erzieherische Einwirkungen anzuwenden, bevor die Schule zu den schwereren Ordnungsmaßnahmen greifen kann, es sei denn, es liegt ein eklatanter Verstoß vor (so z.B. falls ein Schüler sich an der Schule als Drogendealer betätigt). Viele Ordnungsmaßnahmen der Schule werden später durch die Schulaufsichtsbehörde oder die Verwaltungsgerichte »gekippt«, da die Schule unterlassen hat, zu Beginn des Fehlverhaltens erst Erziehungsmittel anzuwenden. Das Argument der Eltern in diesen Fällen lautet: »Ja, wenn wir gewusst hätten, dass unser Kind so ein Rüpel ist, sodass Sie (die Schule) Erziehungsmittel anwenden mussten, dann hätten wir natürlich ...« Den Rest kennen Sie. Zu widerlegen ist diese Argumentation nicht, deshalb folgen ihr auch die Gerichte.

Für den Lehrer bedeutet das: Wenden Sie grundsätzlich im Vorfeld pädagogische Maßnahmen an und informieren Sie die Erziehungsberechtigten darüber, **selbst wenn Sie Zweifel an der Wirksamkeit des Erziehungsmittels haben.** Nur dadurch schaffen Sie eine sichere rechtliche Grundlage für eine spätere Ordnungsmaßnahme bei einem schweren Verstoß. Machen Sie die Maßnahme aktenkundig – nicht im Klassenbuch wegen des Datenschutzes –, und zwar unbedingt mit Datum, denn der (größere oder kleinere) zeitliche Abstand zwischen einzelnen Vorfällen ist oft wichtig für die spätere Entscheidung.

Was sind nun erzieherische Einwirkungen/pädagogische Maßnahmen/Erziehungsmittel? Es gibt im Gesetz keine und in den meisten Erlassen nur eine unvollständige Aufzählung. Der Fantasie sind also kaum Grenzen gesetzt, aber die häufigsten sind: die Wiederholung einer nachlässig angefertigten Arbeit, bei Leistungsverweigerung eine sinnvolle zusätzliche Aufgabe, die auch nachmittags stattfinden kann, wenn die Eltern hierüber informiert sind, schriftliche Ermahnung oder Tadel (gesandt an die Eltern), Auferlegung besonderer Pflichten, z.B. Aufräumen eines verschmutzten Raumes, Verweisung aus dem Klassenraum. Bei der letzten Variante könnte sich ein Aufsichtsproblem stellen, allerdings längst nicht so häufig, wie viele Lehrer gemeinhin glauben. Einen sonst unauffälligen Schüler, der einmalig über die Stränge schlägt, kann man getrost vor die Tür oder ins Sekretariat schicken. Manche Lehrer lassen den aus dem Raum verwiesenen Schüler von außen die Türklinke herunterdrücken, um von innen zu sehen, ob er noch dort steht.

Die körperliche Züchtigung ist (seit 1971) verboten, was i.d.R. nicht im Schulgesetz steht, weil man davon ausgeht, jeder Lehrer wüsste es. Sie verstößt gegen das Grundgesetz (Art. 1 I, Menschenwürde und Art. 2 II) und erfüllt zudem den Straftatbestand der Körperverletzung (§ 223 StGB). Darüber hinaus muss der Lehrer mit disziplinarrechtlichen Folgen rechnen.

Ordnungsmaßnahmen

Falls die Erziehungsmittel ausgeschöpft sind, das störende Verhalten des Schülers aber weiter anhält, können die im Schulgesetz genannten Ordnungsmaßnahmen angewendet werden. Das Schulgesetz zählt sie abschließend auf, d.h. **andere Maßnahmen sind nicht zulässig**. Alle aufgeführten Maßnahmen sind im Prinzip Ausschlussmaßnahmen: Der Schüler wird immer aus der bisherigen Gruppe ausgeschlossen, z.B. für drei Wochen oder er wird in eine Parallelklasse oder eine andere Schule überwiesen. Bevor eine Maßnahme ergriffen wird, sollte geprüft werden, was vorliegt,

- eine (nicht so schwerwiegende) Störung der **Ordnung** oder
- eine (schwerer wiegende) Gefährdung der **Sicherheit**.

Bei der Verhängung von Ordnungsmaßnahmen muss unbedingt formal korrekt vorgegangen werden, weil sonst die Maßnahme durch die vorgesetzte Schulbehörde oder das Verwaltungsgericht »gekippt« wird. Denn **diese Maßnahmen sind** aufgrund der Intensität des Eingriffs **Verwaltungsakte** und somit durch Widerspruch und Klage anfechtbar. Zudem kann davon ausgegangen werden, dass bei der weiten Verbreitung von Rechtsschutzversicherungen etliche betroffene Schüler bzw. deren Eltern den Rechtsbeistand eines Anwalts einholen. Dieser freut sich immer, wenn er einen Formfehler findet, weil ihm das viel Arbeit erspart, da er sich dann mit dem Fall gar nicht in der Sache auseinander setzen muss. Die geplante Maßnahme ist einfach aufgrund des Formfehlers nichtig.

Die Ermittlung des tatsächlichen Sachverhalts, der leider nicht immer so klar ist, wie es auf den ersten Blick scheint, kann von der Schulleitung oder von einem beauftragten Lehrer durchgeführt werden, vorzugsweise vom Klassenlehrer oder einem anderen nicht persönlich betroffenen Lehrer.

Auch für die schulische Ordnungsmaßnahme gilt zwar der strafrechtliche Grundsatz »in dubio pro reo« (Im Zweifel für den Angeklagten), aber es ist rechtlich nicht zu beanstanden, wenn die zuständige Konferenz (grundsätzlich die Klassenkonferenz) einige Aussagen als glaubhaft, andere dagegen als unglaubwürdig bewertet. An dieser Stelle gibt es bei vielen Lehrern häufig ein Problem, das ihnen das schulische Leben unnötig schwer macht: Sie haben große pädagogische Hemmungen, einem Schüler zu sagen, dass sie ihm nicht glauben, wenn sie ihm nicht hieb- und stichfest das Gegenteil beweisen können.

Die Gerichte sind in dieser Beziehung viel unbefangener. Wenn es Indizien für eine geringe Glaubwürdigkeit gibt, dann sagen sie auch klar, dass sie jemandem nicht glauben. Für den Fall, dass ein Rüpel, der schon vorher andere geschlagen hat, sich mit einem braven, schwächeren Schüler prügelt und dies später abstreitet, obwohl der verletzte Schüler den Rüpel belastet, so steht nun Aussage gegen Aussage. Für den juristischen Laien stellt das ein fast unlösbares Dilemma dar. Allerdings ist die Aussage des geschlagenen Schülers glaubhaft, während die des Rüpels eine unglaubwürdige **Schutzbehauptung** ist, um der drohenden Ordnungsmaßnahme zu entgehen. Es widerspricht folglich **nicht** dem juristischen Grundsatz des »in dubio pro reo«, den Rüpel mit einer Ordnungsmaßnahme zu maßregeln. Denn es bestehen keine (begründeten, d.h. fundierten) Zweifel, dass der brave Schüler geschlagen wurde. Und jedes Verwaltungsgericht, das sein Geld wert ist, würde dieser Entscheidung problemlos folgen. Bitte merken Sie sich: Falls es konkrete Anhaltspunkte dafür gibt, darf man auch in der Schule sagen, dass eine Aussage nicht glaubhaft erscheint.

Auch hier ist, wie beim Täuschungsversuch, eine zusätzliche Beweiserleichterung über den Anscheinsbeweis (»Beweis des ersten Anscheins«, siehe Seite 151) möglich.

Wenn also drei Schüler, die gewöhnlich zusammen sind, allein in einem Klassenraum waren und dieser hinterher verwüstet ist, so spricht der Anscheinsbeweis dafür, dass diese drei Schüler den Raum verwüstet haben.

Gelingt den Schülern eine überzeugende Entlastung nicht, so können sie mit einer Ordnungsmaßnahme belegt werden.

> **Wenn die Sachlage nach der normalen Lebenserfahrung ganz offensichtlich ist, so braucht man keinen unbeteiligten Dritten als Augenzeugen.**

Das zuständige Gremium für die Verhängung von Ordnungsmaßnahmen ist nach den meisten Schulgesetzen die Klassenkonferenz, sofern sich die Schulkonferenz/Gesamtkonferenz nicht vorbehält, bestimmte schwerwiegende Entscheidungen über Ordnungsmaßnahmen zu fällen.

Da Schüler nach der Vollendung des 14. Lebensjahres strafmündig sind, ist bei schwerwiegenden Delikten (z.B. Drogenhandel, schwere oder gefährliche Körperverletzung, Raub, Erpressung von Schutzgeld, Vergewaltigung) neben der Ordnungsmaßnahme auch die Einleitung eines Strafverfahrens sinnvoll und möglich. Lehrer bzw. Schulleitung können sich im Zuge eines Strafermittlungsverfahrens strafbar machen (wegen Strafvereitelung § 258 StGB), falls sie versuchen, aus vermeintlich pädagogischen Gründen ein in der Schule stattgefundenes Verbrechen unter den Tisch zu kehren, indem sie der Polizei gegenüber z.B. falsche Aussagen machen.

Wenn Sie, z.B. als Klassenlehrer, federführend an der Verhängung einer Ordnungsmaßnahme beteiligt sind, sollten Sie vorsichtig bei der Begründung der Ordnungsmaßnahme sein! **Vermeiden Sie unbedingt den Begriff** »**Strafe**« **oder** »**bestrafen**«, denn schulische Ordnungsmaßnahmen sollen nach offizieller Vorgabe, anders als das Strafrecht, **keine Straffunktion** haben. Sie sollen lediglich sachlich etwas »ordnen«, also ohne persönliche Gefühle die vorherige Ordnung in der Schule wieder herstellen. Jeder mittelmäßige Anwalt würde die Begründung einer Ordnungsmaßnahme, in der von »Strafe« die Rede ist, in der Luft zerreißen, weil die Begründung zeigt, dass die verhängte Maßnahme am erklärten Ziel des Gesetzgebers vorbeigeht. Ich finde zwar, dass eine pädagogische »Strafe« manchmal wirksamer sein kann als eine unpersönliche Maßregelung durch eine Ordnungsmaßnahme. Aber das ist meine Privatansicht als

Lehrer, der Sie in einem konkreten Fall nicht öffentlich folgen sollten, denn das Schulgesetz sieht das anders.

Die Schule darf nicht mehr strafen, sie darf nur »ordnen«.

Grundsätzlich muss vor der Verhängung einer Ordnungsmaßnahme die Maßnahme erst angedroht werden, bevor sie, beim nächsten Verstoß, dann ausgesprochen werden kann. Auf eine Androhung kann ausnahmsweise verzichtet werden, wenn der Verstoß des Schülers die **Sicherheit** in der Schule so stark bedroht, dass eine sofortige Entfernung erforderlich ist. Dazu gehört der schon erwähnte Drogenverkauf an der Schule. Die Verletzung anderer Schüler mit Schlagring, Messer oder anderen gefährlichen Gegenständen (abgebrochene Flasche) könnte ebenfalls die sofortige Verhängung einer Ausschlussmaßnahme rechtfertigen. Zwar sind grundsätzlich vor der Verhängung einer Ordnungsmaßnahme erst der Schüler und seine Erziehungsberechtigten zu hören, jedoch könnte der Schulleiter in einem solchen Fall von seiner »**Notkompetenz**« Gebrauch machen und mit guten Gründen die sog. »**sofortige Vollziehung**« (§ 80 II und III VwGO) der Maßnahme anordnen.

Doch zurück zum Regelfall: Ähnlich wie im Strafprozess hat der Schüler das Recht, vor der Entscheidung der Konferenz gehört zu werden, ebenso seine Erziehungsberechtigten, in den meisten Bundesländern zudem noch ein Schüler und ein Lehrer seines Vertrauens. Ob er sich hier bereits von einem Anwalt vertreten lassen kann, wird unterschiedlich gesehen. Viele Kultusministerien verneinen dies mit der (zutreffenden) Begründung, es handle sich noch nicht um ein gerichtliches Verfahren. Andererseits kann sich jedermann (so z.B. die Mutter) bei jeder Art von Verhandlung durch einen Anwalt vertreten lassen, so lange es sich nicht um höchstpersönliche Dinge wie Eheschließung oder Testament handelt.

In vielen Bundesländern sind bei der Abstimmung über Ordnungsmaßnahmen nicht mehr (wie früher) Eltern- und Schülervertreter stimmberechtigt, sondern nur noch die unterrichtenden Lehrkräfte. Beschließt die Konferenz (mindestens mit einfacher Mehrheit) eine Ordnungsmaßnahme, so ist diese Maßnahme vom Schüler bzw. seinen Eltern mit Widerspruch (§§ 68ff., § 80 VwGO) und später mit einer Klage anfechtbar. **Der Widerspruch hat aufschiebende Wirkung:** So lange über ihn nicht entschieden ist, darf die Maßnahme folglich nicht verhängt werden. Es sei denn, es besteht schulseitig ein dringendes Interesse an einer sofortigen Vollziehung (§ 80 II und III VwGO), die in seltenen Ausnahmefällen angeordnet werden kann.

Kollektivstrafe und kollektive Erziehung

Manchmal sind Sie als Lehrer mit einer Situation konfrontiert, in der aus einer Klasse heraus eine massive Störung begangen wird, ohne dass der Schuldige zu ermitteln ist, weil die gesamte Klasse ihn deckt.

z. B. Sie haben eine Doppelstunde in der Klasse X. Nach der ersten Stunde nutzen Sie die kleine Pause, um auf die Toilette zu gehen, die Klasse bleibt im Klassenraum. Als Sie zurückkommen, ist mit Sprühfarbe auf die Seitenwand der Klasse, sodass Sie und die Schüler es gut sehen können, geschrieben: »Lehrer A (damit sind Sie gemeint) ist ein Arschloch!« Sie stellen die Klasse zur Rede, ohne Erfolg. Sie sprechen gezielt diejenigen an, die Sie in Verdacht haben, ebenfalls ohne Erfolg. Die Klasse amüsiert sich, weil sie Ihre Hilflosigkeit spürt und gespannt ist, wie Sie nun wohl reagieren werden. Auch ein Blick in die Schultaschen (rechtlich schon sehr bedenklich!) ergibt keine Anhaltspunkte, die Farbsprühdose ist nicht auffindbar. Auch Ihr Angebot an den/die Schuldigen, sich in der großen Pause vertraulich dazu zu bekennen, wird nicht angenommen. Was nun?

Wir sind jetzt in einer Situation, die viele Hochschullehrer und Schuljuristen gerne übergehen würden, weil sie ausgesprochen heikel ist. Die Kernfrage, um die es nämlich geht, ist folgende: Nehmen Sie diese persönliche Beleidigung und die Sachbeschädigung zähneknirschend hin oder bestrafen Sie die gesamte Klasse, verhängen also eine »Kollektivstrafe«? In den Schulgesetzen vieler Bundesländer findet sich bei den »Ordnungsmaßnahmen« der Hinweis, dass Kollektivstrafen unzulässig sind. Von daher könnten wir es uns ganz leicht machen und sagen: »Da kann man eben nichts machen.« Wenn diese Antwort Sie zufrieden stellt, sollten Sie die nächsten Seiten einfach überspringen. Falls Sie jedoch mit dem Ergebnis unzufrieden sind, weil Sie instinktiv spüren, dass es pädagogisch ausgesprochen unbefriedigend ist, die Schuldigen und diejenigen, die sie decken, ungeschoren davonkommen zu lassen, dann lassen Sie uns die Angelegenheit etwas genauer unter die Lupe nehmen und auf die Feinheiten achten.

Selbstverständlich ist eine Kollektivstrafe rechtlich unzulässig. Wenn die Polizei einen Mord beobachtet, den Täter in ein Haus laufen sieht, aber beim Eindringen in das Haus überraschend drei Männer findet, so kann man nicht alle drei wegen Mordes bestrafen, obwohl sicher ist, dass einer von ihnen der Mörder sein muss. Auch kann man nicht, wenn man die lebenslange Freiheitsstrafe rechnerisch mit etwa 15 Jahren annimmt, jedem der drei Männer je fünf Jahre aufbrummen. Einverstanden?

Allerdings war das gerade Geschilderte ein Fall aus dem Strafrecht. Wir aber befinden uns in der Schule und damit in einem anderen rechtlichen Bereich mit völlig anderen Voraussetzungen. In der Schule wird nämlich nicht mehr gestraft.

Das lässt sich begrifflich nachweisen, indem man die Terminologie der Maßnahmen bei Verstößen von Schülern durch die Jahrzehnte verfolgt. Vor einigen Jahrzehnten sprach man tatsächlich noch von »Schulstrafen«, dann aber (ca. ab 1972) änderte man bundesweit ganz bewusst den Begriff in »Erziehungs- und Ordnungsmaßnahmen«. Heute haben wir eine Zweiteilung, in der auf der unteren Stufe die Erziehungsmaßnahmen (pädagogische Maßnahmen, erzieherische Einwirkungen), auf der nächsthöheren die sog. Ordnungsmaßnahmen aufgeführt sind. Das erscheint konsequent, denn in der Schule wird erzogen, also selbst belastende Maßnahmen wie ein Schulausschluss sind keine »Strafen«, sondern (erziehende) Ordnungsmaßnahmen. Und in schwereren Fällen dienen sie der Wiederherstellung der notwendigen Ordnung.

Wenn also eine der im Schulgesetz oder in einer Verordnung aufgeführten Maßnahmen gewählt wird, um auf die Schüler pädagogisch steuernd einzuwirken, so kann es sich dabei logischerweise nicht um eine »Strafe«, sondern nur um eine kollektive Erziehungsmaßnahme (bzw. kollektive Ordnungsmaßnahme) handeln.

Die Frage, die sich nun stellt, ist folgende: Ist in unserem Ausgangsfall eine kollektive Erziehungsmaßnahme zulässig? Ich meine ja. Und zwar aus folgenden Gründen: Zum einen ist die Schule eine Institution, die nicht nur der individuellen, sondern auch der gemeinschaftlichen Erziehung dient. Kollektive Erziehung ist somit nichts Negatives, sondern ein Hauptziel der Schule. Die Schüler sollen lernen, füreinander Verantwortung zu tragen. Des Weiteren kann davon ausgegangen werden, dass die Mitschüler die Täter, aus welchen Gründen auch immer, decken wollen. Der Klassengemeinschaft muss jedoch nachdrücklich klar gemacht werden, dass es sozial inakzeptabel ist, ein widerrechtliches Verhalten zu decken. So etwas darf die Schule nicht durchgehen lassen. Deshalb halte ich es für vertretbar, hier auf die gesamte Klasse mit einer Erziehungsmaßnahme einzuwirken.

Wenn Sie diese Ansicht nicht teilen, haben Sie nur die Möglichkeit, die Hände in den Schoß zu legen. Jegliche belastende Einwirkung auf die gesamte Klasse wäre dann nicht möglich. Falls es irgendwo im Lande einen Schuljuristen geben sollte, der uns Lehrern eine solche Untätigkeit vorschreiben möchte, bitte ich um einen kurzen Anruf und die Gelegenheit zu einem juristischen Fachgespräch. Ich zahle gerne die Telefonkosten. Welche Erziehungsmaßnahme geeignet sein könnte, ist eine Entscheidung des betreffenden Lehrers. In vielen Bundesländern zählt auch die Wiedergutmachung eines angerichteten Schadens zu den möglichen Erziehungsmaßnahmen, sodass z.B. die Reinigung der besprühten Wand durch die gesamte Klasse möglich wäre.

Hierzu ein konkreter Fall aus der Rechtsprechung: Im Kunstunterricht einer 8. Klasse von Lehrer X wird während einer kurzen Abwesenheit mit kleinen Tonklumpen geworfen, die z.T. an der Wand und an der Decke kleben bleiben, auf jeden Fall aber kleine braune Kreise hinterlassen. Das geschieht kurz vor dem Ende der letzten Stunde. Die Schuldigen lassen sich nicht herausfinden. Keiner will es gewesen sein und der Lehrer weiß es auch nicht besser. Also lässt er die gesamte Klasse nicht nach Hause gehen, schließt die Tür ab und hält sie etwa 15 Minuten fest, bis der **Raum wieder gesäubert ist**. Einige Schüler verpassen dadurch ihre Busse oder kommen zu spät zu anderen Veranstaltungen. Daraufhin verklagen einige Eltern den Lehrer wegen Freiheitsberaubung. Um Sie nicht zu sehr auf die Folter zu spannen: Die Erstinstanz und das Berufungsgericht (OVG Schleswig, 1992) entschieden, dass das Festhalten der gesamten Klasse rechtmäßig war, weil es ein geringer Eingriff in die Rechtssphäre war. Es war »schlichtes Verwaltungshandeln«. Dass der Lehrer das Fehlverhalten der Schüler nicht exakt aufschlüsseln konnte und deshalb die gesamte Klasse zur Reinigung verpflichtete, wurde vom Gericht nicht als Verstoß gesehen.

Falls Sie Zweifel haben, ob das in Ihrem Bundesland genauso gesehen wird, gibt es aber noch andere Möglichkeiten wie Ermahnungen oder Verwarnungen, die mit entsprechenden Bemerkungen an alle Eltern gesandt werden können. Ebenfalls möglich ist das Streichen von angekündigten Vergünstigungen (Wegfall einer Tages- oder Klassenfahrt), weil der Wegfall einer Vergünstigung juristisch keine »Strafe« darstellt. Auf keinen Fall, meine ich, muss ein solches Verhalten der gesamten Klasse ohne Reaktion hingenommen werden.

Ein letzter Aspekt betrifft den grundsätzlichen Umgang mit Schülern. Natürlich könnte man versuchen, mit kriminalpolizeilichen Methoden oder dem Versprechen von Belohnungen für die Preisgabe der Täter, die Schuldigen ausfindig zu machen. Ob dies jedoch den Erziehungsauftrag der Schule stützen würde, darf bezweifelt werden. Deshalb ist es meines Erachtens sinnvoller, auf die Klasse kollektiv mit einer Erziehungsmaßnahme einzuwirken.

Manchmal verweigern alle Schüler zugleich die Anordnung des Lehrers, z.B. die schriftliche Bearbeitung von Mathematikaufgaben im Unterricht oder das Schreiben einer Klassenarbeit. Vor allem Referendare sind bevorzugte Objekte dieser kollektiven Arbeitsverweigerung. Der Referendar verteilt nichts ahnend die Hefte, die Schüler aber klappen sie nicht einmal auf, nehmen keinen Stift in die Hand und der Klassensprecher sagt: »Nö, die Arbeit schreiben wir nicht.« An möglichen Begründungen hört man: Die Arbeit komme zu früh, man habe nicht genügend dafür üben können und wolle einen neuen, späteren Termin. Oder: Man habe ganz generell keine Lust, diese Arbeit zu schreiben.

Sie können natürlich tun, was Sie wollen und den Termin der Arbeit verschieben. Aber Sie riskieren, dass Sie beim nächsten oder übernächsten Mal das gleiche Problem haben werden. Außerdem dürfen Sie davon ausgehen, dass sich dieses Ereignis wie ein Lauffeuer an der Schule herumsprechen wird, sodass auch andere Schülergruppen bei Ihnen einen solchen Versuch wagen werden. Letztlich kommen Sie also um eine definitive Lösung des Problems nicht herum.

Schauen wir uns die juristischen Grundlagen an. Worum handelt es sich? Es handelt sich um eine kollektive Arbeitsverweigerung, die einen Verstoß gegen die gesetzliche Schulpflicht (bzw. Mitwirkungspflicht) darstellt. Dabei ist es **rechtlich** völlig unerheblich, ob nur ein Schüler oder sämtliche Schüler sich weigern, die Arbeit zu schreiben. Bei nur einem sich weigernden Schüler ist die Situation für den Lehrer einfacher, weil die Tatsache, dass alle anderen Schüler schreiben, Druck auf den nicht Schreibenden ausübt. Zudem hat der Lehrer etliche geschriebene Arbeiten in der Hand um nachzuweisen, dass die gestellte Aufgabe gut zu lösen war.

Aber zurück zum Grundproblem. Die Schüler sind der gesetzlichen Schulpflicht unterworfen. Das bedeutet: Der Schulbesuch ist nicht freiwillig, sondern eine parlamentarisch abgesegnete Pflichtveranstaltung. Selbst nach dem Ende der offiziellen Schulbesuchspflicht bleibt der Schulbesuch so lange verpflichtend, wie der Schüler an seiner Schule eingeschrieben und nicht abgemeldet ist. Die Schulpflicht umfasst, wie auf Seite 94 erläutert, nicht nur die Pflicht zum Besuch der Schule, sondern ebenfalls die Pflicht zur Mitarbeit. Und zu dieser verpflichtenden Mitarbeit gehört auch das Ablegen der vorgeschriebenen Leistungskontrollen. Die Schulpflicht ist also so etwas wie eine Oberpflicht mit vielen kleinen dazugehörigen Unterpflichten.

Falls ein Verstoß vorliegt, ist immer die Frage zu klären, wer diesen Verstoß zu verantworten hat. Bei einer langen Krankheit kommt ein Schüler ebenfalls seiner Schulpflicht nicht nach, aber er hat dieses Versäumnis nicht zu vertreten, sodass es ihm nicht angelastet werden kann.

Tipp: Wenn nun ein Schüler sich weigert, eine Klassenarbeit zu schreiben, so liegt eine Arbeitsverweigerung vor und die Arbeit kann mit »ungenügend (6)« bewertet werden. Hierüber sollten die Schüler, die zumeist nur testen wollen, wie der Lehrer in dieser Situation reagiert, ganz gelassen belehrt werden. Jegliche Aufregung sollte vermieden werden. Bleiben Sie locker. Machen Sie den Schülern klar, dass die Verweigerung ihre Entscheidung ist, und zwar die jedes Einzelnen. Handeln Sie nicht vorschnell. **Nehmen Sie den Schülern die Hefte nicht weg,** sondern lassen Sie die Zeit für sich arbeiten. Sagen Sie den Schülern, dass sie die gesamte Arbeitszeit haben, um sich zu entscheiden, und dass Sie erst am Ende der Stunde die Arbeitshefte wieder einsammeln. Zeigen Sie keinerlei persönliche Betroffenheit, sondern demonstrieren Sie große Gelassenheit. Wenn Sie die Konsequenzen der Arbeitsverweigerung ganz ruhig mitteilen, bin ich sicher, dass schon bald die ersten Schüler anfangen werden zu schreiben.

Die Folge, dass im Fall einer kollektiven Verweigerung alle Arbeiten der Schüler mit einer Sechs benotet werden müssten, ist sehr selten, aber nicht unmöglich. Es ist auch nicht kompliziert. Die Klassenarbeit müsste vor der Benotung vom Schulleiter genehmigt werden und Sie müssten eine nachvollziehbare Begründung für die ungewöhnliche Bewertung schreiben. Falls Sie sich korrekt verhalten haben, dürfte Ihnen das leicht fallen. Die Begründung über den schlechten Ausfall der Arbeit wird in der Regel den Eltern zugesandt. Auf diese Weise werden auch die Eltern über das Verhalten ihrer Kinder informiert. Auch das sollten Sie den Schülern ganz ruhig mitteilen.

Sollte die Vorbereitungszeit für die Arbeit wirklich etwas knapp gewesen sein, so können Sie die Schüler beruhigen. Zum einen sind die (widrigen) Bedingungen für alle gleich, sodass niemand durch das Schreiben benachteiligt wird. Zum anderen sollten Sie den Schülern versichern, dass Sie nach der Durchsicht aller Arbeiten wohlwollend prüfen, inwieweit die Aufgaben lösbar waren. Wenn sich herausstellt, dass die Arbeit zu diesem Zeitpunkt objektiv eine Überforderung war, so spricht nichts dagegen, die Benotung der hohen Schwierigkeit anzupassen. Das liegt in Ihrem pädagogischen Ermessen. Wenn Sie dies den Schülern glaubhaft vermitteln, dann werden sie vermutlich beruhigt sein und nach und nach anfangen zu schreiben.

Schlagen von Schülern/Notwehr

Darf ein Lehrer einen Schüler schlagen? Wenn ich es mir einfach machen wollte, würde ich Nein sagen. Ich hätte damit sofort den Beifall der Theorie, aller wohlmeinenden Pädagogen, Eltern und Schüler auf meiner Seite. Jeder würde sofort erkennen, dass ich gegen Gewalt, insbesondere gegen Gewalt in der Erziehung bin. Nur, so einfach ist die Welt der Praxis nicht, und Juristen werden dafür ausgebildet, an die Fälle zu denken, die man gemeinhin übersieht. Und so antworte ich relativierend auf die Frage, ob man Schüler schlagen darf, dass dies natürlich **grundsätzlich** verboten ist.

Aber es gibt Ausnahmen, und die sollte man kennen. Selbstverständlich ist es einem Lehrer untersagt, einen Schüler während des Unterrichts zu schlagen, um ihn zu einem bestimmten Verhalten zu bewegen. Das ist eindeutig rechtswidrig. Problematisch wird es jedoch, wenn wir in die Nischen der heutigen Schulwirklichkeit gehen.

Wie sieht es denn aus, wenn ein Schüler einen anderen Schüler schlägt oder ein Schüler gar einen Lehrer anpöbelt oder angreift? Kann dann der Einsatz von körperlicher Gewalt gerechtfertigt sein? Fangen wir mit der ersten Variante an, und zwar ganz konkret. Denn im luftleeren Raum der Theorie ist es leicht, pädagogische Ideallösungen vorzuschlagen. So bleibt die Theorie immer sauber, weil sie nämlich nicht handeln, sondern nur behaupten muss. Aber Sie in der konkreten Situation müssen Farbe bekennen, weil Sie entscheiden und handeln müssen. Dazu nun drei Fallbeispiele:

Sie haben Aufsicht auf dem Pausenhof und sehen, wie ein großer, kräftiger Schüler eine Schülerin schlägt. Sie laufen hinzu, rufen dem Schüler zu, dass er aufhören soll. Ohne Erfolg, der Schüler schlägt weiter. Sie versuchen, den Schüler von der Schülerin wegzuziehen, was Ihnen nicht gelingt, denn der Schüler schlägt wie in einem Rausch weiter auf die Schülerin ein. Dürfen Sie dem Schüler eine Ohrfeige geben, um dadurch das Verprügeln der Schülerin zu beenden? Ja, Sie dürfen.

Aber viel wichtiger als die Antwort auf die Frage ist die juristische Begründung. Sie alle kennen den Begriff der »Notwehr«. Er ist sowohl im Strafrecht (§ 32 StGB) als auch im Zivilrecht (§ 227 BGB), was kaum jemand weiß, festgelegt. Er umfasst, und das ist wichtig, nicht nur das Recht, sich selbst zu wehren, sondern auch **das Recht, anderen zu helfen**, falls sie angegriffen werden. Die Juristen sprechen in diesem Unterfall von »Nothilfe« zur Unterscheidung von der allseits bekannten »Notwehr«. Der Begriff der Nothilfe steht leider nicht im Gesetz, er ist aber eine sinnvolle Unterscheidung.

Die Voraussetzungen, unter denen körperliche Gewalt durch Notwehr bzw. Nothilfe gerechtfertigt ist, sind gleich: Es muss ein **Angriff** vorliegen, er muss **gegenwärtig** sein und er muss **nicht anders** abzuwenden sein. Das bedeutet, dass die angewendete Gewalt der Schwere des Angriffs angemessen sein muss. Im vorliegenden Fall sind alle diese Bedingungen klar erfüllt. Da der Lehrer vorher andere mildere Mittel erfolglos angewendet hat, war der Einsatz von körperlicher Gewalt in Form einer Ohrfeige zu vertreten. Der Lehrer hat zwar auch eine Körperverletzung begangen, aber diese wird nachträglich gerechtfertigt, sodass seine Handlung letztlich straffrei bleibt.

Ein Lehrer weist einen erwachsenen Schüler zurecht, weil dieser einem kleinen Schüler die Brille weggenommen und auf dem Boden zertreten hat. Der Wortwechsel zwischen Lehrer und erwachsenem Schüler eskaliert, der Schüler bedroht den Lehrer zunächst verbal, dann springt er auf und will dem Lehrer einen Faustschlag ins Gesicht versetzen. Darf der Lehrer sich wehren? Zu welchem Zeitpunkt? Muss er warten, bis der Faustschlag ihn getroffen hat?

Um diese Fragen zu beantworten, muss geklärt werden, was Juristen unter dem Begriff »gegenwärtig« verstehen, denn gegen einen gegenwärtigen Angriff dürfen Sie sich wehren. Unter »gegenwärtig« versteht man einen Angriff, der bereits abläuft, aber auch einen Angriff, der **unmittelbar bevorsteht**. Wenn also jemand nach verbalen Drohungen ein Messer zieht, dann müssen Sie nicht warten, bis er zugestochen hat. Falls ein Weglaufen oder Ausweichen nicht erfolgversprechend ist, dann dürfen Sie den Angriff bereits **im Ansatz** wirkungsvoll unterbinden. Wenn folglich der Schüler mit der Faust ausholt, um den Lehrer zu schlagen, und ein Ausweichen für den Lehrer nicht möglich ist, so darf dieser sich wehren, indem er den Schüler schlägt. Kein Lehrer ist juristisch gezwungen, sich schlagen zu lassen.

Wie sieht nun die Situation aus, wenn der Schüler den Lehrer bereits geschlagen hat? Gibt es dann noch ein Recht auf Notwehr? Es ist hoffentlich einsichtig, dass man nicht, nachdem man geschlagen wurde, am nächsten Tag den Angreifer schlagen darf und sich dann auf Notwehr als Rechtfertigungsgrund berufen kann.

Anders ist es beim sofortigen Zurückschlagen. Dies ist unter zwei Aspekten möglich: Zum einen kann es eine unbewusste Reflexhandlung sein, die quasi ohne Überlegung abläuft. Zum zweiten kann es eine Abwehrhandlung gegen weitere Angriffe sein. Denn wenn der Schüler bereits einmal zugeschlagen hat, so ist durchaus mit weiterer Gewalt von seiner Seite zu rechnen. Aber Vorsicht, diese Argumente greifen nur in einem ganz engen zeitlichen Rahmen, wir reden hier über Sekunden.

Klären wir in diesem Zusammenhang noch den »Notwehrexzess«, d.h. das Überschreiten der objektiv notwendigen Gegenwehr. Dies ist nach § 33 StGB straffrei, wenn Sie aus Verwirrung, Furcht oder Schrecken handeln. Wenn Sie überreagieren, so sollten Sie später nicht den »Coolen« spielen, denn das wird sich letztlich gegen Sie wenden, weil dann der strafbefreiende Paragraph nicht mehr greift. Geschützt wird nur derjenige, der durch die überraschende Situation überfordert war.

Machen wir es einen kleinen Tick komplizierter: Wir sind an einer Schule mit entsprechend problematischem Einzugsgebiet. Es ist Montagmorgen. Eine Lehrerin betritt den Klassenraum und wird von einem Schüler mit den Worten angepöbelt: »Na, hast Du auch so ein geiles Wochenende wie ich gehabt?« Die Lehrerin verbittet sich diese Anzüglichkeiten, aber der Schüler lässt mit seinen provozierenden Äußerungen nicht locker, sondern wird immer dreister. Schließlich: »Nun sag schon, du alte Schleimf..., bist Du am Wochenende von Deinem Alten gut durchgef... worden?« Daraufhin gibt die Lehrerin dem Schüler eine Ohrfeige. Wer glaubt, ein solcher Dialog sei Fiktion, der kennt die Berliner oder Frankfurter Schulwirklichkeit nicht.

Was halten Sie von der Reaktion unserer Lehrerin? Selbst wenn Sie meinen, die Handlung der Lehrerin sei ein pädagogischer Offenbarungseid, so ist sie doch juristisch gerechtfertigt. Angriffe von anderen richten sich immer gegen sog. »Rechtsgüter«. Ein Rechtsgut ist z.B. das Leben, ein anderes die körperliche Unversehrtheit, ein weiteres das Eigentum. Aber **auch die Ehre ist ein Rechtsgut**, das man gegen Angriffe schützen darf. Die Abwehr muss dem Angriff etwa angemessen sein, gleichzeitig muss die Abwehr aber geeignet sein, den Angriff zu stoppen oder weitere Angriffe zu unterbinden. Wenn also die Lehrerin in gleicher Weise den Schüler beleidigen würde, wäre das zwar auf der gleichen Ebene, aber erfahrungsgemäß kein geeignetes Mittel, um die Beleidigungen des pöbelnden Schülers wirksam zu unterbinden. Da die Lehrerin vorher erfolglos versucht hat, die Beleidigungen zu unterbinden, war die Ohrfeige letztlich ein vertretbares Mittel, um die Ehrverletzungen gegen sie zu stoppen. Auch hier hat die Lehrerin juristisch eine Körperverletzung begangen, ihr Handeln war aber gerechtfertigt und bleibt somit straffrei.

Für Normalbürger gibt es eine ganze Reihe von Gerichtsentscheidungen, in denen die Gerichte so entschieden haben. Und es ist m.E. nicht einsehbar, dass Lehrer in Bezug auf ihre Ehre schlechter gestellt sein sollen als andere Staatsbürger.

Grundsatz der Verhältnismäßigkeit

Der Grundsatz der Verhältnismäßigkeit besitzt große Bedeutung für die Schule, denn die Gerichte wenden ihn regelmäßig zur Überprüfung von Ordnungsmaßnahmen an. Obwohl der Grundsatz der Verhältnismäßigkeit in keinem Gesetz steht, hat er den **Rang einer Verfassungsnorm**, d.h. er steht mit den Grundrechten unserer Verfassung auf einer Stufe und damit deutlich über dem einfachen Gesetz. Das BVerfG hat ihn seit Jahrzehnten in seiner Rechtsprechung entwickelt und ständig wiederholt, sodass er heute unbestritten ist. Was besagt dieser Grundsatz nun im Kern? Ich formuliere es einmal salopp: **Man darf nicht mit Kanonen auf Spatzen schießen, selbst wenn das Gesetz dies theoretisch erlauben würde.**

Das Grundprinzip ist recht einfach, die Schwierigkeiten stecken im Detail; doch zunächst ein berühmter Fall, an dem ich Ihnen gut das Prinzip erklären kann.

Wie Sie vielleicht wissen, ist Falknerei die Jagd mit einem abgerichteten Falken, der in die Luft aufsteigt, dann zum Boden schießt und Kleinwild (Kaninchen) erlegt, das der Jäger dann einsammelt. Da in Deutschland alles ordentlich geregelt ist, sollte ein angehender Falkner zur Ausübung seiner Jagd wie alle anderen Jäger den normalen Jagdschein ablegen, zu dem auch obligatorisch eine Schießprüfung gehört. Das war in einem ordnungsgemäß verabschiedeten Landesgesetz geregelt. Nun wird bei der Jagd mit dem Falken überhaupt nicht geschossen. Der Falkner wollte auch gar keine Schusswaffe führen, weshalb er sich gegen die Schießprüfung wehrte und klagte. Letztlich bekam er vom Bundesverfassungsgericht Recht, das feststellte, dass unser Falkner durch das Ablegen des normalen Jagdscheins mit Schießprüfung stärker belastet würde, als unbedingt notwendig. Das Gericht war schon der Meinung, dass er eine Jagdprüfung ablegen sollte, die Schießprüfung hielt man jedoch für eine unverhältnismäßig hohe Anforderung, da sie nicht notwendig ist, um die Falknerei waidgerecht auszuüben.

Das ist, an einem berühmten Beispiel (»Falknerjagdschein«), der Grundsatz der Verhältnismäßigkeit. Genauer unterteilt er sich in drei Punkte:

1. Geeignetheit: Kann mit der fraglichen Maßnahme der gewünschte Erfolg erzielt werden?
2. Erforderlichkeit: Gibt es kein milderes Mittel, um den Zweck zu erreichen?
3. Verhältnismäßigkeit (i.e.S.): Stimmt das Verhältnis von Maßnahme und angestrebtem Zweck?

Erst wenn alle drei Punkte bejaht werden, ist die Maßnahme verhältnismäßig.

Eine Maßnahme ist dann verhältnismäßig, wenn sie geeignet, erforderlich und verhältnismäßig (im engen Sinne) ist.

Nun ein Beispiel aus dem Schulrecht: Ein Schüler, der ständig seine Hausaufgaben nicht macht, soll nach dem Schulgesetz für zwei Wochen vom Schulbesuch ausgeschlossen werden. Das ist vom Gesetz her in den meisten Bundesländern theoretisch möglich. Die Maßnahme wäre auch rechtmäßig, sie verstieße jedoch gegen den Grundsatz der Verhältnismäßigkeit (und wäre zudem völlig unsinnig).

Das Bundesverfassungsgericht hat also zu Recht erkannt, dass es gesetzliche Regelungen gibt, die zwar formal korrekt zustande gekommen sind, die jedoch manchmal nicht angewendet werden dürfen, da sie **übermäßig** starke Einschränkungen für die Betroffenen darstellen.

Sex mit Schülerinnen oder Schülern

Über dieses heikle Thema wird nur hinter vorgehaltener Hand getuschelt. Trotzdem soll hier darüber gesprochen werden, denn dieses Tabuthema ist aus zwei Gründen ein Problem für einige Referendare und Junglehrer. Zum einen riskiert derjenige, der noch nicht Beamter auf Lebenszeit ist, und das sind Junglehrer und Referendare, wegen einer solchen Verfehlung seine Entlassung aus dem Dienst. Zum anderen sind Referendare und Junglehrer wegen ihres jugendlichen Alters und ihrer Nähe zu den Schülern besonders gefährdet. Sie haben noch keinen fest eingebauten Sicherheitsabstand.

Mir ist natürlich bewusst, dass es ebenfalls Referendarinnen gibt, die sich mit Schülern einlassen, oder Junglehrer, die ein Verhältnis mit männlichen Schülern haben. Der Einfachheit halber lassen Sie uns von dem Standardfall ausgehen, dass nämlich ein männlicher Junglehrer sich mit einer Schülerin einlässt. Bevor wir uns der juristischen Seite und ihren Detailproblemen zuwenden, möchte ich Ihnen ein chinesisches Sprichwort zitieren, an das Sie sich im unangenehmen Fall der Fälle sicherlich erinnern werden: »**Wenn du nicht willst, dass etwas herauskommt – dann tu es nicht!**« Das bedeutet, die typische Vorstellung, man könne ein solches Verhältnis geheim halten, geht fehl. Das unerlaubte Verhältnis wird immer herauskommen. Ich sage Ihnen auch gleich, warum das so ist.

z.B. Schauen wir uns an, wie der typische Ablauf einer solchen Affäre ist. Unser netter, gut aussehender Junglehrer kommt neu an die Schule, wo er als engagierter Kollege einen mitreißenden Unterricht macht. Er versucht zu zeigen, dass er nicht einer von diesen alten Knackern ist, sondern jemand, der auf Seiten der Schüler steht. Vielleicht erlaubt er den Schülern, ihn zu duzen, oder man trifft sich zufällig in der Kneipe oder Disco des Ortes. Auf jeden Fall wird sichtbar, dass es keine große Distanz zwischen ihm und den Schülern gibt. Er ist eben nicht, wie die alten Knacker, uninteressant und unantastbar. Die Jungen sehen in ihm einen coolen Kumpel, die Mädchen himmeln ihn an.

Er selbst fühlt sich geschmeichelt, weil er spürt, dass die Schüler zu ihm anders stehen als zu den übrigen Kollegen. Es folgen persönliche Gespräche zwischen ihm und den Schülern und Schülerinnen, die darauf ausgelegt sind, mehr über ihn zu erfahren. Hat er Kinder? Ist er verheiratet, verlobt oder sonst gebunden? Wo wohnt seine Freundin? Am Schulort oder noch am ehemaligen Studienort? Über solche Gespräche wird sondiert. Und wer hier als Junglehrer die Bemerkung macht, mit der Freundin laufe es zurzeit nicht so optimal, der spricht gewollt oder ungewollt eine Einladung aus, sich ihm weiter zu nähern.

Unter den Mädchen stellt sich mittlerweile die Frage, wer wohl am mutigsten ist. Viele möchten näheren Kontakt zu dem tollen Lehrer, aber man traut sich nicht so recht. Eine, nennen wir sie einmal Nicole, ist mutig und will es wissen. Sie beteiligt sich ausgesprochen rege im Unterricht, hat nach der Stunde und in der Pause oft interessierte Fragen. Das Entscheidende aber ist der Blickkontakt. In einem bestimmten Moment »funkt« es. Die Blicke der beiden treffen sich und bleiben deutlich länger aneinander hängen, als es üblich ist. Gut geeignet ist dafür Goethes »Werther«, aber auch sämtliche anderen Inhalte, die sich mit unerfüllter Liebe befassen. Notfalls tut es jedoch auch die Wahrscheinlichkeitsrechnung.

Der Rest ist schnell erzählt. Die beiden treffen sich privat, verlieben sich ineinander, küssen sich und schlafen schließlich miteinander. Je nach Größe der Stadt, in der diese Affäre stattfindet, dauert es zwischen zwei Wochen und zwei Monaten, bis ein größerer Kreis eingeweiht ist. Da man nicht nur zusammen schlafen, sondern auch einmal zusammen spazieren, ins Kino oder ins Restaurant gehen will, ist es nur eine Frage der Zeit, bis dieses vertraute Zusammensein enthüllt ist. So groß kann gar keine Stadt sein, dass man nicht zufällig irgendjemanden treffen würde, den man besser nicht treffen möchte.

Aber eigentlich ist die Entdeckung durch Dritte gar nicht notwendig, da Nicole zumindest ihrer besten Freundin, unter dem Siegel der Verschwiegenheit, von dieser Eroberung berichten wird. Natürlich hat sie ihrem geliebten Junglehrer hoch und heilig versichert, niemandem etwas davon zu erzählen. Aber man muss den Stolz dieser Schülerin verstehen, einen Junglehrer erobert zu haben, um zu begreifen, dass sie diese Freude mit jemandem teilen muss. Und von dort aus geht es weiter, und zwar so lange, bis es alle wissen, die sich für Gerüchte interessieren. Manchmal erzählt Nicole auch ihren Eltern, um diese zu ärgern, von dieser Affäre oder es gibt andere Varianten, die ich hier nicht alle auflisten kann. Es spielt auch keine Rolle, entscheidend ist, dass es rauskommt. Die Affäre endet in aller Regel mit einem Gewinn an Ansehen für die Schülerin und einem großen Verlust für den Junglehrer. Falls er nicht aus dem Dienst entlassen wird, wird ihm diese Affäre und der damit verbundene Makel während seiner gesamten Dienstzeit anhängen. Es wird immer das Erste sein, was man über ihn zu berichten weiß.

Lassen Sie mich nun die trockene juristische Seite mit ihren Sanktionen darstellen. Dabei werde ich versuchen das, was in den §§ 174 und 176 StGB festgelegt ist, übersichtlich und einigermaßen verständlich darzustellen.

▶ Am stärksten sind **Minderjährige unter 14 Jahren** geschützt, die das Gesetz als »Kinder« bezeichnet. Hier werden sexuelle Handlungen auch dann bestraft, wenn überhaupt kein Abhängigkeitsverhältnis vorliegt. Liegt es vor, wird es straferschwerend gewertet. Sexuelle Handlungen des Lehrers werden ebenfalls bestraft, wenn das Mädchen bereits sexuell erfahren ist oder sogar wenn die Initiative von der Schülerin ausgeht. Spätestens jetzt müssten Sie sich fragen, was denn die Rechtsprechung unter »sexuellen Handlungen« versteht. Die Gerichte haben es geklärt: Bereits mit dem Zungenkuss beginnen sexuelle Handlungen, der Beischlaf wird schon als **schwerer** sexueller Missbrauch gewertet. Sie sehen also, dass die Normen der Gesetze und Rechtsprechung sich nicht mit dem decken, was in Illustrierten und Talkshows vielleicht als »normal« angesehen wird.

▶ Kommen wir nun zu den **14- bis 16-Jährigen**. Hier wird die sexuelle Handlung bestraft, wenn eine Abhängigkeit der Schülerin vom Lehrer vorliegt. Aber aufgepasst, ein **Missbrauch** dieses Abhängigkeitsverhältnisses muss bei dieser Altersgruppe nicht gegeben sein. Es genügt, dass die Schülerin eine »Schutzbefohlene« des Lehrers ist, wie die Juristen sagen. Die Tatsache, dass das Mädchen in einer Klasse ist, die er unterrichtet, genügt somit bereits. Der Lehrer muss nicht psychologischen Druck ausüben oder sie mit dem geschulten Charme eines Gigolos verführen.

Wer jetzt denkt, dass es unproblematisch sei, mit einer Schülerin der eigenen Schule, die man nicht selbst im Unterricht hat, anzubändeln, der hat sich getäuscht. Laut Rechtsprechung der Gerichte ist ein Lehrer prinzipiell auch dann »Erzieher« und die Schülerin »Schutzbefohlene«, wenn er sie nicht unterrichtet. Entscheidend ist, ob er über seine berufliche Tätigkeit eine Einwirkungs**möglichkeit** auf sie hat oder hatte.

▶ Bei sexuellen Handlungen mit den **16- bis 18-Jährigen** liegt eine Strafbarkeit vor, wenn das Abhängigkeitsverhältnis **missbraucht** wird. Jetzt muss man dem Lehrer vorwerfen können, dass er von seiner Position als Autoritätsperson profitiert hat. Das kann er z.B. schon dadurch, dass er der besagten Schülerin gegenüber auf seine Autorität verzichtet: »Sag doch nicht immer Herr Müller zu mir, das klingt so förmlich, nenn mich doch einfach Karlheinz.« Hier gilt ebenfalls, dass ein Missbrauch auch bei Schülerinnen möglich ist, die man nicht regulär unterrichtet. Das hängt vom jeweiligen Einzelfall ab. Machen wir es konkret: Unser Junglehrer hat in seiner Klasse eine

Schülerin S, diese hat eine Freundin F in der Parallelklasse. Die beiden Freundinnen sind in den Pausen ständig zusammen, in denen der Lehrer sich mit ihnen unterhält und später sexuelle Beziehungen zu F aufnimmt. Ich hoffe, es ist einsichtig, dass der Lehrer hier seine Position ausnutzt, selbst wenn er die besagte Freundin nicht im Unterricht hat. Für alle oben genannten Varianten gilt: Bereits der Versuch ist strafbar.

Was nun ist ein Versuch? Der Versuch ist die Phase, wenn der Täter »unmittelbar zur Tat ansetzt«. Dazu genügt es völlig, wenn ein Lehrer gerade die Knöpfe der Bluse öffnet und dazu **ansetzt**, einer Schülerin die Hand in die Bluse zu stecken. Tja, so hart sind die Gesetze in diesem Bereich.

▶ Sexuelle Beziehungen zu **Schülerinnen über 18 Jahre** werden strafrechtlich nicht mehr erfasst, weil der Gesetzgeber davon ausgeht, dass die Schülerin nun erwachsen ist und sich frei entscheidet, was sie will. Sie könnte bei ihren Eltern aus- und beim Junglehrer einziehen. Unabhängig von der strafrechtlichen Seite, die hier wegfällt, sind aber disziplinarrechtliche Maßnahmen möglich, falls der Lehrer seine Amtsstellung missbraucht hat. In diesem Fall verstößt der Lehrer gegen das Beamtengesetz. Er verletzt die Pflicht zum »würdigen Verhalten«, das man von jedem Beamten fordern kann. Denn seine Handlung ist geeignet, das Vertrauen der Allgemeinheit in die Amtsführung des Beamten zu beeinträchtigen. Und in einem solchen Fall sind disziplinarrechtliche Schritte möglich. Selbstverständlich gibt es auch einige echte Liebesbeziehungen zwischen Schülerinnen und Lehrern, aber die disziplinarrechtlichen Prüfungen sind hochnotpeinlich. Überdies muss die Schülerin damit rechnen, aus Kursen des betreffenden Lehrers herausgenommen zu werden, weil eine objektive Bewertung durch ihren Liebhaber unwahrscheinlich ist.

Wie vermeidet man nun, dass man in eine solche Affäre hineinrutscht? Denn es gibt natürlich Schülerinnen, deren Reizen man sich nur schwer entziehen kann.

Dazu drei Tipps:

▶ Don't even think of it! Das heißt, denken Sie nicht einmal an die Möglichkeit, sondern sagen Sie sich sofort: »Das macht man einfach nicht!« Sie sind der ältere und hoffentlich auch vernünftigere Teil. Lassen Sie nicht zu, dass Ihre Hormone über Ihre berufliche Laufbahn und damit über Ihre Zukunft entscheiden. Lassen Sie den Gedanken daran nicht zu, denn wenn Sie anfangen zu überlegen, wie man es anstellen könnte, dass niemand etwas davon erfährt, sind Sie bereits verloren. In diesem Moment sind Sie nämlich schon innerlich dazu bereit und suchen nur noch nach Möglichkeiten, um das Ganze geheim zu halten.

▶ Die zweite Vorsorgemaßnahme besteht darin, schon als Referendar und Junglehrer eine gewisse Distanz zu den Schülern aufzubauen. Machen Sie deutlich, dass Ihre persönlichen Verhältnisse die Schüler nichts angehen. Oder, wenn Ihnen das zu hart erscheint, beantworten Sie die Fragen kurz und knapp. Machen Sie klar, dass Sie nicht ins Detail gehen wollen. Falls Sie zufällig Probleme mit Ihrer Freundin haben, so sollten Sie sich hüten, dies öffentlich mitzuteilen, denn Sie haben es mit Jugendlichen zu tun. Und selbst wenn Sie es nicht so gemeint haben, könnte eine solche Bemerkung von einer hochgradig verliebten Schülerin missverstanden werden.

▶ Drittens und zuletzt sollten Sie es vermeiden, allein mit einer Schülerin oder mit einer Schülerin und ihrer Freundin in einem geschlossenen Raum zu sein. Wenn es sich sachlich nicht vermeiden lässt, sollten Sie die Tür zum Raum weit öffnen, sodass jeder, der vorbeikommt, hineinschauen und Sie sehen kann. Stellen Sie sich in den Türrahmen und wechseln Sie ein paar Worte mit denen, die dort vorbeikommen. Ich weiß, das mag Ihnen übertrieben vorkommen. Aber gerade als junger Kollege ist es sinnvoller, vorsichtig zu sein, als sich hinterher aufwändig gegen ungerechtfertigte Vorwürfe wehren zu müssen. Falls eine Schülerin also mit Ihnen unter vier Augen über persönliche Probleme reden möchte, dann tun Sie es in der Pause auf dem Schulhof, dort kann Sie kaum jemand hören, aber jeder kann Sie sehen.

Problemkreis: Die Leistungsbewertung

Dass die Schule ihre Schüler bewerten muss, ist unbestritten. Trotzdem gibt es etliche Detailprobleme, die in der täglichen Praxis vielen Referendaren und Junglehrern Schwierigkeiten bereiten und die zu Meinungsverschiedenheiten zwischen Schülern und Eltern auf der einen und Lehrern auf der anderen Seite führen.

Rechtsgrundlage für die Bewertung von Leistungen sind meist Verordnungen des Kultusministeriums, in denen u.a. ausgeführt wird, dass die Grundlage der Leistungsbewertung **nicht**, wie oft fälschlich angenommen, **der Klassendurchschnitt** ist. Das kann auch nicht sein, weil so ein Schüler, der in einer schwachen Lerngruppe ist, bessere Noten erhalten würde als jemand, der zu einer leistungsstarken Gruppe gehört. Da über die Schulnoten, die Versetzungen und die schulischen Abschlüsse letztlich Lebenschancen verteilt werden, z.B. Ausbildungs- oder Studienplätze, verstieße eine solche Bewertungsgrundlage gegen das staatliche Gebot der Chancengleichheit.

Wenn es aber nicht der Gruppendurchschnitt sein darf, was ist es dann? Den Bewertungsmaßstab liefern die in den Rahmenrichtlinien festgelegten Anforderungen des jeweiligen Faches. Wird das hier verbindlich Geforderte voll erreicht, handelt es sich um eine gute Note, so z.B. die Definition der Note Zwei. Ich weiß, ein solcher Maßstab der Leistungsbewertung ist nicht absolut präzise; außerdem muss man vor Augen haben, was in den Rahmenrichtlinien verlangt wird. Aber diese Grundlage ist deutlich gerechter als die Ausrichtung an einem unberechenbaren, weil ständig wechselnden Durchschnitt der Lerngruppe. Deshalb sollten diejenigen Lehrer, die darüber klagen, dass das Niveau der schulischen Leistung immer weiter sinkt, sich vergegenwärtigen, dass dieser Befund in der einfachen, aber falschen Ausrichtung der Noten am jeweiligen Gruppendurchschnitt begründet sein könnte.

Neben der gerechten Verteilung von Lebenschancen hat die Leistungsbewertung ebenfalls die Funktion, dem Schüler und seinen Eltern Informationen über Stärken und Schwächen zu geben, damit gegengesteuert werden kann. Wie schon erläutert, besitzt jeder Lehrer einen Beurteilungsspielraum, der von den Gerichten grundsätzlich respektiert wird. Dieser Spielraum entbindet den Lehrer jedoch nicht von der Pflicht, den Schülern gegenüber die Kriterien seiner Bewertung offen zu legen, sinnvollerweise bereits am Anfang des Schuljahres oder direkt vor den Klassenarbeiten. Unzulässig ist es folglich, nach dem Schreiben einer Klassenarbeit einen Nebenaspekt nun als Schwerpunkt der Bewertung zu definieren.

Die Gesellschaft fordert vom Lehrer eine möglichst objektive Leistungsbeurteilung. Dass es sich dabei um ein angestrebtes Ziel und nicht um ein Faktum handelt, versteht sich von selbst. Aber die Erkenntnis, dass dieses Ziel nicht vollständig zu erreichen ist, darf nicht dazu führen, das Bemühen um Objektivität fallen zu lassen. Das wäre so, als würde man auf die Rechtsprechung verzichten, weil es keine absolute Gerechtigkeit vor

Gericht gibt. Trotz des erkannten Zusammenhangs zwischen Schulnoten und Lebenschancen ist ein sog. »Sozialisationsausgleich« über die Noten nicht zulässig, indem z.B. der Sohn des reichen A schlechter bewertet wird, da seine Eltern ihm Nachhilfe finanzieren. Wohl aber sind Hilfen **im Unterricht** (z.B. für den schwachen X) zulässig. Ebenso ist es kein Widerspruch zur geforderten Objektivität, falls pädagogische Erwägungen in die Note einfließen. So z.B., wenn eine lange Krankheit vorgelegen hat, ein Elternteil gestorben ist oder die Leistungen sich zum Ende des Schuljahres merklich gesteigert haben, sodass eine positive Prognose für das nächste Schuljahr gestellt werden kann.

Schriftliche, mündliche und sog. »fachspezifische Leistungen« (z.B. praktische Arbeiten in Kunst) sind im Prinzip **gleichwertig** zu gewichten, ohne dass jedoch für die meisten Fächer verbindliche Prozentzahlen existieren, die auf zwei Stellen hinter dem Komma eingehalten werden müssten.

Untersagt bei Klassenarbeiten und auf dem Zeugnis der Sekundarstufe I sind die sog. »Zwischennoten« (z.B.: 4–5), in einigen Ländern auch die sog. »**Prädikatsanhängsel**« (z.B.: 4+). Erlaubt sind dagegen bei Klassenarbeiten **schriftliche Ergänzungen**, wobei ich niemanden kenne, dem der Unterschied zu den Prädikatsanhängseln so recht klar ist. Zulässig ist also »Deine Arbeit ist eine wirklich gute Vier«, weil es eine schriftliche Ergänzung ist. Wie dem auch sei, eine Vier ist eine Vier (und sei sie auch noch so knapp) und keine Fünf. Auch sieben Fächer mit Vierminus rechtfertigen nicht das Sitzenbleiben eines Schülers, sondern erscheinen auf dem Zeugnis als reine Vieren.

Hausaufgaben

Der Themenkomplex der Hausaufgaben stellt für manche Lehrer kein ernstes Problem dar, weil sie die Hausaufgaben entweder nicht kontrollieren oder nicht wissen, wie sie in der Praxis zustande kommen. Wüssten sie mehr, dann gäbe es einiges, worüber es sich durchaus zu reden lohnte. Nur der geringste Teil der Hausaufgaben wird tatsächlich zu Hause angefertigt. Fahrschüler erledigen Hausaufgaben meist auf der Fahrt zur Schule, andere Schüler kurz vor dem Unterricht. Das fällt insbesondere dann leicht, wenn der Lehrer regelmäßig zu spät zum Unterricht erscheint. Wer einmal Hausaufgaben zur ersten Stunde eines Tages aufgegeben hat und sich den zeitlichen Luxus gönnt, fünf bis zehn Minuten vor dem Klingeln im Klassenraum zu erscheinen, wird erfahrungsgemäß etliche Schüler entdecken, die ihre Hausaufgaben von anderen abschreiben. Auch in den Pausen entdeckt man in den Fluren Schüler, die auf Fensterbänken eifrig ihre »Hausaufgaben« abschreiben. Falls nicht nur einige, sondern viele Kollegen einer Schule diese Kopierarbeit geflissentlich übersehen, weil das Einziehen der Hefte Mühe macht, verlieren Hausaufgaben ihren Sinn.

Widmen wir uns nun den Hausaufgaben im Detail, denn hier gibt es in der Praxis häufig Beschwerden von Schülern und Eltern. Rechtsgrundlage ist in den meisten Bundesländern ein sog. »Hausaufgabenerlass«. In ihm wird klargestellt, dass Hausaufgaben eine **Ergänzung des Unterrichts** sind. Es muss folglich ein Zusammenhang mit dem entsprechenden Fachunterricht bestehen, z.B. in der Weise, dass der Unterricht nachbereitet oder vorbereitet wird. Hausaufgaben stellen einen Teil des Unterrichts dar, sie sind so etwas wie die Verlängerung des Unterrichts in den heimischen Bereich. Folgt man der richtigen und wichtigen Idee des »lebenslangen Lernens«, so ist es nur konsequent, dass die Schüler auch zu Hause lernen und arbeiten. Da die Hausaufgaben von der Konzeption her ein Teil des Unterrichts sind, folgt daraus, dass vom Unterricht losgelöste Hausaufgaben nicht gerechtfertigt sind. Unzulässig sind demnach Hausaufgaben, die keinerlei Bezug zum Unterricht haben, die also von den Schülern etwas fordern, was im Unterricht nicht behandelt bzw. besprochen wird.

Der amtlich vorgesehene Zeitansatz für die Sekundarstufe I (Klasse 7–10) liegt bei etwa zwei Stunden pro Tag, das ergibt im Schnitt für jedes Fach einen Zeitaufwand von max. 20 bis 30 Minuten. Größere Hausaufgaben, z.B. die Lektüre eines Romans, müssen darum langfristig vorher gestellt werden und nicht erst eine Woche, bevor die Behandlung beginnen soll. Die Hilfe von anderen Personen (Eltern, Mitschüler, Nachhilfe) bei der Bearbeitung der Hausaufgaben ist ausdrücklich erlaubt. Nicht dazu rechnet selbstredend das Abschreiben der Hausaufgaben in der Schule vom Banknachbarn. Obwohl Hilfe erlaubt ist, müssen die Aufgaben vom Schwierigkeitsgrad so angelegt sein, dass die Bearbeitung auch ohne die Hilfe anderer Personen, wohl aber mithilfe eines Lexikons möglich ist, da nicht jeder Schüler auf Personen zurückgreifen kann, die ihm hilfreich zur Seite stehen. Weil Hausaufgaben zu Hause, d.h. auch mit fremder Hilfe angefertigt werden dürfen, ist eine herkömmliche **Benotung** (d.h. Noten von 1 bis 6, bzw. 0 bis 15 Punkte) meist nicht zulässig, denn ein Schüler, dessen Mutter (ebenfalls Lehrerin) ihm hilft, käme so zu einer guten Note, die nicht allein dem Schüler zuzurechnen wäre. Statthaft ist dagegen, den Umfang der Hausaufgaben und die Sorgfalt ihrer Anfertigung in die **Bewertung** einzubeziehen.

Benotung von Hausaufgaben ist unzulässig, aber eine **Bewertung** in anderer Form ist möglich.

In der Regel werden Hausaufgaben einheitlich für eine Klasse gestellt, dies muss aber nicht immer so sein. Vielmehr können Hausaufgaben zum Fördern und Fordern nach Defiziten oder individuellen Stärken durch den Lehrer differenziert werden. Das ist eine Auswirkung des Grundsatzes der Gleichbehandlung, so seltsam es für juristische Laien auch klingen mag. Erinnern Sie sich noch an die wahre Bedeutung des Gleichheitssatzes? Nicht allen das Gleiche, sondern jedem das Seine!

Damit die Schüler die Aufgabenstellung auch wirklich verstehen, sollte die Hausaufgabe nicht, wie oft erlebt, erst in das Klingeln der Pause hinein gegeben werden, sondern ca. fünf Minuten vorher, sodass noch Fragen zur Aufgabe gestellt und vom Lehrer in Ruhe beantwortet werden können. Ebenfalls muss die Aufgabenstellung präzise festlegen, was der Lehrer eigentlich will. Vage Formulierungen wie: »Schaut euch mal den Text von Kafka an«, werden von den Schülern genauso unverbindlich verstanden. Wer folglich möchte, dass die Schüler etwas **schriftlich** machen, sollte dies auch unmissverständlich sagen, also: »Fasst den Text von Kafka bitte schriftlich zusammen, Umfang mindestens eine halbe Seite.« Zudem sollte die gestellte Hausaufgabe auch im Klassenbuch vermerkt werden, sodass die Ausrede eines fehlenden Schülers »Ich wusste nicht, dass ...« problemlos entkräftet werden kann.

Wenn eine Hausaufgabe erteilt worden ist, dann muss sie auch beachtet, d.h. besprochen werden (zumindest an einigen Fällen), ansonsten bekämen die Schüler zu Recht den Eindruck, ihre Arbeit werde vom Lehrer nicht gewürdigt. Ich empfehle grundsätzlich, die Hausaufgaben **aller Schüler** im Ansatz zu kontrollieren, das geht recht schnell und gewöhnt die Schüler daran, die Hausaufgabe tatsächlich anzufertigen. Bitte machen Sie es aber nicht so oberflächlich wie ein von mir betreuter Referendar, dem man ein Geschichtsheft vorlegen und ihm dadurch den Eindruck vermitteln konnte, die Inhaltsangabe von Storms »Schimmelreiter« sei angefertigt worden.

Die nochmalige Anfertigung einer unsauberen oder stark fehlerhaften Hausaufgabe ist nicht nur juristisch zulässig, sie ist auch pädagogisch ausgesprochen sinnvoll und führt bei konsequenter Anwendung mittelfristig zu sorgfältigem Arbeiten der Schüler. Die Zeit, die man für die Kontrolle und Nachbesserung der Hausaufgaben aufwendet, spart man erfahrungsgemäß später an anderer Stelle wieder ein, weil die Schüler nach einiger Zeit gelernt haben, gewissenhaft zu arbeiten.

Entgegen anderen Gerüchten, die sich hartnäckig halten, ist es in den meisten Bundesländern zulässig, eine Hausaufgabe von Freitag auf Montag zu stellen, wenn der Samstag unterrichtsfrei ist, was heute überwiegend der Fall ist. Anders ist die Lage, wenn nachmittags noch Unterricht stattfindet. Dann darf i.d.R. keine oder nur eine geringe Hausaufgabe zum nächsten Tag gegeben werden.

Hausaufgaben sollten grundsätzlich nicht über die Ferien aufgegeben werden, d.h. nicht vom letzten Tag vor den Ferien zum ersten Tag nach den Ferien. Wenn jedoch vorne und hinten etwas »Luft« gelassen wird, z.B. eine Woche vor und eine Woche nach den Osterferien, stellt sich die Situation völlig anders dar. Denn jetzt können die Schüler die nächste Lektüre in den Ferien lesen, sie müssen es aber nicht. Wer noch mehr zu den Hausaufgaben wissen will, sollte sich in einer ruhigen Stunde den Erlass seines Landes durchlesen.

Häufig tragen einige Schüler vor, sie hätten ihre Hausaufgaben zu Hause vergessen, in der Hoffnung, der verständnisvolle Lehrer werde dies ihnen nicht anlasten. Diese Annahme geht juristisch fehl, denn der Lehrer kann und muss nicht herausfinden, ob das Heft wirklich vergessen oder ob die Hausaufgabe nicht angefertigt wurde. Beide Varianten stellen ein Versäumnis des Schülers dar, denn er hat dafür zu sorgen, dass seine Arbeitsmaterialien im Unterricht verfügbar sind.

Tipp: Betreiben Sie also keine aufwändige Ursachenforschung, sondern halten Sie einfach das Versäumnis fest. Selbstredend muss der Schüler in der nächsten Stunde seine Hausaufgabe **unaufgefordert** vorlegen. Es handelt sich dabei um eine sog. »Bringschuld«, d.h. der Lehrer braucht nicht nachzufragen und die ausstehende Hausaufgabe einzufordern, sondern der Schüler muss sie von sich aus bringen. Es empfiehlt sich, die Schüler über diese eigentlich selbstverständliche Pflicht aufzuklären.

Pfiffige Kollegen kontrollieren die nachgereichten Hausaufgaben besonders gründlich und lassen ggf. nachbessern und können so die Menge der »vergessenen« Hausaufgaben deutlich reduzieren. Dass trotz des Nachreichens der Hausaufgabe der Vermerk über das »Vergessen« in den Notizen des Lehrers nicht getilgt wird, sondern bestehen bleibt, versteht sich hoffentlich von selbst. Schließlich wurde die Hausaufgabe nicht wie gefordert zur fraglichen Stunde mitgebracht.

Nun kann natürlich jeder einmal etwas vergessen, sodass ein ein- oder auch zweimaliges Vergessen die Note nicht negativ beeinträchtigen muss. Sollten jedoch die Hausaufgaben/Arbeitsmaterialien mehrere Male vergessen worden sein, so ist es sinnvoll, dies als nachlässige Arbeitshaltung in die Gesamtnote einfließen zu lassen. Daneben empfiehlt sich ein Hinweis an die Eltern, denn sie sind für das Mitbringen der Arbeitsmaterialien verantwortlich. Das Festhalten solcher Versäumnisse wird insbesondere dann wichtig, wenn ein Schüler zwischen zwei Noten steht. Eine schlechte Arbeitshaltung rechtfertigt dann eine fundierte Entscheidung für die schlechtere Note.

Mündliche Noten und Notenbesprechung

Da viele Referendare und Junglehrer bereits darunter leiden, einzelne Noten vergeben zu müssen, so wird dieser Leidensdruck noch verstärkt, wenn es um die bilanzierende Notenbesprechung zum Ende eines Halbjahres bzw. Jahres geht. Denn da geht es um die Wurst. Es genügt allerdings nicht, den Schülern erst zum Ende des Halbjahres die Note bekannt zu geben. Mindestens eine Zwischenbesprechung ist erforderlich, sinnvollerweise etwa zu den Herbst- oder Osterferien, damit die Schüler erfahren, wie ihr momentaner Notenstand ist und ob sie sich verstärkt anstrengen müssen oder sich entspannt zurücklehnen können.

Aus Ihrer eigenen Schulzeit wissen Sie vielleicht noch, dass der kritische Teil der Notenbesprechung die Beurteilung der mündlichen Mitarbeit ist. Die Noten der schriftlichen Leistungskontrollen werden von den Schülern nach einer gewissen Zeit nicht mehr infrage gestellt, sondern als Basis für die Gesamtnote akzeptiert. Das verstärkt aber bei Schülern mit schlechten schriftlichen Leistungen den Druck, über eine gute mündliche Note, die Schwächen auszugleichen. Wenden wir uns deshalb zunächst der Bewertung der mündlichen Beteiligung und danach der Besprechung der Gesamtnote zu.

Keinem Lehrer ist es möglich, während des Unterrichts die Menge und die Qualität der mündlichen Mitarbeit von über 20 Schülern festzuhalten. Das wissen auch die Schüler, und sie nutzen diese offensichtliche Tatsache, um für sich eine gute Note zu reklamieren. Allerdings ist die zugestandene Unmöglichkeit, objektive mündliche Noten zu vergeben, kein Grund, auf diese Noten zu verzichten oder gar allen Schülern nur gute mündliche Noten zu geben. Vom Lehrer wird verlangt, dass er die mündlichen Noten **nach bestem Wissen** vergibt, nicht mehr und nicht weniger. Falls also ein Lehrer seine mündlichen Noten gewissenhaft erstellt und ein oder mehrere Schüler damit nicht einverstanden sind, so ist das nicht zu ändern. Es spricht aber überhaupt nicht gegen die mündlichen Noten des Lehrers. Die mündliche Note verändert sich nicht nach dem Ausmaß der Empörung, die sie auslöst. Und es wird nicht über sie abgestimmt.

Es ist wirklich erstaunlich, wie solidarisch Schüler sich bei einer Notenbesprechung verhalten können, indem sie sich gegenseitig unterstützen. Ich war einmal Zeuge einer Notenbesprechung eines Referendars, die scheinbar harmlos damit begann, dass zunächst eine Note geändert wurde und die damit endete, dass wie bei einem Erdrutsch die Noten aller protestierenden Schüler angehoben wurden. Allein entscheidend ist jedoch die subjektive Einschätzung des Lehrers. Gerade bei dieser wenig greifbaren Einschätzung genießt der Lehrer einen Beurteilungsspielraum. Dass Schüler bei der Besprechung von mündlichen Noten in der Praxis so erfolgreich sind, hängt ebenfalls damit zusammen, dass viele Lehrer sich keine Aufzeichnungen während des laufenden Halbjahres machen, sondern erst gegen Ende des Halbjahres aus der Erinnerung die mündliche Note erstellen. Dass hierbei nur die letzten Stunden berücksichtigt werden, weiß jeder Schüler. Deshalb steigt die mündliche Beteiligung ja in aller Regel zum Halbjahresende an. Die Saisonarbeiter werden aktiv. Wer als Lehrer jetzt keine Aufzeichnungen besitzt, hat natürlich keine fundierten Gegenargumente, wenn es um die Rechtfertigung einer bestimmten Note geht.

> **Tipp:** Empfehlenswert ist es darum, nach dem Unterricht, z.B. nachmittags, die mündliche Mitarbeit mit irgendwelchen Zeichen einzustufen und mit Datum festzuhalten. Das dauert für alle Klassen nicht viel länger als zehn Minuten, ergibt aber über das Halbjahr hinweg eine solide Grundlage für die Notenbesprechung.

Denn jetzt kann dem Schüler X entgegen gehalten werden, dass er sich zwar, wie viele »Saisonarbeiter«, gegen Ende des Halbjahres gut beteiligt hat, dass aber in den Monaten davor seine Mitarbeit ausgesprochen dürftig war. Schon allein die Tatsache, dass die Schüler von der Existenz einer solchen Liste wissen, auf der Sie sich im Prinzip nach jeder Stunde kurze Notizen machen, reduziert die Zahl der Reklamationen erheblich.

> **Tipp:** Ganz wichtig! Abgesehen von den Fällen, in denen Sie sich schlichtweg verrechnet haben, sollten Sie **niemals eine Note am gleichen Tag** oder gar noch in der Stunde ändern, in der Sie die Noten besprechen!

Das setzt allerdings voraus, dass Sie Ihre Notenbesprechungen nicht zum letztmöglichen Termin, sondern rechtzeitig machen, damit eventuelle Korrekturen noch möglich sind. Warum nun sollten Sie die beanstandete Note nicht am gleichen Tag bzw. in der jeweiligen Stunde ändern? Ganz einfach, Notenbesprechungen dauern erfahrungsgemäß länger als vorgesehen, sodass viele Lehrer deshalb oder aus einem anderen Grund gegen Ende der Stunde unter Zeitdruck stehen. Das wissen auch die Schüler. Sie wissen ebenfalls, dass der Durchschnittslehrer durchaus zu Zugeständnissen bereit ist, wenn er sich dadurch seine Ruhe erkaufen kann. Folglich gibt der typische Lehrer die bessere Note, damit er in die wohlverdiente Pause verschwinden kann. Natürlich nicht, ohne vorher noch die klassische pädagogische Beruhigungspille zu verteilen: »Na gut, dann kriegst du noch eine 4, aber im nächsten Halbjahr strengst Du Dich an, einverstanden?« Vermutlich wird unser Kollege sich später darüber ärgern, dass er unter Zeitdruck ohne sachlichen Grund nachgegeben hat, aber dann ist es zu spät.

Tipp: Machen Sie es besser: Teilen Sie Ihren Schülern vorab mit, dass Sie Ihre Noten **nie** am gleichen Tag ändern, und zwar weil Sie sich die Angelegenheit in Ruhe zu Hause überlegen wollen.

Dagegen sollte kein Schüler etwas haben. Anschließend erörtern Sie zu Hause ohne Druck von außen das Für und Wider und kommen zu einer Entscheidung. Wie die aussehen wird, kann niemand vorhersagen. Sie werden hoffentlich nicht denjenigen, die am lautesten quengeln, eine bessere Note geben. Ebenfalls sind Sie nicht verpflichtet, falls sich drei Schüler beschweren, allen dreien eine bessere Note zu geben oder keinem. Schüler respektieren es durchaus, wenn Sie in einem solchen Fall z.B. nur einem oder zweien die bessere Note geben, denn es unterstreicht nachdrücklich Ihre Unabhängigkeit. Entscheiden Sie nach Ihren Unterlagen und nach Ihrem pädagogischen Gewissen. Wenn dieser Entschluss gefällt ist, dann wird er den Schülern verkündet – und das wars dann. Ob die verkündete Note objektiv richtig ist, das weiß kein Mensch. Aber Sie haben so gewissenhaft gearbeitet, wie Sie konnten – und das genügt vollauf.

Gerne wird von Schülern das Argument der »Ungerechtigkeit« der Noten ins Felde geführt, von den Mädchen oft mit leidendem, von den Jungen mit aggressivem Unterton. Oft wird dieser Vorwurf mit der Behauptung gekoppelt, man sei der einzige Lehrer, der so schlecht benote, eine Behauptung, die sich nach Gesprächen mit den Kollegen meist als falsch herausstellt. Gleichwohl ist die Taktik ausgesprochen geschickt. Indem jeder Lehrer isoliert und als schwarzes Schaf abgestempelt wird, gelingt es den Schülern oft, eine bessere Benotung zu erreichen. Aber kehren wir zurück zum Grundvorwurf: Ein Schüler fühlt sich aufgrund einer schlechten Note ungerecht behandelt. Damit hat er im Spiel um die Noten einen »Joker« gezogen, denn er weiß, dass es für einen Lehrer, der sich als echter Pädagoge versteht, das Schlimmste ist, als ungerecht angesehen zu werden. Schauen wir uns diesen »Joker« im Spiel um die Noten aber einmal unter juristischen Aspekten an. Nur nebenbei sei angemerkt, dass unsere Gerichte ihre Urteile nicht, wie viele meinen, im Namen der Gerechtigkeit fällen, so vermessen sind sie nicht, sondern im Namen des Volkes.

Unter Juristen gibt es das geflügelte Wort, dass es Gerechtigkeit nur im Himmel gibt. Wir auf der Erde und in der Schule können allenfalls versuchen, uns diesem Ideal anzunähern. Doch zurück zu ungerechten und gerechten Noten. Der Begriff der Gerechtigkeit hat etwas mit Gleichbehandlung zu tun, allerdings nicht in dem schlichten Sinne, dass alle Schüler die gleiche Noten bekommen müssten. Das Bundesverfassungsgericht sagt, Sie wissen es schon: »Gleiches soll gleich, Ungleiches soll ungleich behandelt werden.« Jeder soll demnach die Note bekommen, die er aufgrund seiner

Leistungen verdient. Das ist gerecht. Und darüber, wer welche Note zugeteilt bekommt, entscheidet qua Amt der Lehrer. Dass Schüler und Eltern mit dieser alleinigen Entscheidungsbefugnis nicht einverstanden sind, falls Sohnemann eine schlechte Note erhält, ist durchaus nachvollziehbar. Aber es ändert nichts an den juristischen Voraussetzungen.

Eine Erklärung für »ungerechte« Noten liegt darin, dass es deutlich weniger Notenstufen als Schüler gibt. Folglich finden sich immer mehrere Schüler mit sehr unterschiedlichen Leistungen innerhalb einer Notenstufe. Aber irgendwann wechselt in der Abstufung der Schüler die Note zu einer schlechteren, also z.B. von der Vier zur Fünf, weil eine Grenze überschritten wurde. Die Frage, die sich dem schlechter benoteten Schüler stellt, ist folgende: »Warum kann ich nicht auch noch eine Vier haben?«

Nun, in den Rahmenrichtlinien finden sich die Anforderungen an die Schüler und es ist grob festgelegt, bis zu welchem Leistungsstand eine Leistung noch als ausreichend und bei welchem sie als mangelhaft zu bewerten ist. Die Auslegung und Zuordnung für den Einzelfall obliegt dem Lehrer. Er befindet, ob die Leistung den Anforderungen gerade noch entspricht oder schon nicht mehr. Falls er unter Berücksichtigung der rechtlichen Vorgaben der Auffassung ist, ein Leistungsstand sei nicht mehr ausreichend, so hat er die Befugnis dazu. Er muss die Entscheidung dem Schüler gegenüber begründen, aber falls diesem die Note nicht einleuchtet, muss er sie deshalb nicht ändern. Das Urteil des Lehrers ist also nicht zustimmungsbedürftig. Natürlich ist es pädagogisch wünschenswert, dass der Schüler die ihm zugeteilte schlechte Note als angemessen begreift und akzeptiert, aber es ist nicht notwendig.

Von kaum zu unterschätzender Bedeutung für die Notenbesprechung sind die einleitenden Sätze des Lehrers. Wer, wie viele Referendare, die Besprechung mit folgendem Satz beginnt: »Lasst uns doch mal über die Noten diskutieren«, der braucht sich nicht zu wundern, dass die Schüler diesen Satz genau so verstehen, nämlich als Aufforderung zu einer gemeinsamen Notenfindung. Deutlich anders wirkt hingegen als einleitender Satz: »Ich werde Euch jetzt die Halbjahresnoten bekannt geben.« Nun wird auch sprachlich klar, dass es der Lehrer ist, der die Noten bestimmt. Die rechtlichen Vorgaben sehen zwar vor, dass die Noten mit den Schülern erörtert bzw. besprochen werden, aber es sollte schon von Beginn an unmissverständlich sein, wer die Noten festsetzt.

Selbstverständlich besitzen die Schüler einen Anspruch auf Erläuterungen oder das Recht, eine bessere Note für sich zu reklamieren. Sie haben aber keinen Anspruch auf eine Note, die ihnen gefällt. Einige Schüler bemühen sich, eine bessere Note zu erreichen, indem sie versuchen, den Lehrer durch ständiges Nachfragen und immer neue Forderungen nach Erklärungen für die schlechte Note zu ermüden. Auch diese Methode verfängt nicht, denn die Schüler haben kein Anrecht darauf, so lange Begründungen vom Lehrer zu verlangen, bis ihnen die Note einleuchtet.

Gewitzte Kollegen drehen den Spieß um und fordern solche Schüler dazu auf, ihnen doch einmal **schriftlich** darzulegen, aus welchen Gründen sie meinen, eine bessere Note verdient zu haben. Die Zahl der Reklamationen ist daraufhin merklich zurückgegangen, was darauf schließen lässt, dass die empfundene Ungerechtigkeit doch nicht so gravierend gewesen sein muss.

Schriftliche Lernkontrollen

Die schönen Zeiten sind vorbei, in denen Schüler und Eltern die schlechte Note einer Klassenarbeit oder Klausur ohne Rückfragen oder Beschwerden (nicht im juristischen Sinne) akzeptiert haben. Damit Sie diesen kritischen Rückfragen gelassen gegenüber stehen und auf sie fundiert antworten können, ist es hilfreich, einige juristische Grundlagen der Korrektur bzw. Notengebung zu behandeln. Zuvor eine terminologische Klärung: Als Klassenarbeiten bezeichnet man schriftliche Lernkontrollen in den Klassen 5 bis 10, als Klausuren die schriftlichen Lernkontrollen der Sekundarstufe II. Kurze schriftliche Lernkontrollen werden in der Praxis gerne als Tests bezeichnet.

Tests

Kurze schriftliche Lernkontrollen, sog. »Tests«, sind juristisch und pädagogisch in der Regel unproblematisch, da ihr Wert für die Gesamtnote relativ gering ist. Neben den Klassenarbeiten und Klausuren der Sekundarstufe II sind sog. »Tests« nicht nur erlaubt, sondern in den meisten Kurzfächern auch verbindlich vorgeschrieben. Sie bieten den Vorteil, schnell einen überschaubaren Bereich abzuprüfen und sind auch unangekündigt möglich. Sie dürfen in vielen Bundesländern, ähnlich wie Hausaufgaben, bewertet, aber nicht benotet werden, d.h. es dürfen keine herkömmlichen Zensuren verteilt werden. Ich bewerte sie darum mit folgenden Symbolen: ++, +, ±, −, −−. Da es sich nur um fünf Stufen handelt, ist offensichtlich, dass es keine Noten sein können, denn diese sind ja laut Vorgabe des Kultusministeriums sechsfach abgestuft. Man kann auch mit Smilies ☺ ☹ ☺ oder anderen Symbolen bewerten, dem Erfindungsreichtum des Lehrers sind hier keine Grenzen gesetzt.

Probleme gibt es eher mit dem unerlaubten »Abschreiben« vom Nachbarn, wenn es sich um Tests handelt, bei denen nur eine kurze Antwort in eine Zeile eingetragen werden muss. Referendare und Junglehrer haben häufig vergessen, dass die günstigsten Gelegenheiten zum Abschreiben in den Phasen des Austeilens am Beginn und des Einsammelns der Blätter am Ende der Überprüfung liegen.

Tipp 1: Günstig ist es deshalb, die Blätter mit der Rückseite nach oben zu verteilen, sodass noch niemand die Fragen lesen kann. Erst wenn alle Aufgabenzettel verteilt sind, werden die Blätter auf Anweisung des Lehrers umgedreht, mit Namen versehen und die Bearbeitung beginnt.

Tipp 2: Ohne großen Arbeitsaufwand ist es heute durch Textverarbeitungsprogramme möglich, das Abschreiben zu erschweren. Eine Möglichkeit besteht darin, zwei Fassungen des Tests mit deutlich unterschiedlichem Schriftbild herzustellen und diese Fassungen groß mit A und B zu kennzeichnen, sodass die Schüler bei einem kurzen Blick auf das Blatt des Nachbarn feststellen müssen, dass dieser offensichtlich völlig andere Aufgaben hat.

Tipp 3: Eine andere Methode besteht darin, die Reihenfolge geringfügig zu ändern. So kann man z.B. bei der Kontrolle eines gelesenen Textes die Fragen einmal chronologisch ordnen, in der zweiten Variante jedoch beim Ende beginnen lassen oder auch Themenblöcke vertauschen.

Tipp 4: Beim Einsammeln der Tests entschärft man die Situation, indem man die Schüler zunächst alle Schreibgeräte weglegen und die Blätter wieder umdrehen lässt. Danach werden die Blätter von einer gedachten Mittellinie nach außen und anschließend nach vorne durchgereicht, sodass der Lehrer rechts und links von sich je einen Stapel mit der Hälfte des Tests hat.

Zur Frage, warum ich der Ansicht bin, dass das Abschreiben vom Nachbarn auch bei den relativ unbedeutenden Tests wirksam unterbunden werden sollte, werde ich später bei den Täuschungsversuchen (siehe Seite 145) noch etwas aus juristischer Sicht sagen.

Klassenarbeiten/Klausuren

Von Klassenarbeiten spricht man bei umfangreicheren schriftlichen Leistungskontrollen, die im Klassenverband geschrieben werden, also i.d.R. bis zum Ende der 10. Klasse, als Klausuren werden die schriftlichen Arbeiten der Sekundarstufe II bezeichnet. Die Rechtsgrundlage für Klassenarbeiten bzw. Klausuren findet sich in speziellen Verordnungen. Die Bedeutung dieser punktuellen Kontrollen liegt in ihrer großen Objektivität, da sämtliche Schüler zur gleichen Zeit am gleichen Ort die gleiche Fragestellung bearbeiten und nach einem einheitlichen Bewertungssystem benotet werden. Schriftliche Lernkontrollen müssen sich aus dem Unterricht ergeben und sind i.d.R. einige Tage vorher anzukündigen. Sie sollen gleichmäßig über das gesamte Schuljahr verteilt sein und sich nicht am Ende des Halbjahres bzw. am Ende des Schuljahres häufen. Ihre Anzahl ist festgeschrieben, und zwar meist durch einen Rahmen, also im Fach Deutsch z.B. vier bis sechs Arbeiten pro Schuljahr. Für den Regelfall gilt der Mittelwert, der untere Wert kann genommen werden, falls der Lehrer längere Zeit gefehlt hat oder die Klasse längere Zeit abwesend war (z.B. Praktikum + Klassenfahrt). Auch die Arbeitsbelastung für die Schüler ist festgelegt: Pro Tag darf nur eine Klausur bzw. Klassenarbeit, maximal dürfen drei Arbeiten pro Woche geschrieben werden, wobei die vorgenannten Tests, d.h. kurze schriftliche Überprüfungen, nicht mitgezählt werden.

Bei schriftlichen Lernkontrollen entwickeln sich oft Probleme, die man hätte vermeiden können, wenn man sie vorher durchdacht hätte. In der Stunde der Klassenarbeit stehen jedoch alle Beteiligten »unter Strom«. Die Zeit ist knapp, und so werden oft falsche Entscheidungen gefällt, die meist nicht mehr sauber rückgängig zu machen sind. Schauen wir uns die häufigsten Komplikationen an: Manchmal ergibt es sich, dass ein Schüler dem Lehrer gegenüber angibt, sich einerseits nicht wohl zu fühlen, andererseits aber die Arbeit zu schreiben, falls der Lehrer dies ausdrücklich wünscht. Natürlich kann das der tatsächlichen Sachlage entsprechen und ohne Hintergedanken geäußert werden. Es kann aber ebenfalls eine Strategie sein, für etwaige schlechte Leistungen bereits vorab eine Erklärung zu liefern und somit auf eine mildere Bewertung zu hoffen. Mit klagendem Unterton wird dem Lehrer dann vorgehalten: »Sie wollten doch unbedingt, dass ich die Arbeit mitschreibe, obwohl es mir so schlecht ging.« So werden Gewissensbisse auf Seiten des Lehrers hervorgerufen, weil er, um sich zusätzliche Arbeit zu ersparen, den Schüler gedrängt hat, mitzuschreiben.

Tipp: Deshalb ist es empfehlenswert, vor dem Austeilen der Aufgabenstellung definitiv zu klären, ob es jemandem so schlecht geht, dass er die Arbeit nicht mitschreiben kann. Liegt das vor, sollte der Betreffende unverzüglich vom Mitschreiben befreit werden und zu einem späteren Termin nachschreiben. Dass jedoch zum Nachschreibetermin eine andere Aufgabenstellung vorliegt, sollte allen Beteiligten klar sein.

Falls der Schüler – niemand sonst – befindet, dass sein Gesundheitszustand so ist, dass er in der Lage ist, die Arbeit mitzuschreiben, ist er daran gebunden und muss grundsätzlich die Konsequenzen, z.B. auch einer schlechten Arbeit, tragen.

Pädagogisch verständlich, aber juristisch höchst brisant ist es, Fragen von einzelnen Schülern **während der Arbeit** zu beantworten. Das Brisante eines solchen Handelns zeigt sich nicht bei der ersten, sondern bei der zweiten, der dritten oder der vierten Frage. Denn falls der Lehrer die erste Frage von Schüler A beantwortet, mit welchem Recht will er die nächste Frage von Schüler B oder die von C oder D oder X nicht mehr beantworten? Das sollte man vorher gründlich durchdenken.

Entweder muss der Lehrer fairerweise **jedem** Schüler eine Frage beantworten oder es kommt zu einer faktischen Ungleichbehandlung, indem z.B. die Frage von Schüler C unbeantwortet bleibt, während A eine kleinere oder größere Hilfe zur richtigen Entscheidung gegeben wird. Aus dieser Überlegung heraus sind im schriftlichen Abitur zu Recht jegliche Erklärungen des Lehrers nach dem Verteilen der Aufgabenstellung untersagt. Der Lehrer ist also gefordert, seine Aufgabenstellung so eindeutig zu formulieren, dass sie unmissverständlich ist. Das sollte eigentlich nach einigen Jahren Berufserfahrung machbar sein.

Falls der Lehrer trotzdem davon ausgeht, dass seine Aufgabenstellung für die Schüler unklar sein könnte, wäre ein gerade noch vertretbarer Kompromiss für Schüler der Sekundarstufe I, nach dem (Vor)lesen der Aufgabenstellung den Schülern 5 Minuten Zeit zu geben, in denen Fragen zur Aufgabenstellung **für alle hörbar gestellt** und auch **ebenso laut beantwortet** werden. Auf diese Weise ist es möglich, große Missverständnisse im Vorfeld auszuräumen, bei kleinen Verständnisproblemen, die sich später herausstellen, müssen die Schüler lernen, sich selbstständig während der Arbeit zu entscheiden. Gerade vor dem wichtigen Erziehungsziel der Selbstständigkeit lässt sich ein solches Vorgehen gut begründen.

Zu den Klassenarbeiten sind prinzipiell Berichtigungen anzufertigen. Das ist pädagogisch sinnvoll, damit die Schüler erst aus ihren Fehlern lernen und diese Erkenntnis danach aktiv umsetzen. Die Frage, ob der Lehrer die Unterschrift der Eltern unter die benotete Arbeit fordern kann, um die Kenntnisnahme sicherzustellen, ist in den Bundesländern unterschiedlich geregelt. Gegen das Einfordern einer Unterschrift spricht, dass dadurch schwache Schüler in die Versuchung gebracht werden könnten, die verlangte Unterschrift zu fälschen. Setzt man jedoch ein entspanntes und vertrauensvolles Verhältnis zwischen Schülern und Eltern voraus, so spricht nichts gegen eine Unterschrift der Eltern. Sollte Ihr Bundesland eine Unterschrift der Eltern verbieten, ist es nützlich, in gravierenden Fällen (z.B. mehrere missglückte Arbeiten) die Eltern kurz telefonisch oder schriftlich zu informieren.

Stellt ein Lehrer nach Benotung und Rückgabe der Arbeit fest, dass er sich bei einer Note **zugunsten** des Schülers **geirrt** hat, er hat sich z.B. beim Addieren der Punkte zugunsten des Schülers verrechnet und merkt dies später, **so ist eine nachträgliche Änderung, d.h. eine Verschlechterung der Note, juristisch zulässig.** Dies ist vielen Lehrern unbekannt. Sie glauben, sie seien an die einmal gegebene Note gebunden oder dürften sie nicht ändern oder nur ändern, um sie zu verbessern. Trotz der weiten Verbreitung dieser Auffassung ist das falsch. Der Lehrer hat, wie jeder andere Teil der öffentlichen Verwaltung, das Recht, einen Irrtum zu korrigieren, notfalls auch zu Lasten des Schülers. Wer hier Bauchschmerzen hat, sollte bedenken, dass der Schüler ja keine schlechtere Note als verdient erhält. Er bekommt nun genau die Note, die ihm eigentlich zusteht. **In der Praxis wird diese Regelung (aus pädagogischen Gründen) kaum angewendet**, um das Vertrauen der Schüler in die Gültigkeit von Noten nicht unnötig zu erschüttern.

Fehlt ein Schüler bei einer schriftlichen Arbeit, so ist zu unterscheiden, ob er entschuldigt oder unentschuldigt die Lernkontrolle versäumt. Bei unentschuldigtem Fehlen liegt die Beurteilung der nicht erbrachten Leistung im Ermessen des Lehrers, auch eine Bewertung mit Sechs (bzw. 0 Punkten) ist gerechtfertigt, da seitens des Schülers eine Leistungsverweigerung vorliegt. Fehlt der Schüler entschuldigt, eine Situation, die oft in der Sekundarstufe II anzutreffen ist, wird es kompliziert: **Grundsätzlich** legt auch hier der Lehrer das weitere Vorgehen fest, allerdings darf er für die versäumte Arbeit keine fiktive Note geben (also keine 06 Punkte, da der Schüler vermutlich diese Punktzahl erreicht hätte). Der Lehrer kann das Nachschreiben der Arbeit verlangen, falls er es für notwendig erachtet, er darf aber auch auf die Arbeit verzichten, wenn sie ihm entbehrlich erscheint. Falls jedoch der Schüler eine Ersatzleistung wünscht, um seinen Kenntnisstand zu dokumentieren, so **muss in einigen Bundesländern dem Wunsch des Schülers entsprochen werden**, allerdings legt der Lehrer **die Art** der Ersatzleistung fest (z.B. Nachschreibeklausur, Referat oder mündliche Prüfung). Der Schüler besitzt **kein Wahlrecht in Bezug auf die Art** der Ersatzleistung.

Zu einem ausufernden Problem wird das entschuldigte Fehlen von Schülern zum angekündigten Klausurtermin, weil pfiffige Schüler erkannt haben, dass dies für sie vorteilhaft ist. Am günstigsten ist es, wenn der Lehrer als Ersatzleistung mit einem Referat einverstanden ist, das man sich über entsprechende Anbieter aus dem Internet herunterlädt und mit bewegten Worten vorliest oder einfach nur vorlegt. Aber auch das Nachschreiben von Klausuren ist bei etlichen Lehrern keine große Belastung, sondern für gezielt fehlende Schüler i.d.R. mit erheblichen Vorteilen verbunden:

1. Die Schüler gewinnen mehr Zeit für die Vorbereitung;
2. Sie erfahren von den Mitschülern, wie die Arbeit angelegt war und wo die Hauptschwierigkeiten lagen;
3. Die Nachschreibearbeit muss sich ebenfalls auf den gleichen Unterricht beziehen;
4. Viele Lehrer scheuen den Mehraufwand für eine völlig neue Arbeit und wandeln nur die ursprüngliche Arbeit leicht ab;
5. Das Nachschreiben findet oft zusammengefasst in großen Räumen statt, in denen das Täuschen leichter möglich ist.

Es soll aber auch Kollegen geben, die sich bereits bei der Konzeption der ursprünglichen Arbeit eine unangenehme Alternative überlegen und dies auch ihren Schülern mitteilen. Das klingt dann in etwa wie folgt: »Die typischen Aufgaben, die sich auf den Unterricht beziehen, sind schon verbraucht und können somit nicht noch einmal genommen werden.« Die daraus folgende deutlich schwierigere Nachschreibeklausur spricht sich in Schülerkreisen sehr schnell herum und führt dazu, dass bei solchen Lehrern nur selten Schüler bei Klausuren fehlen.

In Bezug auf die Notengebung besitzt der Lehrer, wie Sie wissen, nicht nur das Recht zu beurteilen, sondern einen sog. »Beurteilungsspielraum«, in dem er sich relativ frei bewegen darf. Die Tatsache, dass der Dienstherr den Lehrern diesen Spielraum lässt, hat seinen guten Grund. Man ist zutreffend der Ansicht, dass es so viele Faktoren gibt, die für das Zustandekommen einer Note ausschlaggebend sind, dass es quasi unmöglich ist, im Nachhinein all diese Faktoren mathematisch aufzuschlüsseln. Wer will, außer dem unterrichtenden Lehrer, denn fachkundig beurteilen, in welchem Umfang ein Thema im Unterricht behandelt wurde? Und aus der Art und Weise der Behandlung ergibt sich natürlich die Anforderungshöhe der Aufgabenstellung. Wenn ein Thema nicht nur einmal behandelt, sondern noch mehrfach wiederholt und vertieft wurde, ist eine strengere Bewertung gerechtfertigt.

Die Einschätzung darüber liegt beim Lehrer und nicht bei den Schülern oder ihren Eltern, selbst wenn diese auch Lehrer sind. Die Juristen sprechen hier von einer »**Einschätzungsprärogative**«, d.h. der Lehrer hat das Vorrecht, die Einschätzung vorzunehmen – und niemand sonst. Der Beurteilungsspielraum des Lehrers ist somit ein großer Vertrauensbeweis des Dienstherrn gegenüber seinem Beamten. Dieses Vertrauen ist in der Regel auch gerechtfertigt, denn der Lehrer hat das entsprechende Fach studiert und mit einer Prüfung abgeschlossen. Er ist folglich fachlich kompetent. Er hat eine nachgewiesene pädagogische Eignung und er hat die Vergleichsmöglichkeit zu anderen Schülern, ist folglich deutlich objektiver als ein Schüler, der sich subjektiv zu schlecht benotet fühlt. Die Tatsache, dass ein Lehrer seit etlichen Jahren erfolgreich und ohne Beanstandungen unterrichtet, ist ebenfalls ein Argument für seine korrekte Bewertung. Ich behaupte damit nicht, dass sich Lehrer nicht auch einmal irren können. Natürlich tun sie das, genau wie jeder andere Mensch. Aber es besteht zunächst kein Grund, an der Bewertung einer Arbeit durch den zuständigen Lehrer zu zweifeln.

Gerade Junglehrer oder Referendare werden häufig mit kritischen Rückfragen von Eltern konfrontiert oder aber – noch schlimmer – die Eltern kennen einen befreundeten Lehrer. Dieser hat sich die Arbeit des Kindes durchgelesen und kommt – welch ein Wunder – zu einem deutlich besseren Ergebnis als Sie.

> **Lassen Sie sich trotz Ihrer kurzen Dienstzeit nicht aus der Ruhe bringen und argumentieren Sie glasklar wie folgt: Sie allein haben in Bezug auf die fragliche Arbeit das Recht der Beurteilung (die Einschätzungsprärogative) und niemand sonst. Denn nur Sie wissen, wie der Stoff im Unterricht der Lerngruppe behandelt wurde und nur Sie haben alle anderen Arbeiten gelesen und können somit vergleichend abstufen.**

Geschickte Eltern versuchen es manchmal mit der harmlos klingenden Frage: »Haben Sie etwas dagegen, wenn wir die Arbeit dem Fachobmann Ihrer Schule zum Durchlesen vorlegen?« Man will Ihnen damit suggerieren, dass Sie, falls Sie nichts zu verbergen haben, doch eigentlich nichts gegen diesen Vorschlag haben könnten. Und natürlich auch umgekehrt: Nur wessen Note nicht wasserdicht ist, wird gegen dieses Verfahren sein. Glauben Sie mir, dieser subtile Mechanismus wirkt. Fast jeder Referendar oder Junglehrer fällt darauf herein, weil er meint, seine Offenheit demonstrieren zu müssen.

> **Tipp:** Sie sollten allerdings aus gutem Grund etwas gegen dieses Verfahren der Mehrfachbewertung haben. Ich empfehle Ihnen, dieses Ansinnen höflich, aber bestimmt zurückzuweisen, so wie es auch der Leiter der Fachschaft hoffentlich ablehnen wird.

Es gibt bestimmte Klausuren (z.B. Abitur), bei denen eine Zweit- bzw. Drittkorrektur vom Kultusministerium vorgesehen ist. Bei anderen Arbeiten ist es nicht vorgesehen, **weil es nicht notwendig ist.** So einfach ist das. Von daher gibt es überhaupt keinen Grund, sich über das hinwegzusetzen, was Ihr Kultusministerium als verbindliche Norm vorgibt. Fragen Sie doch einmal solche Eltern, ob *sie* damit einverstanden wären, wenn Sie mit ein paar Kollegen einmal in der Wohnung vorbeischauen und begutachten würden, ob dort alles in Ordnung ist. Ich vermute, die besagten Eltern würden sich das verbitten. Zu Recht.

Sie werden sich als junger Kollege hoffentlich ebenfalls dagegen verwahren, falls irgendwelche Schüler sich vertrauensvoll an Sie wenden und Sie freundlich bitten, doch einmal ganz unverbindlich die Klausur gegenzulesen, die Kollege X korrigiert hat. Stellen Sie sich bitte vor, wenn so etwas einreißt: Jeder Schüler mit einer Arbeit, deren Note ihm nicht gefällt, könnte dann damit hausieren gehen, bis er einen Lehrer gefunden hat, der, ohne den vorausgegangenen Unterricht zu kennen, die Arbeit besser bewertet als der zuständige Fachlehrer. Es lohnt sich deshalb nicht, ernsthaft auf die bessere Note eines anderen Lehrers einzugehen. Er kann den vorausgegangenen Unterricht nicht beurteilen – und vielleicht ist er auch nicht so anspruchsvoll wie Sie.

Für die Bewertung der Klassenarbeiten bzw. Klausuren existieren in den meisten Bundesländern prozentuale Quoten für Arbeiten, die regelmäßig »unter dem Strich« liegen dürfen. Für die Sekundarstufe I sind das Arbeiten, die mit Fünf oder schlechter benotet worden sind, in der Sekundarstufe II beginnt dies bei 04 Punkten oder weniger. **In der Regel sind in der Sekundarstufe I bis zu 30 Prozent und in der Sekundar-**

stufe II bis zu 50 Prozent unter dem Strich genehmigungsfrei. Für die exakten Zahlen schauen Sie bitte in die Verordnung Ihres Landes. Sollte der Ausfall der Arbeit schlechter sein, so ist eine schlechte Gesamtbewertung ausnahmsweise möglich, falls der Schulleiter dies genehmigt. Er wird das problemlos unterschreiben, wenn Sie überzeugend (schriftlich) darlegen, dass Sie das Thema ausreichend lange behandelt haben und dass es auch gute Ergebnisse in der Lerngruppe gab, sodass deutlich wird, dass man das von Ihnen gesteckte Ziel mit entsprechendem Arbeitsaufwand erreichen konnte. Nicht überzeugend erscheint mir die Vorstellung mancher Schulleiter, man müsse eine sehr schlecht ausgefallene, aber gründlich vorbereitete Arbeit so oft schreiben lassen, bis endlich mehr als 70 Prozent der Schüler bei der Überprüfung dieses Themas im grünen Bereich liegen.

Tipp: Warten Sie mit dem Darunterschreiben der Noten mit rotem Stift, bis der Schulleiter die Arbeit tatsächlich genehmigt hat. Wenn Sie voreilig die Endnoten mit Rot darunter setzen und der Schulleiter die schlechte Bewertung aus einem Grund nicht absegnen sollte, dann haben Sie ein Problem, indem Sie jetzt sichtbar etliche Noten ändern müssen. Das sollten Sie sich ersparen.

Falls Sie jedoch die Noten zunächst nur mit Bleistift darunter schreiben, so haben Sie bei einer Ablehnung des Schulleiters noch die Möglichkeit, die Notenverteilung so zu ändern, dass der Anteil der schlechten Arbeiten gerade noch genehmigungsfrei ist.

Die Korrektur einer Arbeit soll Vorzüge und Mängel einer Arbeit aufzeigen, damit Schüler aus der Korrektur etwas lernen und Eltern begreifen, was an der Arbeit gut bzw. falsch ist. Das heißt, Schüler und Eltern müssen nicht mit Ihrer Bewertung einverstanden sein, aber sie muss nachvollziehbar sein. Wenn Sie eine solche Korrektur nicht liefern, verstoßen Sie zum einen gegen eine Vorgabe Ihres Dienstherrn, zum anderen provozieren Sie unnötige Rückfragen zur Bewertung der Arbeit.

Ich kenne natürlich auch die Praxis und weiß, dass kaum ein Schüler sich gründlich Ihre oder meine Korrekturen anschaut. Die meisten klappen das Heft auf, schauen auf die Note und klappen es wieder zu, worauf ein Aufschrei der Begeisterung oder des Jammers folgt. Aber für die wenigen, die sich vor der nächsten Arbeit noch einmal Ihre Korrekturen anschauen wollen, sind Sie dienstlich gehalten und pädagogisch verpflichtet, eine Erkenntnis fördernde Korrektur anzufertigen. Bei gravierenden Mängeln erwartet man von Ihnen auch konstruktive Verbesserungsvorschläge.

Bei der Korrektur einer Arbeit kann man **Rand**bemerkungen und **End**bemerkungen im Stile eines Gutachtens unterscheiden. Ich gebe den traditionellen Randbemerkungen den Vorzug, weil sie unmittelbar neben der fehlerhaften Stelle angebracht werden und somit dem Schüler schneller und klarer zeigen, wo der Mangel steckt.

Die Frage, ob man direkt in die Klausur eines Schülers hineinkorrigieren darf oder sich nur auf den Rand bzw. das Ende der Arbeit beschränken soll, wird unterschiedlich beurteilt. Juristisch spricht nichts gegen Anmerkungen direkt im Text des Schülers. Es wird kein geistiges Eigentum des Schülers verletzt. Anders wäre es u.U. im Kunstunterricht, wenn z.B. ein Lehrer in eine Schülerarbeit so massiv hineinzeichnet, dass die

Schülerarbeit als solche nicht mehr zu erkennen ist. Diesen Charakter eines Kunstwerks wird man bei einer Klassenarbeit ausschließen können. Dennoch stellt sich die pädagogische Frage, ob man direkt im Text korrigieren sollte. Die pädagogisch fortschrittlich orientierte Richtung lehnt dies ab, um die Arbeit des Schülers »unversehrt« zu lassen und nicht sein Selbstwertgefühl durch die rote Tinte des Lehrers zu schwächen. Ich bin da eher unsensibel und glaube nicht, dass durchschnittliche Schüler unsäglich darunter leiden, wenn sie spüren, dass die Kritik des Lehrers grundsätzlich wohlwollend ist. Außerdem ist die Korrektur im Text oft präziser als am Rand oder gar erst am Ende der Arbeit. Und auch im späteren Leben werden unsere Schüler damit leben müssen, dass Vorgesetzte etwas in ihre Arbeit hineinschreiben.

Normale Klausuren bzw. Klassenarbeiten, d.h. der Großteil dessen, was Sie als Lehrer schreiben lassen, sind keine Verwaltungsakte, d.h. sie sind nicht mit Widerspruch oder Klage anfechtbar. Lassen Sie sich darum nicht von juristisch halbgebildeten Schülern oder Eltern bluffen, falls diese Ihnen gegenüber mit solchen Schritten drohen. Etwas anderes gilt nur für Abiturklausuren oder wenn die Klausur durch ihre Stellung ein so großes Gewicht besitzt, dass von ihr z.B. die Versetzung abhängt.

Klausuren von besonderer Bedeutung

Einige schriftliche Leistungskontrollen besitzen einen so hohen Stellenwert, dass über sie das Bestehen oder Nichtbestehen von Prüfungen oder Abschlüssen und damit letztlich die Eröffnung oder Versagung von Lebenschancen abhängt. Das ist der juristische Hintergrund, warum solche Klausuren als Verwaltungsakte eingestuft werden. Die Auswirkung dieser Einstufung ist erheblich, denn jetzt können die Arbeiten von dem Betroffenen mit Widerspruch und Klage angefochten werden. Sie werden daraufhin von der Kultusverwaltung bzw. von einem Verwaltungsgericht überprüft, allerdings nicht, wie viele Schüler glauben, in inhaltlicher Hinsicht.

Damit Sie verstehen, wer hier was überprüft und was das mit der Korrektur von Klausuren zu tun hat, muss ich leider ein wenig ausholen.

Lassen Sie dies unseren Fall sein: Ein Kandidat vertritt im Abitur als zentrale These, Goethes junger Werther habe nur deshalb solche Schwierigkeiten mit Lotte, weil er schwul sei. Das ist schlichtweg falsch, und im gesamten Text findet sich nicht der kleinste Anhaltspunkt für eine solche haarsträubende These. Sie und Ihre zuständigen Fachkollegen haben folglich die Arbeit schlecht bewertet, womit der eigenwillige Kandidat nicht einverstanden ist. Er legt darum zunächst Widerspruch ein und als dieser abschlägig beschieden wird, zieht er vor das Verwaltungsgericht.

Nun schauen wir uns einmal an, wer über seinen Fall entscheidet. In der Kultusverwaltung und im Verwaltungsgericht sitzen keine Deutschlehrer, sondern Verwaltungsjuristen. Diese werden nicht den »Werther« noch einmal durchlesen oder gar alle möglichen Interpretationen studieren, die es zum Werther gibt.

Was also können die überprüfenden Juristen tun? Sie überprüfen, ich nenne es einmal so, den »äußeren Rahmen«. Das sagt Ihnen begreiflicherweise noch nichts, deshalb werde ich diesen Begriff jetzt füllen. Falls also als Randbemerkungen der Arbeit häufig Bemerkungen wie »gut«, »treffend beobachtet« oder »genau, das ist es!« zu finden sind, dann ist eine schlechte Bewertung nicht gerechtfertigt. Die Menge und die Art der Randbemerkungen müssen folglich in eine Richtung weisen, die sich mit dem Ergebnis deckt. Falls Sie nun glauben, es sei darum geschickt, gar nichts an den Rand zu schreiben, so haben Sie sich getäuscht. Ohne negative Randbemerkungen lässt sich auch kein schwaches Ergebnis begründen. Außerdem würde das die Auffassung bestätigen, dass Sie nicht sorgfältig korrigieren. Die Juristen in der Kultusverwaltung und beim Verwaltungsgericht überprüfen ebenfalls, ob Sie sich beim Zusammenzählen von Punkten oder Teilnoten verrechnet haben, aber mehr nicht.

Die Juristen überprüfen das, was jeder vernünftige Mensch ohne besondere Fachkenntnisse (hier über den »Werther«) kontrollieren kann.

Sie sehen also, wie bedeutsam es ist, eine herausgehobene Klausur sorgfältig zu korrigieren. Vor allem dann, wenn sie schlecht bewertet wird.

Die seltene Ausnahme

Ich glaube nicht, dass Sie schon bald mit dem gleich folgenden Ausnahmefall zu tun haben werden, denn er stellt kein häufiges Problem dar. Sie sollten ihn aber kennen, weil er eine wichtige Richtungsänderung in der Rechtsprechung von Bewertungen darstellt. Es gilt zwar weiterhin, dass die Verwaltungsgerichte grundsätzlich nicht den Inhalt selbst von wichtigen Arbeiten bzw. Prüfungen überprüfen.

Allerdings existieren seit 1991 zwei Urteile des Bundesverfassungsgerichts, die man in einem Schulrechtsbuch nicht unterschlagen darf. Was besagen nun diese beiden Entscheidungen? Falls ein Kandidat in einer wichtigen Prüfungssituation fundiert nachweisen kann, z.B. durch anerkannte Fachliteratur, dass er mit seiner Meinung nicht allein steht, so muss notfalls ein Sachverständiger gehört werden, um über die Bewertung zu entscheiden. Das BVerfG sah sich dazu gezwungen, weil es nachweislich Prüflinge gab, die objektiv besser informiert waren als einige Prüfer, die immer noch die Prüfungsfragen und -antworten aus ihrer eigenen Studienzeit verwendet hatten. Für unseren »Werther-Fall« würde das bedeuten:

Falls der Abiturient ein anerkanntes wissenschaftliches Werk nachweist (nicht Gerüchte aus dem Internet), in dem Werthers Homosexualität dargelegt wird, so könnte man seine Position nicht als falsch bewerten. Aber bleiben Sie ganz ruhig, nicht Sie müssen suchen, ob es ein solches Werk gibt, sondern der Kandidat muss diesen Nachweis erbringen. Mehr zu diesem Sonderfall beim Prüfungsrecht (siehe Seite 152).

Täuschungsversuch

Während einer Klassenarbeit oder Klausur stellt jeder Täuschungsversuch ein Problem dar, weil diese Situation den Lehrer meist unvorbereitet trifft und er sehr schnell eine Entscheidung treffen muss, die auch für nachfolgende Fälle anwendbar bleibt.

Eine schlechte Wahl, ist es, die Täuschung zu ignorieren, um nicht eingreifen zu müssen. Das mag zunächst bequem erscheinen, schafft langfristig aber mehr Probleme, als zunächst vermieden werden. Selbstverständlich erkennen die Schüler eine solche Haltung und nutzen dies aus, indem sie die Täuschungen immer weiter ausdehnen, bis der Lehrer faktisch gezwungen ist einzuschreiten, will er nicht seine Leistungskontrollen zur Farce machen. Ich kenne einen Physiklehrer, mittlerweile im Ruhestand, der sich als letzte Konsequenz seines zaghaften Verhaltens während der Klassenarbeit vorne an sein Pult setzte und die Zeitung las – damit er nicht sehen musste, wie die gesamte Klasse aus dem Physikbuch abschrieb.

In der Vergangenheit habe ich feststellen müssen, dass einige vermeintlich fortschrittliche Pädagogen mit leuchtenden Augen das Banner der »sozialen Gerechtigkeit« vor sich her trugen, aber im Täuschungsversuch von Schülern nichts Unsoziales entdecken konnten. Ein scharfes Vorgehen hiergegen hielten sie für überzogen, vielmehr erblickten sie darin so etwas wie eine »Solidarität« der Schüler untereinander. Ich halte dies, grob gesagt, für ziemlichen Unfug, der nur zeigt, dass die Betreffenden sich gedanklich nicht mit dem Täuschungsversuch auseinander gesetzt haben.

Bevor wir uns den unterschiedlichen Formen der Täuschung zuwenden, lassen Sie uns den rechtlichen Hintergrund betrachten. Warum darf die Schule den Täuschungsversuch nicht dulden? Ich hoffe, wir können uns darauf verstandigen, dass die Schule über Noten, Prüfungen und Abschlüsse letztlich Lebenschancen eröffnet oder verengt. Millionen von Arbeitslosen und die Tatsache, dass in manchen Fällen eine Zehntelnote über den Zugang zu einem Studien- oder Arbeitsplatz entscheidet, machen dies nachdrücklich deutlich. Da Schulnoten also mitentscheidend für Lebenschancen sind, muss die Schule dafür sorgen, dass diese Noten so gerecht wie möglich verteilt werden. Derjenige, der sich anstrengt und gute Leistungen erbringt, soll auch gute Noten bekommen. Derjenige, der sich nicht anstrengt und schwache Leistungen erbringt, muss schlechte Noten in Kauf nehmen.

Ein täuschender Schüler versucht, dieses System der leistungsabhängigen Noten zu unterlaufen. Durch die Täuschung will er sich bzw. seine Leistungen besser darstellen als sie in Wirklichkeit sind. Gelingt die Täuschung, verschafft er sich gegenüber anderen Schülern, die nicht getäuscht, sondern geübt haben und objektiv besser sind, einen Vorteil. Im Endeffekt und auf die Spitze getrieben hat dies als Konsequenz, dass ein täuschender Schüler unter Umständen einen Studien- bzw. Arbeitsplatz bekommt, während seine redlichen Mitbewerber leer ausgehen, obwohl sie eine größere Berechtigung hätten. Jeder Lehrer sollte sich dies vor Augen führen, wenn er beim nächsten Mal eine Täuschung aus Bequemlichkeit oder falsch verstandener Liberalität übersieht. Schließlich sollte es auch pädagogisch unbestritten sein, die Interessen derjenigen zu wahren, die sich sozial korrekt verhalten und sozialschädliche Verhaltensweisen einzudämmen.

Auch das Argument der »Solidarität« unter Schülern vermag bei näherer Betrachtung nicht zu überzeugen. Zunächst kann eine »Solidarität« allenfalls bei der Variante des »Abschreibenlassens« angenommen werden, obwohl es eine ganze Reihe von anderen Täuschungsarten gibt. Aber schauen wir uns dieses Argument einmal unter der Lupe an: Ein guter Schüler will seinem schwachen Freund helfen und lässt diesen während der Klassenarbeit abschreiben, wodurch dieser eine Drei anstatt einer Fünf schreibt. Ist das nicht zutiefst solidarisch mit dem Schwachen? Diese schlichte Denkweise sieht nur die beiden Schüler, den schwachen, der aktiv abschreibt, und den guten, der abschreiben lässt. Völlig ausgeblendet werden dabei jedoch sämtliche anderen Schüler der Klasse, z.B. diejenigen, die in der schriftlichen Arbeit eine Vier geschrieben haben und nun von dem täuschenden Schüler ohne eigene Anstrengung »überholt« werden.

Das ist so, als wenn jemand an der Schlange vor der Kasse im Supermarkt mit seinen Sachen an allen vorbeirauscht und den Zweiten in der Reihe fragt, ob dieser ihn vorlässt. Der sagt ja, weil er zufällig viel Zeit hat. Damit soll alles in Ordnung sein? So einfach ist die Welt? Aber was ist mit all den anderen in der Reihe, die nicht gefragt worden sind und die damit nicht einverstanden sind? Spielen die keine Rolle mehr, haben die ihr Recht verloren, weil der Zweite ja gesagt hat? Steht dem Zweiten überhaupt das Recht zu, eine solche Entscheidung, die alle in der Reihe betrifft, zu fällen? Natürlich nicht.
Dieses Beispiel aus dem täglichen Leben demonstriert recht anschaulich, warum das Argument der vermeintlichen »Solidarität« nicht haltbar ist. Dieses Verhalten des Abschreibenlassens ist den anderen Mitschülern gegenüber schlicht unsozial, weil es sie faktisch schlechter stellt, und zwar ohne ihre Einwilligung.

Über die »erfolgreiche« Täuschung, die nie entdeckt wird, brauchen wir nicht zu reden, da sie keine juristischen Schwierigkeiten aufwirft. Sie ist vielleicht ein moralisches Problem für den Täuschenden, vielleicht aber auch nicht. Das hängt ganz von seinem Unrechtsbewusstsein ab. Nun also zu der zentralen Frage, weshalb bereits der **Versuch** einer Täuschung geahndet wird. Die grundlegende juristische Frage ist folgende: Was will man bestrafen, den eingetretenen (negativen) »Erfolg« oder bereits die »böse Absicht«?

Was sich als Frage so harmlos anhört, verbirgt erhebliche juristische Fallstricke. Wurde man nur in solchen Fällen bestrafen, in denen auch der »Erfolg« eintritt, so ergäben sich folgende Konsequenzen: Einen Bombenleger, der einen Sprengsatz in einem Kaufhaus deponiert, der gerade noch rechtzeitig entdeckt und entschärft wird, dürfte man nicht bestrafen, weil ja der »Erfolg« fehlt. Wenn jemand Ihnen auflauert, Sie erschießen will, anlegt und abdrückt, aber leider vorbeischießt, dann könnte man ihn nicht bestrafen, weil kein Schaden eingetreten ist. Sie hätten nach diesem Ansatz keinen Grund, sich aufzuregen, weil Ihnen ja nichts passiert ist. Trotzdem würden Sie sich vermutlich nicht wohl in Ihrer Haut fühlen, wenn man den Täter wieder laufen bzw. ungeschoren davon kommen ließe. Ihr berechtigtes ungutes Gefühl rührt von Ihrem Gespür, dass der Erfolgseintritt einer verbotenen Handlung etwas ist, das manchmal vom Zufall abhängt. Nicht vom Zufall abhängig ist dagegen der »böse Wille«, wie die Juristen sagen. Und wenn man will, dass die Menschen sich künftig nicht mehr sozialschädlich verhalten, dann ist es sinnvoll, bereits den bösen Willen zu bestrafen – selbst wenn als Folge kein konkreter Schaden eintritt. Denn das Entscheidende ist, dass der Täter die Absicht hatte, anderen zu schaden, um selbst daraus einen Vorteil zu ziehen. Ich meine, das kann die Gesellschaft nicht hinnehmen. Das geht juristisch so weit, dass sogar der »untaugliche Versuch« bestraft wird.

Eine Frau, die ihren Mann vergiften wollte, bat eine befreundete Apothekerin um ein tödliches Gift. Was die Ehefrau nicht wusste: Die Freundin gab ihr statt des Giftes mehrere Antibabypillen. In dem Glauben, dass es Gift wäre, verabreichte sie die Pillen unbemerkt ihrem Mann, der daran natürlich nicht starb, sondern nur einen unerwarteten Hormonschub erhielt. Trotzdem kam die ganze Angelegenheit heraus und vor Gericht. Hätten Sie die Frau bestraft, denn die Antibabypillen waren ja objektiv ungeeignet, den Ehemann umzubringen? Ich weiß nicht, wie Sie entschieden hätten, aber die Gerichte haben völlig zu Recht die Frau wegen versuchten Mordes verurteilt. Die Tatsache, dass das Mittel ungeeignet ist, war der Täterin ja nicht bekannt, sie wollte ihren Mann töten, also jemandem schaden.

Das will unsere Rechtsordnung nicht akzeptieren, auch nicht in der Schule. Folglich kann und sollte auch in der Schule bereits die böse Absicht geahndet werden, selbst wenn der Erfolg zufällig nicht eintritt oder gar nicht eintreten kann. Das bedeutet: Auch ein Spickzettel, der für die betreffende Arbeit nichts hergibt, ist ein verbotener Täuschungsversuch, jedoch mit einem untauglichen Mittel. Aber das ist für den bösen Willen unerheblich. Dass der ertappte Schüler dies völlig anders einschätzt, ist nachvollziehbar, ändert aber nichts an der Tatsache und der rechtlichen Bewertung.

Was ist nun eigentlich ein »Versuch«? Der Versuch ist das Stadium nach dem Gedanken und der Vorbereitung der Tat. Generell sind der Gedanke an eine verbotene Tat und die vorgelagerten Vorbereitungshandlungen straffrei. Der Versuch kann aber bestraft werden, falls die rechtliche Norm es vorsieht. Beim Täuschungsversuch ist es ausdrücklich vorgesehen. Nicht nur die vollendete und entdeckte Täuschung kann geahndet werden, sondern bereits das vorgelagerte Versuchsstadium. Der Versuch beginnt, wenn der Täter unmittelbar zur Tat ansetzt, so die juristische Definition.

Blicken wir in den Kopf des Täters, so hören oder sehen wir dort den Gedanken: »Jetzt gehts los!« Der Einbrecher, der nur an einen verlockenden Einbruch denkt, bleibt straffrei. Auch sein Kauf eines Schneidbrenners wird noch nicht geahndet.

Wenn er sich aber mit seinem Einbruchswerkzeug und einer Leiter auf den Weg macht und die Leiter an die Wand des Hauses lehnt – dann ist er mitten im Versuchsstadium und würde bereits bestraft. Auf die Täuschungsvariante des Spickzettels übertragen bedeutet das: Die Anfertigung des Spickzettels und der Transport zur Schule bleiben noch folgenlos. In dem Moment jedoch, wo der Spickzettel aus der Büchertasche gezogen wird oder in unmittelbarer Reichweite deponiert wird, d.h. unter dem Tisch, im Buch, in der Federtasche, liegt ein Versuch vor.

Dabei spielt es überhaupt keine Rolle, welche Qualität die Informationen auf dem Schummelzettel besitzen. Erstens ist der böse Wille ausschlaggebend, zweitens wäre es für den Lehrer unzumutbar, den Spickzettel mühsam daraufhin zu überprüfen, welche Informationen in welchem Maße zur Bearbeitung welcher Aufgaben hilfreich waren und welche nicht. Der Lehrer müsste als Folge des rechtswidrigen Schülerverhaltens jetzt gleichsam zwei Bewertungen vornehmen, diese gegeneinander aufrechnen – und dem Schüler die so errechnete Note noch detailliert begründen. Eine solche Forderung an die Lehrer halte ich für juristisch und pädagogisch verfehlt, wirklichkeitsfremd und unzumutbar.

Manche Vorschläge aus den Kultusverwaltungen einiger Bundesländer, wie der Lehrer bei einer festgestellten Täuschung reagieren soll, sind zum Teil so abenteuerlich und wenig durchdacht, dass sich mir der Verdacht aufdrängt, sie sind entweder von starken Pädagogen oder von schwachen Juristen entworfen worden.

So wird z.B. als eine Möglichkeit vorgeschlagen, den täuschenden Schüler die Arbeit noch einmal schreiben zu lassen. Was auf den ersten Blick ganz vernünftig erscheint, nämlich eine Leistungskontrolle ohne Täuschung zu erhalten, offenbart sich bei näherem Hinsehen als pädagogische und juristische Fehlentscheidung.

Diese Variante bedeutet im Klartext für den täuschenden Schüler einen Vorteil, der die Täuschung indirekt belohnt. Geht man davon aus, dass die nachfolgende Arbeit etwa der bereits gestellten entspricht, so bekommt der täuschende Schüler im ersten Durchgang bereits einen Einblick in Konzeption und Schwerpunktsetzung der Arbeit. Zudem erhält er mehr Zeit, um sich auf die Arbeit vorzubereiten. Deshalb wäre zu fragen, ob auch ein Schüler, der nicht getäuscht hat, das Recht hätte, die Arbeit noch einmal zu schreiben. Wenn man es ihm verweigert, müsste er nur behaupten, dass auch er in der letzten Arbeit getäuscht hat und nun die gleiche Behandlung fordert wie sein Klassenkamerad. Falls diese Reaktion des Nachschreibens die Standardlösung bei Täuschungen an einer Schule sein sollte, könnte man den Schülern nur empfehlen, für jede Arbeit einen Spickzettel vorzubereiten. Sollte die Arbeit schwierig werden, so greift man auf den Spickzettel zurück. Bleibt dies unentdeckt, so profitiert man direkt von der Täuschung, wird es entdeckt, so bekommt man eine zweite Chance.

Nicht viel besser ist die in einigen Ländern vorgesehene Möglichkeit, nur die Teile zu bewerten, die ohne Täuschung entstanden sind. Eine Schwierigkeit besteht darin, festzustellen, welche Teile dies sind. Denn die Entdeckung eines Spickzettels belegt nicht, dass vorher nicht getäuscht wurde. Hier wird dem Lehrer eine erhebliche zusätzliche Belastung aufgebürdet. Aber unterstellen wir einmal, das wäre klar zuzuordnen und denken wir es durch: Die Aufgabenstellung einer Klausur umfasst vier Aufgaben und ist für zwei Stunden vorgesehen. Nach genau einer Unterrichtsstunde, um es einfach zu machen, entdeckt Lehrer X, dass Schüler Y Informationen von einem Spickzettel bezieht. Der Zettel wird eingezogen, der bis jetzt bearbeitete Teil wird nicht gewertet und der Schüler arbeitet die restliche Zeit ohne unerlaubte Hilfe. Dieser Teil stellt nun die gesamte Arbeit dar und wird regulär bewertet, weil er ja, so die Logik, ohne unerlaubte Hilfe entstanden ist. Einverstanden?

Was ist nun, wenn der Schüler in der ersten Stunde mithilfe des Spickzettels zügig drei von vier Aufgaben gelöst und sich die einfachste für den Schluss aufgehoben hat? Die Regelung, nur diese eine leichte Aufgabe als gesamte Arbeit zu werten, erscheint mir nicht vertretbar. Zum einen wird nicht berücksichtigt, dass die Schwierigkeit der Aufgaben sehr unterschiedlich sein kann, sodass nun die für den Schüler leichteste Aufgabe die gesamte Arbeit repräsentiert. Zum Zweiten unterschlägt diese Variante den Zeitgewinn, den der Schüler durch seinen Spickzettel hatte. Während andere Schüler zeitintensiv über die Lösung nachdenken mussten, konnte er die gewünschten Informationen einfach abschreiben und gewann so zusätzliche Zeit für die Bearbeitung der letzten Aufgabe unter regulären Bedingungen. Drittens vernachlässigt dieser Weg völlig die Tatsache, dass der Schüler sich rechtswidrig gegenüber seinen Mitschülern einen Vorteil erschleichen wollte. Die sozialschädliche Täuschung hat überhaupt keine negative Konsequenz. Das wäre etwa so, als würde man einem Dieb, der Geld gestohlen hat, das bereits ausgegebene Geld zugestehen und nur den Rest einziehen, den er noch nicht ausgegeben hat.

Sieht man von leichten Fällen der Täuschungsversuche wie dem Blick auf das Heft des Nachbarn ab, in denen eine scharfe Verwarnung im Sinne einer »gelben Karte« genügen kann, so gibt es für den häufigsten Fall des Spickzettels meines Erachtens nur eine angemessene Lösung des Problems: **die Bewertung der Arbeit mit einer Sechs bzw. 00 Punkten.** Nur dieses Vorgehen schützt angemessen die berechtigten Interessen der redlichen Schüler und ist geeignet, eine ausreichend abschreckende Wirkung zu entfalten. Es ist ganz einfach: Wenn der mögliche Gewinn der Täuschung deutlich höher ist als die angedrohte Strafe, versagt die Abschreckung.

Tipp 1: Pädagogisch sinnvoller und effektiver als jede Ahndung einer entdeckten Täuschung ist eine wirksame Prävention. Deshalb empfiehlt es sich, vor schriftlichen Arbeiten eine kurze Belehrung vorzunehmen, die den Schülern deutlich macht, wie man als Lehrer im Falle einer Täuschung reagieren wird. Diese Ankündigung muss allerdings glaubhaft sein und ggf. auch durchgesetzt werden.

Falls Sie nicht wirklich die Absicht haben, im Ernstfall auch harte Maßnahmen zu ergreifen, sollten Sie auch nicht damit drohen. Denn nichts ist fataler für die Glaubwürdigkeit eines Lehrers, als wenn nach einer forschen Ankündigung dann doch wieder einmal ein Auge zugedrückt wird.

Tipp 2: Eine aufgelockerte Sitzordnung erschwert die Möglichkeit des Abschreibens und ermöglicht es dem Lehrer, zur Kontrolle so durch die Reihen zu gehen, dass jeder Arbeitsplatz aus der Nähe betrachtet werden kann.

Tipp 3: Ebenfalls sollten Hefte, Bücher und andere Gegenstände, die für die Arbeit nicht unbedingt erforderlich sind, in der Büchertasche verbleiben.

Tipp 4: Aus Gründen der Prävention sollte der Lehrer im Besitz der Arbeitshefte sein und sie erst zu Beginn der Arbeit an die Schüler verteilen.

Dass es durch die Entwicklung der neuen Medien heute ein Leichtes ist, über das Handy oder einen MP3-Spieler vorher eingegebene Informationen abzurufen, braucht dem heutigen Referendar bzw. Junglehrer wohl nicht näher erläutert zu werden.

In letzter Zeit kann man verstärkt einen Täuschungsversuch feststellen, dessen rechtswidrige Energie den traditionellen Spickzettel bei weitem übersteigt und der vor allem bei Referendaren und unsicheren Junglehrern erfolgreich ist. Hierbei geht es darum, **nach** der Rückgabe der Arbeit, einige Korrekturen vorzunehmen, z.B. in Form von Fußnoten oder anderen Einschüben, die zu einer besseren Note berechtigen könnten. Nun wird mit leiser oder lauter Empörung dem Lehrer vorgeworfen, er habe die richtige Lösung übersehen und fälschlicherweise eine schlechte Note vergeben.

Das Perfide an dieser Methode ist die Tatsache, dass einerseits das Risiko der Entdeckung für den Täuschenden relativ gering ist, wenn er nur dreist genug ist. Außerdem soll die Täuschung dadurch bewirkt werden, dass dem Lehrer vorgehalten wird, **er** habe schlampig gearbeitet. Der Schüler geht mit seinem rechtswidrigen Verhalten in die Offensive und konstruiert einen ungerechtfertigten Vorwurf gegen den Lehrer. Dies funktioniert vor allem gut bei Lehrern, die tatsächlich nicht sorgfältig arbeiten, oder bei unsicheren Lehrern, die eine Konfrontation scheuen. Da natürlich niemand hundertprozentig ausschließen kann, sich nicht doch einmal zu irren, ist dies eine heikle Situation. Gleichwohl gibt es eine Lösung.

> **Tipp 5:** Präventiv empfehle ich, die Rückgabe der Arbeit mit etwa folgenden Worten zu begleiten: »Bitte überprüft **hier und jetzt** in dieser Stunde meine Korrekturen und Randbemerkungen. Danach nehme ich keine Reklamationen mehr an.« Auf diese Weise wird verhindert, dass ein Schüler zu Hause in Ruhe und unbemerkt Veränderungen an der Arbeit vornehmen kann.

> **Tipp 6:** Wenn noch in der laufenden Stunde die Arbeit mit den angeblich übersehenen richtigen Lösungen vorgelegt wird und der Lehrer ausschließt, dass er diese übersehen hat, so sollte er das Heft sofort einziehen. In den meisten Fällen (insbesondere beim Schreiben mit Kugelschreiber) lässt sich durch bloßes Darüberreiben mit der Hand feststellen, ob die Farbe noch feucht oder schon trocken ist. Unter Umständen sind die nachträglichen Korrekturen in der Stunde auch mit einem anderen Stift angefertigt worden als die ursprüngliche Arbeit, sodass man einen Farbunterschied erkennt.

> **Tipp 7:** Auch der Hinweis auf kriminalpolizeiliche Methoden, durch die man ggf. feststellen kann, ob die Tinte vor kurzem oder schon vor längerem aufgetragen wurde, bringt in vielen Fällen ein Geständnis des so täuschenden Schülers.

> **Tipp 8:** Falls auch der Hinweis auf gutachterliche Möglichkeiten keine neuen Erkenntnisse bringt, der Lehrer aber gleichwohl fest von der Richtigkeit seiner Korrekturen überzeugt ist, sollte er die Note nicht ändern, sondern es darauf ankommen lassen. Notfalls steht dann Aussage gegen Aussage und falls der Lehrer nachweisen kann, dass er grundsätzlich sorgfältig arbeitet, so wird man die Glaubwürdigkeit des Lehrers höher einschätzen als die des Schülers.

Nun zeige ich Ihnen einen juristischen Kunstgriff, der Ihnen entscheidend helfen kann, wenn der durchschnittliche Lehrer meint, da könne man halt nichts machen.

Zunächst der Ausgangsfall: Sie lassen eine Klausur schreiben und stellen fest, dass Schüler S, der recht schwach ist, eine erstaunlich gute Arbeit abgeliefert hat. Zwar hat er während der Arbeit neben dem guten Schüler G gesessen, aber Sie haben während der Arbeit nichts bemerkt, was auf eine Täuschung hinweist. Allerdings finden sich in den Arbeiten von S und G erstaunliche Übereinstimmungen. Es tauchen nicht nur gleiche Formulierungen, sondern auch Fehler an den gleichen Stellen auf. Kurzum, Sie kommen für sich zu dem Ergebnis, dass S von G abgeschrieben hat, wissen aber nicht, was Sie machen sollen. Auch erfahrene Kollegen zucken nur die Schultern und sagen Ihnen: »Tja, da kann man halt nichts machen.«
Doch, man kann, und zwar dann, wenn man den juristischen **»Anscheinsbeweis«** kennt und sich auf ihn stützt. Dieser besagt etwas verkürzt, dass man einen Zusammenhang annehmen darf, wenn er der normalen Lebenserfahrung entspricht. Falls also ein völlig intaktes Auto tagsüber auf trockener Fahrbahn von der Straße abkommt und im Graben landet, dann darf man ein Versagen des Fahrers annehmen. Das ist, aus einem anderen Bereich, der Anscheinsbeweis. Die Folge davon ist eine Reduzierung der Beweislast. Nun muss nicht mehr die Versicherung ein Verschulden des Fahrers nachweisen, sondern dieser muss den Anscheinsbeweis erschüttern und glaubhaft nachweisen, dass ihn keine Schuld trifft. Gelingt ihm das nicht, so muss er die Konsequenzen seines Versagens tragen. Für unseren Täuschungsversuch bedeutet das: Wenn Schüler S nicht überzeugend nachweisen kann, woher die überraschenden Übereinstimmungen kommen, dann ist es möglich, seine Arbeit als Täuschungsversuch zu werten.

Zu diesem und ähnlichen Fällen gibt es übrigens mehrere entsprechende Gerichtsentscheidungen. Die Position ist also hinreichend abgesichert.

Prüfungsrecht

Allgemeines

Dieses Kapitel wendet sich an alle, die noch wichtige Prüfungen absolvieren müssen, also an Lehramtskandidaten im Ersten und Zweiten Staatsexamen. Aber es ist natürlich auch für diejenigen Lehrkräfte interessant, die bereits in Amt und Würden sind und Prüfungen wie das Abitur korrekt durchführen müssen. Da wichtige Prüfungen einerseits über den Zugang zum Beruf entscheiden und damit Lebenschancen eröffnen oder versperren, andererseits aber durch ihren punktuellen Charakter nur Momentaufnahmen der Fähigkeiten wiedergeben, ist eine »rechtsförmige« Ausgestaltung erforderlich, um ein Höchstmaß an Chancengleichheit zu gewährleisten.

Wurde **früher** den Prüfenden ein großer **Beurteilungsspielraum** zugestanden (siehe Seite 41), der von den Gerichten **nicht nachgeprüft** wurde, so haben wir seit

1991 eine andere Situation, die sich zum Glück für die prüfenden Lehrer aber noch nicht bis an die Schulen herumgesprochen hat. Für die wenigen, die mehr wissen wollen, erwähne ich es noch einmal: Im Jahre 1991 hat das BVerfG in zwei bahnbrechenden Urteilen (in Fachkreisen »der Blitzschlag aus Karlsruhe« genannt) eine völlig neue Richtung eingeschlagen (BVerfGE 84, 34 und 59). Das hier etwas verkürzte Fazit lautet: Wenn ein Prüfling in einer **entscheidenden Prüfung** eine **vertretbare Lösung** liefert, die er **logisch mit gewichtigen Argumenten** (z.B. der Fachliteratur) begründet, so darf diese nicht als falsch gewertet werden. Das Ergebnis muss auch von den Gerichten **notfalls mithilfe eines Sachverständigen** festgestellt werden. Trotz der vielen Vorbedingungen ist diese Haltung unseres höchsten deutschen Gerichts sensationell und wird, wenn es sich erst herumgesprochen hat, den Verwaltungsgerichten auf etliche Jahre hinaus Arbeit und Brot sichern.

Hierzu ein praktischer Fall, damit das Neue der Situation anschaulich wird: Als Erstes brauchen wir eine wichtige, das heißt berufsentscheidende Prüfung. Nehmen wir also das Abitur an einem Gymnasium. Physiklehrer P hat im Unterricht vermittelt, dass das Problem A nur auf dem Wege X zu lösen sei. Allerdings sind sein Kenntnisstand wie auch das verwendete Physikbuch veraltet. Was er leider nicht weiß, ist: Schüler S hat einen Vater, der Physikprofessor ist und der sich mit seinem interessierten Jungen abends beim Essen über die neuesten Forschungen in der Physik unterhält. So erfährt S ganz nebenbei, dass es mittlerweile in der Physik ein **anerkanntes** (das ist wichtig!) Verfahren Y gibt, das oben genannte Problem elegant zu lösen. Es kommt, wie es kommen muss: In der Abiturklausur nutzt S das neue Verfahren, um das Problem zu lösen, was jedoch vom Lehrer als falsch bewertet wird, weil der es nicht besser weiß.

Früher hätte dieser Schüler nicht den Hauch einer Chance gehabt, jetzt aber kann er die schlechte Bewertung der Prüfungsarbeit anfechten. Das Gericht wird notfalls über einen Sachverständigen feststellen lassen, dass der Kenntnisstand des Lehrers veraltet ist und dass man dem Schüler nicht vorwerfen kann, besser informiert zu sein. Die Bewertung der Abiturklausur muss folglich zugunsten des Schülers korrigiert werden.

Dies funktioniert allerdings nur, wenn der Schüler erfährt, weshalb er so schlecht bewertet wurde. Nun komme ich zu einer Eigenart der Abiturklausuren. Bei allen Klassenarbeiten und Klausuren müssen dem Schuler die Arbeiten mit den Korrekturen ausgehändigt werden, damit der Beurteilte die Note anhand der Bemerkungen nachvollziehen bzw. überprüfen kann. Es ist seltsam, dass diese überzeugende Regelung im deutlich wichtigeren Abitur i.d.R. nicht angewandt wird. Dem Schüler wird in den meisten Bundesländern lediglich die Note der jeweiligen Abiturklausur mitgeteilt, das Gutachten, das zu dieser Note führt, wird nur selten, die Arbeit selbst wird dem Schüler meist gar nicht ausgehändigt. Es stellt sich die Frage, warum so verfahren wird. Denn ohne Kenntnis des Gutachtens bzw. ohne Einsicht in die korrigierte Arbeit kann ein Schüler nicht nachvollziehen, ob seine Note gerechtfertigt ist. Vielleicht meinen die Kultusministerien, dass die Bewertung quasi unfehlbar ist, da die Korrektur von drei

Lehrern nacheinander vorgenommen wird, sodass ein Schüler, dem man Einblick in das Gutachten bzw. die Arbeit gewährt, zu keiner anderen Einschätzung kommen kann. In diesem Fall könnte man allerdings auch gefahrlos den Einblick (unter Aufsicht) in die Arbeit gestatten, was in einigen Bundesländern auch auf Antrag des Schülers möglich ist.

Im Folgenden werde ich die wichtigsten Mängel, die bei der Durchführung von Prüfungen auftreten, jeweils an einigen Beispielen kurz erläutern. Doch vorweg gilt es, die Mängel in zwei Gruppen zu teilen: Man unterscheidet:
▶ inhaltliche Bewertungsfehler und
▶ Verfahrensmängel.

Verfahrensmängel

▶ **Falsche Besetzung des Prüfungsausschusses:** Falls für eine Prüfung kein Vorsitzender festgelegt ist oder wenn der vorgesehene Vorsitzende einfach »unter der Hand« einen anderen Kollegen für sich in die Prüfung schickt oder statt der vorgeschriebenen drei Prüfer nur zwei anwesend sind, so ist der Prüfungsausschuss falsch besetzt.

▶ **Mängel in der Person des Prüflings:** Ebenfalls können, wie die Juristen sagen, »Mängel« in der Person des Prüflings liegen. Dazu gehört z.B. die gesundheitliche Beeinträchtigung, die über das normale Unbehagen, das sich gewöhnlich bei Prüfungen einstellt, hinausgeht. Für Prüfer und Prüfling gilt gleichermaßen, dass vor dem Beginn der Prüfung festgestellt werden muss, ob der Gesundheitszustand so ist, dass die Prüfung ohne Unterbrechung durchgeführt werden kann. Die Entscheidung, ob der Prüfling die Prüfung antritt, kann sinnvollerweise nur von diesem getroffen werden. Ansonsten wird sich der Prüfer später vorhalten lassen müssen: »Ja, Sie wollten doch unbedingt, dass ich die Prüfung absolviere, obwohl es mir so schlecht ging!«

Problematisch ist es, wenn das Unwohlsein sich direkt nach der Bekanntgabe der Aufgabenstellung einstellt. Auch das gibt es. Der Prüfling muss dann unverzüglich zum Amtsarzt (nicht zum Hausarzt) geschickt werden, dessen Beurteilung abschließend darüber entscheidet, ob der Kandidat prüfungsfähig ist oder ob er die Prüfung zu einem späteren Zeitpunkt wiederholen darf.

Ein weiterer Mangel ist der Täuschungsversuch, zu dem schon bei den schriftlichen Arbeiten etwas gesagt wurde (siehe Seite 145). Eine unmissverständliche Belehrung vor der Prüfung wirkt in vielen Fällen präventiv und ist zudem für das Abitur zwingend vorgeschrieben.

▶ **Mängel in der Person des Prüfers:** Nicht nur beim Prüfling, sondern auch in der Person des Prüfers kann es »Mängel« geben, die ein Grund sind, eine Prüfung anzufechten. An erster Stelle ist die fehlende fachliche Qualifikation zu nennen. Möglicherweise prüft jemand, der vielleicht großes fachliches Wissen, nicht aber die amtliche Prüfungsberechtigung, also nicht die sog. »Fakultas«, die offizielle Lehr- und Prüfungsbefähigung besitzt. Falls diese nicht über ein anerkanntes Fachstudium erworben wurde, dann muss sie von der vorgesetzten Behörde ausdrücklich verliehen werden. Grundsätzlich kann man eine entsprechende Qualifikation der Prüfer annehmen, aber falls jemand nur aushilfsweise unterrichtet oder aushilfsweise prüft, kann es sinnvoll sein, diesen Punkt genauer zu untersuchen.

Schwierig wird es beim nächsten Aspekt, der sog. **Befangenheit** des Prüfers, ein Begriff, der von unzufriedenen Prüflingen oft vorschnell gebraucht wird, da sie eine Fehlentscheidung des Prüfers als untrügliches Indiz für dessen Befangenheit ansehen.

Die Tatsache, dass sich ein Prüfer irrt, und das kann jedem Lehrer passieren, ist jedoch noch kein Beweis für seine Befangenheit gegenüber dem Prüfling. Falls ein Prüfer sich einmal zugunsten des Prüflings irrt, so würde dieser vermutlich nicht annehmen, der Prüfer habe dies absichtlich gemacht. Diese Absicht wird dem Prüfer zumeist nur unterstellt, wenn der Irrtum zulasten des Prüflings geht. Das ist zwar menschlich verständlich, aber nicht logisch und juristisch nicht haltbar.

Ein Irrtum des Prüfers ist noch kein Zeichen für Befangenheit.

Erst wenn begründet angenommen werden kann, z.B. über Indizien wie gehäufte sachfremde Erwägungen, dass der Prüfer **wider besseres Wissen** etwas entscheidet oder behauptet, um den Prüfling auf eine falsche Fährte zu führen, kann von Befangenheit die Rede sein. Befangenheit bedeutet, dass der Prüfer dem Prüfling voreingenommen gegenübersteht und ihm gegenüber Vorurteile hat, weil er z.B. lange Haare trägt, häufig gefehlt hat usw. Erfahrungsgemäß wird ein Prüfling, der schlecht bewertet wurde, fast immer das subjektive Gefühl haben, der Prüfer habe persönlich etwas gegen ihn, denn dies ist die bequemste Erklärungsmöglichkeit für den eigenen Misserfolg. Nach dieser Vorstellung hat man selbst nichts falsch gemacht, man braucht folglich das eigene Verhalten nicht zu ändern, sondern der Prüfer war schuld, weil er so schwierige Fragen gestellt hat. Die echte Befangenheit ist naturgemäß schwierig nachzuweisen, aber zugunsten des Prüflings genügt es bereits, dass **die Besorgnis** der Befangenheit **begründet ist**. Eine objektive Befangenheit muss folglich nicht bewiesen werden, was auch nur schwer möglich ist. Es geht nur um den Nachweis von Gründen, die mit einiger Berechtigung annehmen lassen, der Prüfer **könne** befangen sein.

▶ **Mängel im Prüfungsstoff:** Ein weiterer Mangel kann darin liegen, dass ein **unzulässiger Prüfungsstoff** genommen wurde. Denn grundsätzlich kann nur das Gegenstand der Prüfung sein, was die gesetzlichen Prüfungsordnungen zulassen und was der Lerngruppe vermittelt wurde. Für jede wichtige Prüfung gibt es nicht nur Prüfungsordnungen, die das Formale regeln, sondern auch die sog. EPAs, d.h. die Einheitlichen PrüfungsAnforderungen, die (aufbauend auf den RRL) inhaltlich festlegen, welcher Inhalt und welcher Aufgabentyp zwingend vorgeschrieben bzw. möglich ist. Es gilt der Grundsatz: **Aus dem Lehrstoff muss der Prüfungsstoff folgen.**

Mit Lehrstoff ist der Stoff gemeint, welcher der Gruppe während des regulären Unterrichts vermittelt wurde, nicht jedoch das, was im Einzelfall tatsächlich gehört bzw. gelernt wurde. Wenn also ein Kandidat zur Zeit der Vermittlung gefehlt hat, so ist dies sein Problem; er muss selbstständig den versäumten Stoff nachholen. Einen Mangel im Prüfungsstoff stellen auch mehrdeutige Aufgabenstellungen dar. Diese dürfen nicht gegen den Prüfling ausgelegt werden, wenn seine Auslegung der Aufgabenstellung ebenfalls möglich und sinnvoll ist.

▶ **Mängel in Form und Ablauf der Prüfung:** Unter diesen Verfahrensmängeln versteht man eine zu kurze Vorbereitungszeit, z.B. weil der Zeitplan der Prüfung nicht genau eingehalten wird. Auch eine zu kurze Prüfungszeit, um vorher verlorene Zeit wieder einzuholen, ist fehlerhaft, denn der Kandidat hätte ja theoretisch in den weggefallenen Minuten noch positive Punkte nennen können, die zu einem besseren Endergebnis geführt hätten. Etwaige Störungen von außen (extreme Hitze, starker Lärm) sind ebenfalls Mängel, die jedoch vom Prüfling unverzüglich gerügt werden müssen, damit die Prüfungsleitung den Mangel ggf. beheben kann. Es ist nicht zulässig, die Prüfung zunächst unter widrigen Bedingungen klaglos abzuleisten und später den Mangel zu rügen, um so das Ergebnis verbessern zu wollen.

▶ **Formal fehlerhafte Bewertung:** Letzter Unterpunkt ist die **formal** fehlerhafte Bewertung. Hierunter versteht man z.B. das falsche Zusammenzählen von Bewertungspunkten. Die rein **inhaltliche** Bewertung der einzelnen (hier angenommenen) fünf Teilaufgaben war zwar zutreffend, man hat aber rechnerisch 9 + 8 + 10 + 7 + 11 fälschlich zu 35 Punkten (statt 45) zusammengezählt und ist somit zu einem falschen Ergebnis gekommen.

Tipp: Wie stellt man im Streitfall Verfahrensmängel fest? Hierzu dienen die Prüfungsprotokolle, die bei schriftlichen und mündlichen Prüfungen angefertigt werden müssen und die hoffentlich so korrekt geführt werden, dass sie die fraglichen Punkte präzise festhalten.

Inhaltliche Bewertungsfehler

Deutlich komplizierter zu erfassen als die Verfahrensfehler sind die inhaltlichen Bewertungsfehler, da sie sehr stark vom jeweiligen Einzelfall abhängen.

▶ **Gegenstand der Bewertung verkannt:** Dieser Mangel liegt vor, wenn die Prüfungsaufgabe so eng gefasst oder vom Niveau her so niedrig angelegt ist, dass sie dem Prüfling nicht die Möglichkeit gibt, zu zeigen, dass seine Fähigkeiten den maximalen Anforderungen entsprechen.

Fehlerhaft ist es auch, falls der Prüfer einige Teile der Leistung nicht zur Kenntnis nimmt, indem z.B. er von einer schriftlichen Arbeit nur den ausgesprochen schwachen

Anfang liest und danach entnervt abbricht, weil für ihn klar ist, dass die Arbeit insgesamt nur unbefriedigend sein kann.

Die Juristen sprechen in diesen Fällen davon, dass der Gegenstand der Bewertung verkannt wurde, was grob bedeutet, dass der Prüfer nicht gesehen hat, was alles zur Prüfung gehört.

▶ **Ausgehen von »falschen Tatsachen«:** Ein weiterer Fehler liegt vor, wenn von »falschen Tatsachen« ausgegangen wurde. Dieser Begriff, den auch das Bundesverwaltungsgericht verwendet, ist mehr als verwirrend, da es eigentlich keine falschen Tatsachen gibt. Eine Tatsache kann so oder so sein, aber nicht falsch. Besser wäre es, von falschen Voraussetzungen zu sprechen. Gemeint ist Folgendes: Der Prüfer glaubt, etwas sei eine Tatsache, aber das ist falsch. Er geht also von falschen Voraussetzungen aus.

Wenn die Leistung nicht **mit** den zugelassenen Hilfsmitteln (Wörterbüchern, Formelsammlungen) erfolgte, wie vom Prüfer fälschlich angenommen, sondern **ohne** diese Hilfsmittel, weil sie nicht wie geplant auslagen. Es musste folglich ohne Wörterbücher gearbeitet werden, was der Prüfende aber nicht zugunsten des Prüflings berücksichtigt hat.

Der Prüfer meint, ein wesentlicher Teil würde fehlen. Tatsächlich aber klebten zwei Seiten zusammen und wurden deshalb von ihm übersehen. Die zentrale Frage, die sich hinter dem Aspekt der »falschen Tatsachen« verbirgt, ist folgende: Wurden alle für die Bewertung wichtigen Tatsachen zutreffend erkannt oder wurde einiges vom Prüfer fälschlicherweise verkannt?

▶ **Fehler beim Bewertungsvorgang:** Zu den inhaltlichen Fehlern des Bewertungsvorganges rechnet man weiter, wenn Richtiges – seit 1991 auch Vertretbares – für falsch gehalten bzw. falsch gewichtet wird. So z.B. wenn die Rechtschreibung eines Aufsatzes zum Schwerpunkt der Bewertung wird und der eigentliche inhaltliche Gehalt kaum noch eine Rolle spielt. Dazu gehört ebenfalls, wenn gute und schlechte Leistungen nicht gegengerechnet, sondern nur die schlechten Leistungen angekreidet werden und zu einer Abwertung führen. Auch der Verstoß gegen die logischen Denkgesetze kann hier eingeordnet werden, z.B. wenn ein Prüfer meint, Büchners »Woyzeck« (ca. 1835) sei durch Brecht (ca. 1930) wesentlich beeinflusst worden. Ein Verstoß gegen die Denkgesetze bedeutet somit eine Einschätzung des Prüfers, die jedem Fachkundigen als unhaltbar erscheinen muss.

▶ **Sachfremde Erwägungen:** Gleichfalls fehlerhaft sind die sog. »sachfremden Erwägungen«. Hierunter fasst man Überlegungen, die mit der Sache nichts zu tun haben, aber trotzdem in die Bewertung mit einfließen. Die Beurteilung durch den Prüfer darf nicht willkürlich sein, d.h. sie sollte nicht seinem persönlichen Willen und seinen Gefühlen unterworfen, sondern muss durch die Lösung der Sachfrage bestimmt werden. Sachfremde Erwägungen liegen folglich vor bei unsachlicher, z.B. konfessioneller oder parteipolitischer Kritik (der Schüler ist dem Lehrer nicht »progressiv« genug), bei polemischen Anmerkungen über das Gesagte/Geschriebene des Prüflings. Eine einmalige ironische Bemerkung des Prüfers selbst in einer **mündlichen** Prüfung genügt nach Auffassung der Gerichte allerdings noch nicht, um eine persönliche Befangenheit anzunehmen. Denn die mündliche Prüfung soll ein (angeregtes) Gespräch sein, in dem auch eine kritische, provozierende oder lockere Bemerkung zu akzeptieren ist, solange sie die Neutralität gegenüber dem Prüfling nicht generell in Zweifel zieht.

Sie merken schon, dass es Berührungspunkte zwischen den (inhaltlichen) sachfremden Erwägungen und der (formalen) persönlichen Befangenheit eines Prüfers gibt: Gehäufte sachfremde Erwägungen können somit ein Indiz für die (schwerwiegendere) Befangenheit des Prüfers sein.

▶ **Verstöße gegen das Gleichheitsprinzip:** Die letzte Gruppe von Fehlern umfasst Verstöße gegen das Gleichheitsprinzip. Hierbei wird innerhalb eines Jahrgangs Gleiches nicht gleich gewertet.

Das, was bei Prüfling A noch als haarsträubender Fehler gilt (Goethes Werther ist eigentlich homosexuell), wird bei Prüfling B zähneknirschend akzeptiert und bei C als originelles Argument gewürdigt. Aber Vorsicht: Das Gleichheitsprinzip gilt nur bei demselben Prüfer und nur innerhalb eines Jahrgangs.

Unterschiedliche Prüfer haben das Recht, unterschiedlich zu prüfen und zu bewerten, solange sie sich im vorgegebenen Rahmen bewegen. Und keinem Prüfer kann es verwehrt werden, von einem Prüfungsjahr zum nächsten schlauer zu werden und seine Meinung zu revidieren, wenn er z.B. zu neuen Erkenntnissen gelangt.
  Damit gelangen wir zu einem Aspekt, der bei juristischen Laien meist für einen Aufschrei der Empörung sorgt.

Nehmen wir hierzu ein Beispiel aus dem Baurecht, weil es dort besonders plastisch wird: Ihr Nachbar hält sich nicht an die Bauvorschriften des Bebauungsgebietes, die nur rote Klinker und braune Dachziegel vorsehen. Er reicht einen Bauantrag für sein Haus (weißer Kalksandstein, grüne Dachziegel) ein. Aus welchem Grund auch immer, genehmigt der neu hinzuversetzte Sachbearbeiter den Antrag, und Ihr Nachbar baut höchst zufrieden sein weiß-grünes Haus. Nach der Fertigstellung bemerkt die Baubehörde ihren Irrtum, aber das Haus steht bereits. Ein Abriss wäre unverhältnismäßig und zudem für die Stadt sehr teuer. Nun kommen Sie und wollen auch so ein Haus bauen, weil es individueller aussieht als die einheitlichen Häuser Ihres Wohngebietes. Aber die Baubehörde lehnt, für Sie eine unangenehme Überraschung, Ihren Antrag ab. Das ist juristisch völlig korrekt.

»Und was ist mit dem Gleichbehandlungsgrundsatz unserer Verfassung?«, werden Sie empört rufen. Aber es gilt folgender Satz: **Es gibt keine Gleichheit im Unrecht.**

Die Baubehörde hat bei Ihrem Nachbarn durch einen Irrtum des Sachbearbeiters rechtswidrig gehandelt, aber das gibt Ihnen leider keinen Anspruch auf eine Wiederholung dieses Fehlers. Stellen Sie sich bitte einmal die Konsequenzen des von Ihnen gewünschten Vorgehens vor: Jeder nach Ihnen hätte dann ebenfalls einen Anspruch auf Wiederholung des Fehlers. Aus einem Fehler würden auf diese Weise schließlich unendlich viele Fehler. Bitte merken Sie sich, weil es wichtig ist: **Es gibt keinen Anspruch auf Gleichheit im Unrecht.**

Zurück zum Prüfungsrecht: Auch hier kann es vorkommen, dass der Prüfer sich zugunsten eines Prüflings irrt. Wenn er dies jedoch gemerkt hat, besteht für den nächsten Prüfling leider kein Anspruch darauf, diesen Fehler noch einmal zu machen, selbst wenn dem Prüfling das natürlich gefallen würde. Die Rechtswidrigkeit eines solchen Handelns würde den Prüfling dabei vermutlich nicht stören, da er davon profitiert. Sie kann jedoch kein Maßstab für die Verwaltung sein, die noch viele andere Fälle zu entscheiden hat. Und diese sollten wieder fehlerfrei sein.

Folgen von Prüfungsmängeln

Kommen wir nun zu den Folgen der aufgezählten Mängel, denn nicht jeder Mangel führt dazu, dass die gesamte Prüfung ungültig ist. Das hingegen glauben viele Prüflinge, weil sie hoffen, auf diesem Wege einen zweiten Versuch unter günstigeren Bedingungen zu haben.

Bei jeder Prüfung, die von mehreren Prüflingen absolviert wird, wird es kleine, unvermeidbare Ungleichheiten geben. So z.B. wenn ein Prüfling vor lauter Nervosität schlecht geschlafen hat, der andere aber nicht, wenn ein Prüfling gleich frühmorgens geprüft wird, wenn seine Leistungskurve im Hoch ist, der andere aber erst abends als letzter. Solche Mängel sind unvermeidbar und wegen ihrer Geringfügigkeit und ihrer subjektiven Unterschiedlichkeit juristisch unerheblich.

Wichtig für die Folgen von Prüfungsmängeln ist die Frage, ob der Prüfling einen erheblichen Mangel rechtzeitig gerügt hat. Denn auch der Prüfling ist mitverantwortlich für einen reibungslosen Ablauf der Prüfung und dafür, dass ein Fehler oder seine Auswirkung abgestellt oder minimiert wird. So kann von einem Prüfling im Abitur verlangt werden, den Mangel, dass die Formelsammlungen fehlen, am besten unmittelbar in der Prüfung oder in den nächsten Tagen nach der Klausur zu rügen und nicht erst fünf Wochen später oder gar erst nach Bekanntgabe der Note.

Manche Mängel lassen sich recht problemlos »**heilen**«, wie die Juristen sagen (VwVfG §§ 45, 46). Wenn z.B. Lärm von draußen in den Prüfungsraum dringt, so kann das Fenster geschlossen werden und der Geräuschpegel ist von diesem Zeitpunkt an vertretbar. Der Mangel ist somit unverzüglich »geheilt« worden. Auch das falsche Zusammenzählen von richtigen Punktzahlen ist ohne großen Aufwand im Nachhinein heilbar. Und so sind viele kleinere Mängel im Nachhinein heilbar, ohne dass man mit großem Aufwand eine neue Prüfung ansetzen müsste.

Falls der Mangel so gravierend ist, dass ein **Einfluss des Mangels auf das Ergebnis nicht auszuschließen** ist, erfolgt eine Neubewertung der Leistung (manchmal durch andere Prüfer). Wenn es sich um einen klar abgrenzbaren Teil handelt (lediglich eine von vier Aufgaben wurde falsch bewertet), muss ebenfalls nicht die gesamte Prüfung wiederholt werden.

Wer eine neue Prüfung fordert, sollte zudem bedenken, dass eine Neubewertung nicht zwangsläufig zu einem besseren Ergebnis führen muss. Denn es ist ja denkbar, dass bei einer sorgfältigen Neubewertung weitere Fehler gefunden werden, die den »Gewinn« der Neubewertung aufheben oder dass gar mehr Fehler gefunden werden als durch die Neubewertung wegfallen.

Eine vollständige Wiederholung der Prüfung ist nur in seltenen Fällen erforderlich, so z.B. bei der Befangenheit eines Prüfers (in einer mündlichen Prüfung), die den Prüfling nachhaltig verunsichert hat oder bei einer falschen Besetzung des Prüfungsausschusses.

Problemkreis: Kollegen, Schulleitung und Schulaufsicht

Der Umgang mit Schülern und deren Eltern bereitet dem Lehrer in der täglichen Praxis definitiv die meisten Probleme. Trotzdem ist es sinnvoll, auch ein paar Worte über diejenigen zu verlieren, die ebenfalls als Landesbeamte an Ihrer Schule oder ganz allgemein für die Schule arbeiten. Gemeint sind damit die Kollegen, die Schulleitung und die Schulaufsicht. Ganz allgemein zielt deren Tätigkeit zwar in die gleiche Richtung, aber wenn es um konkrete Detailfragen geht, decken sich die Interessen nicht immer.

Umgang mit den Kollegen

Man sollte meinen, das Miteinander in einem Lehrerkollegium sei so einfach und unkompliziert, dass es sich nicht lohnt, darüber auch nur ein Wort zu verlieren. Im Prinzip ist das auch zutreffend, dennoch gibt es einige kleine Details, die, wenn sie nicht beachtet werden, das Betriebsklima erheblich stören können. Manche Dinge mögen Ihnen vielleicht so selbstverständlich erscheinen, dass Sie bei ihrer Erwähnung lächeln werden. Sei's drum. Aber es gibt viele junge Kollegen, die gleich in ihrer ersten Zeit an ihrer neuen Schule in alle möglichen Fettnäpfchen tappen und sich dadurch ihren Berufsanfang erheblich erschweren.

Fangen wir mit dem größten und bedeutendsten Stolperstein an, der dienstlichen Verschwiegenheit. Sie wird vom Dienstherren für so grundlegend erachtet, dass sie nicht etwa irgendwo in einer nachrangigen Verordnung erwähnt, sondern ausdrücklich im Beamtengesetz Ihres Landes festgeschrieben wird. Diese Umsetzung auf Landesebene ist die Abbildung dessen, was sich auch im Bundesbeamtengesetz findet, und zwar in §§ 61–63 (Amtsverschwiegenheit). Da die Umsetzung des Beamtengesetzes Ihres Landes sich stark am Bundesbeamtengesetz orientiert, werden Sie es dort an einer vergleichbaren Stelle finden, eventuell unter einer leicht verschobenen »Hausnummer«. Es steht auf jeden Fall am Anfang der Beamtenpflichten. Nun leuchtet es den meisten Menschen ein, dass die Verschwiegenheit für einen Beamten, der für Ausschreibungen in Millionenhöhe zuständig ist, absolut notwendig ist, bei einem ganz »normalen« Lehrer ist das weit weniger einsichtig.

Trotzdem ist auch in der Schule die Verschwiegenheit aus zwei Gründen gefordert: Bei der Tätigkeit von Lehrern gibt es gleichfalls bestimmte Informationen, bei denen die Verletzung der Geheimhaltung erhebliche Auswirkungen hat.

z. B. So zum Beispiel an einem Gymnasium, an dem das Abitur im Fach X stattfand. Korreferent und Fachprüfungsleiter waren nicht nur mit dem Erstgutachter befreundet, sondern folgten auch seinem Vorschlag, die Leistungen der schwachen, aber sympathischen Schüler des Kurses alle befriedigend zu bewerten. Die Arbeiten wurden ausgesprochen wohlwollend zensiert, eingetütet und an den Fachberater der Schulbehörde gesandt. Den sympathischen Schülern teilte der Fachlehrer schon vorab das erfreuliche Ergebnis mit, weil er sich nicht vorstellen konnte, dass der Fachberater der Schulbehörde sich die Arbeiten kritisch ansehen und zu einem anderen Ergebnis kommen könnte. Das Unglaubliche geschah. Die Arbeiten des gesamten Kurses wurden vom Fachberater und vom eingeschalteten Dezernenten der Schulbehörde deutlich abgewertet. Als die Schüler das Ergebnis erfuhren, waren sie zutiefst verärgert und beschwerten sich beim Schulleiter über diese »Ungerechtigkeit«, wodurch der gesamte Schwindel aufflog. Also: Wer Noten oder Ergebnisse von wichtigen Prüfungen vor dem offiziellen Termin bekannt gibt, verstößt nicht nur gegen die Pflicht zur Verschwiegenheit, sondern geht auch ein erhebliches Risiko ein.

Gerade Referendare und Junglehrer möchten sich gerne schülerfreundlich darstellen und verstoßen deshalb häufig gegen diese Vorschrift, indem sie, als Beweis der inneren Verbundenheit mit den Schülern, vertrauliche Informationen weiterleiten. Dass die Schüler einem solchen Lehrer zusichern, die vertraulichen Informationen für sich zu behalten, ist so verständlich wie die Tatsache, dass sie dies bei nächstbester Gelegenheit mit stolz geschwellter Brust weiterverbreiten.

Darüber hinaus gibt es aber noch einen weiteren Grund für das Einhalten der Verschwiegenheit. Und dieser betrifft nicht die Weitergabe von Informationen über Schüler und ihre Noten, sondern die Weitergabe von Informationen über andere Kollegen. Schon nach kurzer Zeit in einem Kollegium wird der neu hinzugekommene Lehrer abwertende Informationen über andere Kollegen erhalten. In den meisten Fällen werden es Gerüchte sein, die von anderen Kollegen verbreitet werden, z.B. über vermeintliche oder tatsächliche Inkompetenz. Manchmal wird das gestützt, indem man Augenzeuge von handwerklichen Fehlern eines Kollegen wird. So etwas passiert. Und einigen Kollegen unterlaufen häufiger Fehler als anderen.

Nun sind Klatsch und Tratsch etwas zutiefst Menschliches, weil es im Prinzip immer darum geht, zu zeigen, wie schlecht die anderen sind – und wie gut man selbst doch ist. Bei dieser menschlichen Regung sollte man jedoch bedenken, dass man hierdurch gleich zweifach gegen das Beamtenrecht verstößt. Zum einen wird gegen die Verschwiegenheitspflicht über dienstliche Belange verstoßen, zum anderen fordert das Beamtengesetz von allen Lehrern eine **vertrauensvolle Zusammenarbeit**. Und davon kann nun wirklich nicht die Rede sein, wenn genüsslich vor anderen Kollegen ausgebreitet wird, was für einen »Bock« der Kollege X wieder geschossen hat. Eine vertrauensvolle Zusammenarbeit gebietet es, den Kollegen in angemessener Form auf den Fehler aufmerksam zu machen, falls er ihn noch nicht selbst bemerkt hat. Falls der Kollege ihn bereits selbst erkannt hat, ist taktvolles Schweigen geboten, so wie man es sich wünscht, wenn man selbst einen Schnitzer begeht. Und der Zeitpunkt wird kommen, an dem man selbst etwas falsch macht, denn wer arbeitet, der macht auch Fehler.

Bis hierher sind wir davon ausgegangen, dass Sie Zeuge eines Fehlverhaltens waren und trotzdem kein Grund besteht, dies an unbeteiligte Dritte weiterzuerzählen. Das gilt umso mehr, falls es sich um Informationen handelt, die Sie lediglich durch andere erhalten. Wenn wir es juristisch nett formulieren wollen, dann beruhen diese Informationen lediglich auf »**Hörensagen**«, drastischer formuliert handelt es sich um Gerüchte. Für den Fall, dass Sie solche Gerüchte weitertragen, denn in dieser Absicht werden sie Ihnen ja mitgeteilt, handeln Sie nicht nur in hohem Maße unkollegial, sondern machen sich auch strafbar. Von der unkollegialsten Variante, dass Sie eine abwertende Information wider besseres Wissen verbreiten, wollen wir einmal absehen, denn das wäre die schärfste Form, die Verleumdung.

In den meisten Fällen werden abwertende Informationen weiter verbreitet, von denen man nicht weiß, ob sie stimmen oder nicht. Wer solche ungesicherten Informationen weiter verbreitet, begeht eine üble Nachrede gemäß § 186 StGB. Vor einer Bestrafung können Sie sich nur schützen, sofern **Sie** den Wahrheitsbeweis der verbreiteten Nachricht liefern. Der Glaube, Sie könnten sich notfalls entlasten, weil Sie das Gerücht doch von Ihrem Kollegen K haben, wird Ihnen dabei leider nichts nützen. Deswegen leiten die geschickten Initiatoren von übler Nachrede diese ja auch so ein, dass Sie zu Ihnen sagen: »Aber erzähl es bloß nicht weiter!« Recht hat er, der Gerüchteverbreiter, erzählen Sie es bloß nicht weiter! Denn wenn durch Sie das Gerücht an die Öffentlichkeit bzw. zu dem Betreffenden gelangt, dann wird man **Sie** belangen. Sofern Sie jedoch die vertrauliche Information **nicht** weitertragen, dann bleibt die üble Nachrede bei Ihrer »Quelle«, wo sie auch bestraft wird.

Falls Sie das Opfer einer üblen Nachrede werden, so sollten Sie wissen, dass Sie dies nicht unwidersprochen hinzunehmen brauchen. Allerdings sind solche Delikte sog. »Antragsdelikte«, d.h. die Staatsanwaltschaft verfolgt sie nicht von sich aus, dafür ist das öffentliche Interesse zu gering. Stattdessen wird man Sie auf den Weg der Privatklage verweisen. Diesen Weg aber sollten Sie nicht vorschnell beschreiten, denn da alle deutschen Gerichte heute hoffnungslos überlastet sind, wird man Ihre Klage nicht zulassen, falls Sie nicht zuvor versucht haben, die Angelegenheit außergerichtlich zu klären. Versuchen Sie folglich zuerst außergerichtlich, die Gegenseite dazu zu bewegen, die ehrenrührige Äußerung zurückzunehmen. Schalten Sie dafür ruhig einen Anwalt ein, der einen drohenden Brief an die Gegenseite schreibt, Kosten ca. 70 Euro. In vielen Fällen genügt das. Erst wenn alles nicht fruchtet, sollten Sie sich überlegen, ob Sie klagen, denn ein Prozess ist, selbst wenn man gewinnt, eine erhebliche seelische Belastung.

Zurück zu dem, was Sie über andere wissen bzw. sagen: Seien Sie vorsichtig, denn nicht nur die Verbreitung von wahrheitswidrigen oder ungesicherten Informationen kann beleidigend sein, sondern desgleichen die Verbreitung von Informationen, die der Wahrheit entsprechen. Das erscheint zunächst widersinnig, da es doch eigentlich nicht verboten sein kann, die Wahrheit zu verbreiten. Zwar ist das grundsätzlich richtig, aber es gibt Ausnahmen. Stellen Sie sich bitte einen Kollegen vor, der aus welchen Gründen auch immer, viele fachliche Fehler macht. Werden nun diese Fehler verbreitet, um den Betreffenden lächerlich zu machen, so kann dies geahndet werden, selbst wenn die berichteten Fehler der Wirklichkeit entsprechen. Auch falls Sie zufällig erfahren, dass ein Kollege z.B. Aids hat, so dürfen Sie diese Information nicht einfach lauthals verbreiten, sondern sollten die negativen Auswirkungen bedenken und in der Öffentlichkeit den Mund halten.

Unabhängig von den straf- und beamtenrechtlichen Aspekten sei darauf hingewiesen, dass das Weitertragen von abwertenden Informationen sehr schnell das Klima in einem Kollegium vergiften kann. Daran sollten Sie sich nicht beteiligen. Ich weiß schon, was Sie entgegnen wollen: »Das machen doch alle.« Richtig, aber dadurch wird es nicht akzeptabler und Sie sollten nicht mitmachen. Überlassen Sie das als Lehrer, der auch erzieherisches Vorbild sein soll, der Yellowpress oder entsprechenden Fernsehsendungen. Damit sind wir beim übergreifenden Thema »Stil und Form«.

Ich empfinde es immer als hochgradig peinlich, wenn der Personalrat (Lehrerrat) an unserer Schule für den Nachmittag der Konferenzen belegte Brötchen und Kuchen bestellt, für die man je 50 Cent in eine Kasse legen soll – und am Ende ist alles aufgegessen, aber es fehlt noch die Hälfte des verauslagten Geldes.

Unkollegial ist es ferner, wenn sich Kollegen etwas ausleihen – und nicht selbstständig zurückbringen, sondern erst auf mehrfache Anforderung wieder zurückgeben.

Vor kurzem hatte ein Religionskollege in meinem Fachraum eine Vertretungsstunde, wozu er alle Tische und Stühle zu einem »Gesprächskreis« umgestellt hatte. Dagegen wäre auch nichts zu sagen, wenn er sie hinterher wieder hätte zurückstellen lassen. Aber natürlich blieb alles so stehen.

Dem Kollegen fehlt offensichtlich das pädagogische Verständnis dafür, dass die Schüler diese egoistische Vorgehensweise des Lehrers mitbekommen und irgendwann imitieren, weil sie so bequem ist: Man nimmt sich das, was man braucht – und wenn man es nicht mehr braucht, dann lässt man es einfach irgendwo liegen. Ironischerweise erblickte ich bei dem besagten Kollegen auf der Büchertasche einen Aufkleber mit dem Hinweis, dass wir die Erde von unseren Kindern nur geliehen haben. Das soll wohl bedeuten, dass man nicht nur an den eigenen momentanen Nutzen, sondern ebenfalls an die Nachfolgenden denken soll. Aber ich will hier nicht über die Kollegen jammern, die einem die Arbeit erschweren, indem sie den Schülern schlechte Beispiele geben. Lassen Sie es uns besser machen. Verhalten Sie sich so, dass das Schimpfwort des »akademischen Proletariats« auf Sie nicht zutrifft. Denken Sie an die Kollegen, die nach Ihnen in einen Raum kommen oder die nach Ihnen eine Sache benutzen wollen.

Zuletzt sei noch darauf hingewiesen, dass ein kollegiales Miteinander so unentbehrlich ist, da durch die einzelnen Besoldungsgruppen der Lehrer kein Vorgesetztenverhältnis begründet wird. Ein Studiendirektor oder Oberstudienrat hat eben nicht die Befugnis, einem Studienrat dienstliche Weisungen zu erteilen. Diese Weisungsbefugnis hat, falls sie nicht offiziell delegiert wird, nur die Schulleitung. Damit kommen wir zum nächsten Unterpunkt.

Schulleitung

Wenn die schulinterne Regelung von Problemen zwischen den Ebenen der Lehrer, Eltern, Schüler nicht zufriedenstellend funktioniert, kann es erforderlich sein, sich an die Schulleitung oder gar an die Schulaufsicht zu wenden. Zwar steht der Schule durch die Landesschulgesetze eine große Selbstständigkeit zu, die mittlerweile durch eine weitgehende finanzielle Eigenständigkeit (sog. »Budgetierung«) betont wird, gleichwohl sind die Schulleitung (und die Schulaufsicht) wichtige Kontrollinstanzen, die im Bedarfsfall für die Einhaltung von rechtlichen (und fachlichen) Normen sorgen. Man unterscheidet bei der Schulleitung

- (als Ausnahme) die kollegiale Schulleitung und
- (als Regelfall) die (traditionelle) Schulleitung, das sind im rechtlich engen Sinn nur der Schulleiter und sein Stellvertreter.

Die Schulleitung wurde bislang in vielen Bundesländern **gleichrangig** mit den Konferenzen gesehen. Mit dieser Konstruktion wollte der Gesetzgeber ein Kräftegleichgewicht zwischen Konferenzen und Schulleitung schaffen, damit nicht eine Seite ein deutliches Übergewicht besitzt. Nach der Neufassung einiger Schulgesetze in den letzten Jahren wurde die Stellung des Schulleiters gestärkt, indem er jetzt z.B. **verpflichtet** ist, die Lehrer im Unterricht zu besuchen bzw. zu bewerten und in den Zeugniskonferenzen den Vorsitz zu übernehmen, was früher nicht zwingend notwendig war.

Ganz grob – und wirklich nur ganz grob – kann man sagen, dass die Konferenzen zuständig für die innere Organisation sind, während die Schulleitung für den äußeren Rahmen zuständig ist, wobei grundsätzlich kein Organ in die Zuständigkeit des anderen eingreifen darf. Im Schulgesetz ist die Position der Schulleitung in den Grundzügen geregelt, von denen die wichtigsten Punkte hier herausgehoben werden sollen.

So trägt der Schulleiter die Gesamtverantwortung für den staatlichen Bildungsauftrag und er vertritt die Schule nach außen, d.h. gegenüber der Öffentlichkeit, dem Schulträger (d.h. dem staatlichen Geldgeber, also z.B. der Stadt) oder der Schulaufsicht. So können z.B. Erklärungen an die Presse folglich nur von ihm bzw. nur mit seiner Zustimmung abgegeben werden.

Unabhängig von der pädagogischen Eigenverantwortung der Lehrkräfte ist der Schulleiter (als Vorgesetzter) berechtigt, allen Personen, die ihm unterstellt sind, **sachbezogene** Weisungen zu erteilen. Zum Beispiel kann er bei Schneefall weitere Lehrer zur Außenaufsicht einsetzen, um so das gefährliche Schneeballwerfen wirksam zu unterbinden.

Er übt das Hausrecht aus, das bedeutet, er hat das Recht, alle Unbefugten vom Betreten der Schule auszuschließen, so z.B. Schüler von anderen Schulen, die auf ihre Freundinnen warten und während des Unterrichts durch die Gänge streichen. So wenig, wie Sie als Privatperson einem aufdringlichen Vertreter erklären müssen, warum Sie ihn nicht ins Haus lassen wollen, muss der Schulleiter die Ausübung seines Hausrechts diesen Schülern gegenüber erläutern bzw. begründen. Ebenfalls eine Auswirkung des Hausrechts stellt es dar, dass Lehrer, Eltern oder Schüler nicht einfach irgendwelche Plakate in der Schule aufhängen dürfen. Diese müssen vom Schulleiter zuvor genehmigt werden, der die Plakate meist mit seiner Unterschrift abzeichnet, sofern er den Aushang in der Schule billigt.

Aus dem Rechtsverhältnis des Schulleiters zu den Konferenzen ergibt sich, dass der Schulleiter einerseits an die Beschlüsse der Konferenzen gebunden ist, andererseits aber innerhalb einer Frist sein Vetorecht ausüben kann, falls er der Ansicht ist, die Entscheidung

▶ verstoße gegen rechtliche oder pädagogische Grundsätze oder
▶ sei von falschen Voraussetzungen ausgegangen oder
▶ habe sich von sachfremden Erwägungen leiten lassen.

Dieses Vetorecht ist nachvollziehbar, da letztlich der Schulleiter nach der Gesetzeslage für die Einhaltung der Rechts- und Verwaltungsvorschriften verantwortlich ist.

Auch das Haushaltsrecht wird vom Schulleiter ausgeübt, eine im Zeitalter der Budgetierung ausgesprochen wichtige Funktion, denn über die Zuteilung oder Kürzung von finanziellen Mitteln können bestimmte schulische Bereiche gefördert oder andere gehemmt werden.

Um die Qualität der (durch Rahmenrichtlinien) staatlich vorgeschriebenen, aber nicht immer erfolgreich umgesetzten Bildung zu kontrollieren, muss der Schulleiter nach den wenig schmeichelhaften Ergebnissen der PISA-Studie in vielen Bundesländern Unterrichtsbesuche vornehmen, die jedoch im Regelfall der besuchten Lehrkraft vorher mitzuteilen sind. Allerdings steht es dem Schulleiter grundsätzlich nicht zu, direkt in den Unterricht einzugreifen, falls er meint, ein bestimmtes fachliches Problem werde nicht optimal gelöst oder der Lehrer müsse nun die Methode wechseln. Durch ein solch unpädagogisches Eingreifen würde die Autorität des Lehrers auf unzulässige Art untergraben. Falls der Schulleiter es für erforderlich hält, so bietet sich für diese Fälle ein kollegiales »Vier-Augen-Gespräch« an.

Von einer Ankündigung des Unterrichtsbesuchs kann immer dann abgesehen werden, wenn es Beschwerden über eine Lehrkraft gegeben hat, z.B. es würden immer nur Videofilme geguckt, beim angemeldeten Unterrichtsbesuch die gerügten Mängel aber nicht auftauchen, weil die Lehrkraft sich nun ausnahmsweise anstrengt und eine Stunde mit anspruchsvollem Unterricht ohne Videos zeigt.

Unentbehrlich für Notfälle ist auch die sog. **Notkompetenz«** des Schulleiters, sozusagen das Notstandsgesetz der Schulleitung. Es ermächtigt den Schulleiter in wichtigen Eilfällen, unter Umgehung der zuständigen Gremien, eine schnelle Entscheidung zu fällen.

So z.B. den sofortigen Ausschluss **zweier Schüler** vom weiteren Unterrichtsbesuch, die in der ersten großen Pause eine Schülerin offensichtlich vergewaltigt haben. Will man nicht hinnehmen, dass die Schülerin die Anwesenheit der beiden mutmaßlichen Vergewaltiger vielleicht noch eine Woche ertragen muss, bis die zuständige Konferenz einberufen ist, jeder der beiden Schüler, seine Eltern, je eine Lehrkraft und ein Schüler seines Vertrauens gehört worden sind und die Maßnahme durch einen Widerspruch aufgeschoben wird, so muss man dem Schulleiter für das sofortige Handeln in Ausnahmesituationen eine besondere Kompetenz einräumen. Und das geschieht mit der Notkompetenz.

In einigen Bundesländern müssen zum Schulleiter je ein Lehrer, ein Elternteil und ein Schüler hinzutreten, um die Beteiligung der anderen Gruppen zumindest ansatzweise zu gewährleisten. Das übergangene Gremium muss jedoch vom Schulleiter **unverzüglich** über den Gebrauch der Notkompetenz unterrichtet werden.

Was bedeutet nun das von Juristen so gerne gebrauchte Wörtchen »unverzüglich«? Es ist ein Wort, dessen genaue Bedeutung nur Eingeweihte verstehen. Es klingt sehr hart und absolut, eigentlich noch dringender als »sofort«, was es jedoch gerade **nicht** ist. Es ist längst nicht so zwingend wie »sofort«, denn

- ▶ »sofort« bedeutet: auf der Stelle, alles stehen und liegen lassen,
- ▶ »unverzüglich« heißt: »ohne schuldhaftes Zögern« (so die juristische Definition).

Falls Sie also aufgefordert werden, etwas **unverzüglich** zu tun, dann können Sie vorher noch andere **wichtige** Dinge erledigen, ohne dass man Ihnen dies vorwerfen könnte. Da die meisten Nichtjuristen die genaue Bedeutung von »unverzüglich« nicht kennen, sollten Sie es zu Ihrem Vorteil in Ihren Wortschatz aufnehmen. Denn wenn Sie damit von anderen etwas fordern, veranlasst es die so Angesprochenen (keine Juristen!), etwas umgehend zu erledigen. Sofern dagegen jemand von Ihnen dringend etwas fordert, sollten Sie ihm lächelnd zusichern, dass Sie sich selbstverständlich **»unverzüglich«** darum kümmern werden.

Zum Schluss noch einige wichtige Punkte, die in der (normalen) Kompetenz der Schulleitung liegen: Es sind dies die Unterrichtsverteilung, also die Frage, welcher Lehrer mit welchem Fach in welcher Klasse eingesetzt wird, der Aufsichtsplan, der Raumplan und die Fälle von Beurlaubungen, bei denen das Gesetz der Schulleitung ein Ermessen einräumt.

Natürlich **kann** die Schulleitung einige oder mehrere Kompetenzen an die Konferenzen oder Einzelpersonen abtreten und das Kollegium viele Dinge einvernehmlich regeln lassen. Aber das Recht und somit auch das Schulrecht beschäftigt sich nicht mit der Frage, was wünschenswert oder optimal ist, sondern mit der Frage: Wer darf (maximal) was? Und hier war es die Frage, was die Schulleitung darf.

Schulaufsicht

Ich möchte mich nun der sog. Schulaufsicht widmen, über die Sie zumindest ein paar Grundkenntnisse besitzen sollten, falls einmal die Rede darauf kommt. Diesen Problemkreis finden Sie aus gutem Grund weit hinten, da Sie als durchschnittlicher Lehrer glücklicherweise gar nicht oder nur sehr selten damit zu tun haben werden. Falls es trotzdem einmal der Fall sein sollte, denn irgendwann werden auch Sie mit harmlosen oder ernsthaften Vorwürfen konfrontiert, ist es gut zu wissen, was auf Sie zukommen kann und wie Sie sich verhalten sollten. Aber dazu gleich mehr im Detail.

Im Schulgesetz sind Rechte und Pflichten der Schulaufsicht geregelt. Das Leitbild der Schule ist zwar die selbstständige Schule, aber wenn Sie noch einmal an Art. 7 GG denken, so wird dort festgelegt, dass das gesamte Schulwesen unter staatlicher Aufsicht steht. Und genau dies wird durch die Schulbehörden gewährleistet. Denn theoretisch wäre es ja denkbar, dass die Lehrer, ihre Konferenzen und die Schulleitung nicht korrekt arbeiten, aber alle an einem Strick ziehen und sich gegenseitig decken, weil alle in irgendeiner Weise von dieser schlampigen Haltung profitieren. Für diesen theoretischen und für andere konkrete Fälle benötigt der Staat eine Kontrollinstanz, auf die er sich verlassen kann, weil sie schulunabhängig ist, eben seine Schulaufsicht.

Die Begrifflichkeit ist hier in den Bundesländern sehr unterschiedlich: Manchmal heißen die Behörden »Schulaufsichtsamt«, »Schulamt«, »Landesschulamt«, »Landesschulbehörde« oder es sind Abteilungen in den Bezirksregierungen oder im Kultusministerium. Wie dem auch sei, Sie wissen, was ich meine, wenn ich von Schul(aufsichts)behörde spreche.

Den Schulbehörden steht das Recht zu, Entscheidungen der Schule abzuändern, falls die Schule in hohem Maße fehlerhaft gehandelt hat, also wenn

▶ gegen Rechts- oder Verwaltungsvorschriften verstoßen wurde,
▶ gegen allgemein anerkannte pädagogische Grundsätze oder Bewertungsmaßstäbe verstoßen wurde,
▶ von falschen Voraussetzungen oder sachfremden Erwägungen ausgegangen wurde (siehe Seite 156).

Rechts- und Fachaufsicht

Bei der Schulaufsicht unterscheidet man grundsätzlich

▶ die **Rechts**aufsicht,
▶ die **Fach**aufsicht und
▶ die Dienstaufsicht über die Lehrer, die ich zurückstelle.

▶ Die **Rechtsaufsicht** umfasst eine rein formale Kontrolle der Rechtmäßigkeit, wie sie ähnlich auch später von einem Verwaltungsgericht (VerwG) durchgeführt wird. Der Gesetzgeber will hier, z.B. beim Verhängen einer Ordnungsmaßnahme gegen einen störenden Schüler, durch eine (unabhängige) Instanz noch einmal die Rechtmäßigkeit der Konferenzentscheidung überprüfen. Dadurch soll einer berechtigten Klage des Betroffenen vorgebeugt und ein Gerichtsverfahren möglichst verhindert werden. Oft unterstellen Schüler und Eltern der Schulaufsicht, diese decke alles, was die Schule entscheidet, weil das Votum der Schule von der Schulaufsicht manchmal bestätigt wird. Dagegen sind die Lehrer häufig der Ansicht, die Schulaufsicht stehe auf der Seite von Eltern und Schülern, was sich daran zeige, dass manchmal Schulentscheidungen nicht mitgetragen werden. Die Erfahrungen der Praxis bestätigen weder das eine noch das andere Vorurteil. Es wäre auch unklug von der Schulbehörde, gegen besseres Wissen die falsche Seite zu unterstützen. Sinnvoller ist es, eine fehlerhafte Entscheidung der Schule bereits im eigenen Vorfeld zu stoppen, als später vor Gericht zu scheitern, wobei nicht nur die Schule, sondern ebenso die Schulbehörde sich blamieren und zudem die Kosten des Verfahrens tragen müsste. Die Rechtsaufsicht ist zwar unentbehrlich, aber sie ist nicht die alleinige Aufgabe der Schulaufsicht.

▶ Mindestens genau so zentral ist die **Fachaufsicht**, die, wie der Name schon sagt, fachlich orientiert ist. Die Fachaufsicht ist eine didaktische, pädagogische und psychologische Kontrolle, wobei man das Wort »Kontrolle« gern vermeidet, da es so hart und unpädagogisch klingt. Für die Fachaufsicht gibt es bei der Bezirksregierung (und dem MK) spezielle Fachkräfte, z.B. Schulpsychologen oder die sog. Fachberater, die eine Schule im Bedarfsfall »beraten«. Durch die Beratung, die natürlich eine Kontrolle verkörpert, soll jedoch die Selbstständigkeit der Schule nicht beeinträchtigt werden. Das wird nicht häufig vorkommen, aber manchmal ist es unumgänglich. Um die Qualität der Schulen zunächst objektiv zu überprüfen und später zu steigern, sind etliche Bundesländer dabei, ein System (wie in den Niederlanden oder Frankreich) mit Schulinspektoren zu entwickeln, die die Schulen in Bezug auf ihre Qualität überprüfen und beraten.

Ebenfalls tätig werden kann die Schulbehörde immer dann, wenn eine Schule **nicht handelt**, obwohl es dringend geboten wäre.

In dem entsprechenden Fall fuhren volljährige Schüler mit einem Auto während der Pause auf dem Schulhof herum, sodass die dort anwesenden jüngeren Schüler zur Seite springen mussten, um nicht angefahren zu werden. Da die zuständige Schule keine Ordnungsmaßnahme gegen die Störer ergriff, sondern es bei einer lauwarmen pädagogischen Ermahnung bewenden ließ, verhängte die Schulbehörde statt der Schule die überfällige Ordnungsmaßnahme.

Juristen sprechen in einem solchen Fall vom sog. »**Selbsteintrittsrecht**« der Behörde, weil die Behörde selbst an die Stelle der nicht handelnden Schule tritt.

Zur Fachaufsicht gehört auch, was juristische Laien nicht vermuten würden, die sog. **Kontrolle der Zweckmäßigkeit**. Zwar wird bei einem Widerspruch, z.B. gegen eine Ordnungsmaßnahme, die Zweckmäßigkeit einer Maßnahme später gemäß §§ 68, 69 VwGO auch von den Juristen des Verwaltungsgerichts geprüft, aber die Schulaufsicht führt bereits eine Vorprüfung dieses wesentlichen Aspekts durch. Worin liegt nun der Unterschied zwischen der Rechtmäßigkeit und der Zweckmäßigkeit?

Lassen Sie es mich an einem Beispiel kurz verdeutlichen. Eine Schule hat gegen einen Schüler, der ständig die Schule schwänzt, eine Ordnungsmaßnahme verhängt, und zwar einen Schulausschluss von zwei Wochen. Das ist möglich, denn das Schulgesetz lässt diese Maßnahme zu, sie ist also rechtmäßig und die Klassenkonferenz könnte folglich diese Maßnahme verhängen.
Ob es **zweckmäßig**, also pädagogisch sinnvoll ist, einen Schüler, der von sich aus kaum Lust zur Schule hat, für zwei Wochen von der Schule auszuschließen, darf zu Recht bezweifelt werden. Oder? Die Maßnahme würde folglich bei der Zweckmäßigkeitsprüfung einer korrekt arbeitenden Schulbehörde »gekippt« werden.

Tipp: Eine Maßnahme muss nicht nur rechtmäßig, sondern sie muss darüber hinaus auch zweckmäßig sein. Sie muss also in der Lage sein, den angestrebten Zweck tatsächlich zu erreichen.

Dienstaufsichtsbeschwerde gegen Sie

Nun zu einem unangenehmen Unterpunkt, bei dem Sie zwangsläufig mit Ihrer vorgesetzten Schulbehörde zu tun haben werden: Ich rede von der Dienstaufsichtsbeschwerde, die man gegen Sie schreiben wird.

»Was«, werden Sie sagen, »warum sollte irgendjemand eine Dienstaufsichtsbeschwerde gegen mich schreiben? Ich habe mich doch immer ganz korrekt verhalten.« Bleiben Sie ganz entspannt, ich glaube Ihnen. Trotzdem wird es irgendwann eine Dienstaufsichtsbeschwerde auch gegen Sie geben. Das ist völlig normal, und ich kenne kaum einen Kollegen, der lange im Amt ist, der noch nicht eine solche Beschwerde auf seinem Tisch hatte. Man spricht nur nicht darüber, weil es einem peinlich ist.

Betrachten Sie es einmal statistisch: Sie unterrichten vielleicht pro Schuljahr 200 Schüler, hinter denen wiederum 400 kritische Erziehungsberechtigte stehen. Jedes Jahr scheiden etliche Schüler aus, andere kommen hinzu, andere bleiben länger bei Ihnen, sodass wir annehmen können, dass in zehn Jahren ungefähr 1.000 Schüler von Ihnen unterrichtet werden, hinter denen etwa 2.000 Erziehungsberechtigte stehen. Gehen wir einmal davon aus, dass es in der Bevölkerung etwa ein Prozent Querulanten gibt, denen Sie auch gar nichts recht machen können, so haben Sie bereits etwa 30 Personen, denen es Vergnügen bereitet, Ihnen das Leben schwer zu machen. Nehmen wir nun weiter an, dass nur 10 Prozent der Querulanten wirklich Ernst machen und tatsächlich eine Dienstaufsichtsbeschwerde gegen Sie verfassen, so haben Sie rein statistisch drei solcher Beschwerden gegen sich, mit denen Sie konfrontiert werden.

Warum ich Ihnen dies alles vorrechne? Ganz einfach, damit Sie nicht schockiert sind, wenn man Ihnen ein solches Schreiben präsentiert. Machen Sie sich klar, dass eine solche Beschwerde auch den besten Lehrer treffen kann. Ich kenne einige Kollegen, die wirklich vorbildlich arbeiten – und trotzdem haben sich Schüler bzw. Eltern gegen sie beschwert. Also, falls es Sie trifft und Sie sich nichts Ernsthaftes vorzuwerfen haben, sollten Sie (leichter gesagt als getan) ganz entspannt bleiben. Denn wenn Sie in dieser Situation hektisch reagieren, dann machen Sie vielleicht Fehler, die man Ihnen später zu Recht vorwerfen kann. Vor allem sollten Sie nicht den Fehler begehen und mit dem Schüler oder seinen Eltern sprechen, der sich über Sie beschwert hat. Warum so hart, werden Sie fragen? Ist es nicht sinnvoll, erst miteinander zu reden? Doch, grundsätzlich schon. Aber wenn sich jemand dazu durchgerungen hat, eine Dienstaufsichtsbeschwerde gegen Sie zu schreiben, was ja mit erheblicher Anstrengung verbunden ist, dann ist die wichtigste Entscheidung bereits definitiv gefallen, weil es offensichtlich einen so tiefsitzenden Groll gegen Sie gibt, dass Sie diesen vermutlich durch gute Worte nicht mehr auflösen können. Vielmehr riskieren Sie durch ein solches Gespräch, dass man Ihnen vorwerfen kann, Sie wollten eine laufende Beschwerde unterdrücken – und das ist ein gravierender Vorwurf. Lassen Sie die Sache ihren Gang gehen und achten Sie darauf, dass Sie im Folgenden keine Fehler machen.

Tipp 1: Wenn die Beschwerde schriftlich vorliegt, sollten Sie sich auf keinen Fall mehr mit dem Schüler oder seinen Eltern allein unterhalten. Gespräche, falls Sie diese für sinnvoll halten, sollten nur im Beisein des Schulleiters und eines Mitglieds des Personalrats (Lehrerrats) stattfinden.

Tipp 2: Hüten Sie sich des Weiteren davor, im Kollegenkreise abwertende Bemerkungen über den Schüler bzw. seine Eltern zu machen, ansonsten müssen Sie damit rechnen, irgendwann mit einer Ihrer Äußerungen konfrontiert zu werden.

Tipp 3: Vertreten Sie die Ansicht, dass sich in unserem Rechtsstaat jeder beschweren darf, auch wenn es nicht gerechtfertigt ist. Entscheidend ist nicht der erhobene Vorwurf, sondern das Endergebnis der Prüfung. Dieses sollten Sie fest im Blick haben und nicht die wilden Vorwürfe, die man gegen Sie erhebt.

Falls die Vorwürfe völlig abstrus und vielleicht noch »mit Schaum vorm Mund« formuliert sind, dann sollten Sie sich entspannt zurücklehnen, weil Sie dann bereits im Vorteil sind. Juristen sind eigenartig rationale Menschen, die der Ansicht sind, dass große Empörung meist ein Indiz für schwache Argumente ist. Wer über schlagkräftige Argumente verfügt, der braucht nicht zu schreien und zu toben. Diese Auffassung finden Sie verstärkt bei Verwaltungsjuristen, also bei den Leuten, die über Ihren Fall befinden. Orientieren Sie sich bitte nicht an amerikanischen Justizthrillern, in denen die Anwälte mit dramatischen Schilderungen die Geschworenen zu Tränen rühren wollen. Das ist nicht die Wirklichkeit unserer Gerichte, schon gar nicht im Verwaltungsrecht.

Selbstverständlich haben Sie das Recht, auf die Dienstaufsichtsbeschwerde etwas zu entgegnen. Auch Ihr Schulleiter wird um eine Stellungnahme zu dem Vorfall gebeten, bevor die Schulbehörde ihre Entscheidung fällt. Schauen wir uns zunächst Ihre Gegendarstellung an.

Tipp 1: Bleiben Sie auf jeden Fall sachlich, selbst wenn es Ihnen noch so schwer fällt. Wenn Sie wollen, dass man Ihnen und nicht dem Beschwerdeführer glaubt, dann muss Ihre Entgegnung so sein, dass sie keine Polemik oder Übertreibungen enthält. Setzen Sie sich sachlich und knapp mit den Vorwürfen auseinander.

Eher schädlich sind Formulierungen, in denen Sie deutlich machen, dass die Vorwürfe einen solchen Unfug darstellen, dass es sich gar nicht lohnt, ernsthaft darauf einzugehen. Versetzen Sie sich bitte in die Situation der Schulbehörde, die diese Vorwürfe prüfen muss. Sie kann Ihnen nicht einfach glauben, nur weil Sie Lehrer sind. Aber sie wird Ihnen glauben, wenn Ihre Ausführungen überzeugend sind.

Tipp 2: Was können Sie nun tun, um die Schulbehörde zu überzeugen? Geben Sie kleine Fehler ruhig zu, falls Sie welche gemacht haben. Das unterstreicht Ihre Glaubwürdigkeit und macht Sie somit weniger angreifbar.

Ich habe einmal einen Schüler im Unterricht als »verkanntes Genie« bezeichnet, worüber er sich später schriftlich beschwert hat. Na und? Diese Äußerung war von mir scherzhaft gemeint, und so habe ich es auch zugegeben. Notfalls hätte ich mich sogar dafür entschuldigt, aber die Schulbehörde hielt es nicht für nötig.

Tipp 3: Klären Sie, ob der Schüler sich schon vorher über Ihr Verhalten bei Ihnen, beim Klassenlehrer, Vertrauenslehrer oder Schulleiter beschwert hat. Oder hat er das jetzt gerügte Verhalten bisher unwidersprochen hingenommen und dann überraschend die Beschwerde geschrieben? Wenn der letztere Fall vorliegt, dann müsste er eine überzeugende Begründung für das lange Stillhalten liefern.

Tipp 4: Klären Sie auch folgende Punkte: Wie ist der Schüler in den Jahren davor beurteilt worden? Handelt es sich um einen guten oder eher um einen schwachen Schüler? Hat er schon einmal ein Jahr wiederholt? Gab es bereits früher Disziplinarprobleme mit ihm? Existieren von ihm oder seinen Eltern aus früheren Zeiten Beschwerden gegen andere Kollegen? Oft ist es so, dass solche Schüler aus einem Elternhaus kommen, das dem erzieherischen Einfluss der Schule sehr kritisch gegenübersteht. In diesem Fall sind die Eltern sicher schon einmal bei anderen Lehrern vorstellig geworden. Das sollten Sie erwähnen, weil es der Schulbehörde verdeutlicht, dass es weniger um Sie als Lehrer als um ein generelles Problem mit der Schule geht. Sie müssen also ein wenig recherchieren, aber bitte keine Gerüchte, sondern nur beweisbare Fakten.

Tipp 5: Wie ist es mit den anderen Schülern in der betreffenden Lerngruppe? Haben die sich auch über Sie beschwert? Erwähnen Sie, wie lange Sie schon im Schuldienst sind. Hat es in der Vergangenheit ähnliche Beschwerden von anderen Schülern über Sie gegeben? Wenn das nicht der Fall ist, sollten Sie es betonen, denn eine jahrelange Praxis, in der es keine Beanstandungen gab, spricht für Sie. Wie waren Ihre letzten dienstlichen Beurteilungen? Falls es auch dort keine Vorwürfe gab, dann sollten Sie es anführen. Bitten Sie auch Ihren Personalrat (Lehrerrat) um eine kurze Stellungnahme zu Ihrem dienstlichen Verhalten.

Tipp 6: Versuchen Sie ein Gesamtbild von sich zu zeichnen, das Sie als Lehrer zeigt, der seit langer Zeit ohne Beanstandungen unterrichtet, und zwar auch in der Gruppe, in der der Beschwerdeführer sitzt. Isolieren Sie den Beschwerdeführer, ohne ihn persönlich anzugreifen. Schreiben Sie keine Romane oder flammenden Verteidigungsreden, sondern machen Sie es kurz und knapp.

Tipp 7: Falls Sie den geplagten Verwaltungsjuristen die Arbeit noch ein wenig erleichtern wollen, dann sollten Sie Ihre Ausführungen **mit dem Ergebnis beginnen** und danach die Begründungen folgen lassen. So machen es nämlich die Juristen, denn es erleichtert die Lektüre enorm, wenn man weiß, wohin die Reise geht. Beginnen Sie z.B. wie folgt: »Ich halte die gegen mich gerichtete Dienstaufsichtsbeschwerde für nicht begründet, und zwar aus folgenden Gründen:«

Und dann folgt die Darlegung Ihrer Position. Sie sollten es tunlichst vermeiden, irgendwelche weitreichenden Schlussfolgerungen zu ziehen. Das machen die Verwaltungsjuristen gerne selbst, ansonsten fühlen sie sich bevormundet, und das mögen sie gar nicht.

Liefern Sie nur die Fakten. Danach müssen Sie leider noch eine ganze Zeit warten, bis die Angelegenheit entschieden ist. Wenn es überstanden ist, sollten Sie sich etwas gönnen, denn jetzt können Sie mitreden. Gehen Sie essen, feiern Sie mit Freunden. Sie haben Ihre erste Narbe des schulischen Alltags erhalten. Hoffen wir, dass es die einzige bleibt. Ich drücke Ihnen beide Daumen.

Anhang

Erläuterte Checkliste für Entscheidungen

Natürlich haben Sie als Lehrer im täglichen Dienst eine Fülle von Entscheidungen zu treffen, ohne Zeit für ausgefeilte Überlegungen zu haben. Vor schwerwiegenden Entschlüssen verfügen Sie jedoch meist über mehr Zeit, sonst müssen Sie sich diese nehmen. Es ist nicht ehrenrührig anzukündigen, dass man Bedenkzeit benötigt.

Wenn Sie die folgende Checkliste irgendwann mehrfach durchgegangen sind, so führt das dazu, dass Ihnen bestimmte Überlegungen so in Fleisch und Blut übergehen, dass Sie schließlich auch bei kleineren, unwichtigen Fragen an diese Dinge denken.

Bei der Checkliste handelt es sich um eine bunte Mischung von Aspekten, die zu bedenken sind. Nur ein kleiner, allerdings wichtiger Teil ist juristischer Natur, die anderen Überlegungen sind aber nicht weniger wichtig, denn wenn man sie übergeht, bereitet man sich unnötig viel Arbeit und/oder schafft unnötige Komplikationen. Die durch die Checkliste angeregten Überlegungen sind pädagogischer, aber auch ganz allgemeiner Natur, die Ihnen helfen sollen, Zeit zu sparen. Die juristischen Punkte der Checkliste sind umso wichtiger, je schwerwiegender die geplante Maßnahme ist.

Vorüberlegungen

▶ **Ist das überhaupt mein Problem, bin ich dafür zuständig?**
Diese Frage, die sich jeder pfiffige Verwaltungsbeamte und jedes Gericht stellt, bevor es auch nur einen Handschlag tut, sollte auch Ihnen Arbeit ersparen. Denn nicht alles, was Sie stört, ist **Ihr** Problem und muss **von Ihnen** gelöst werden. Wenn Sie dieses Buch im Prinzip verstanden haben, müssten Sie eigentlich zuordnen können, in wessen Zuständigkeit das anstehende Problem fällt.

▶ **Ist das ein rechtliches Problem?**
Natürlich können Sie, wenn Sie wollen, aus allem eine rechtliche Frage machen, sogar aus einer versalzenen Suppe im Restaurant. Gemeint ist hier etwas anderes. Ist der Kern des Problems rechtlicher Natur oder ist es eher ein allgemein soziales Problem? Falls also Schüler nie die Lehrer grüßen oder Eltern unhöflich bzw. unverschämt zum Lehrer sind, dann handelt es sich um ärgerliche Dinge, aber nicht um rechtliche Probleme. Denn die Juristen befassen sich nicht mit der Frage, wie etwas am besten zu regeln ist. Sie beschäftigen sich mit den Grenzen des Handelns und deshalb mit den Fragen: War jemand verpflichtet etwas zu tun? Durfte jemand etwas tun oder durfte er es nicht?

▶ **Kann man das Problem nicht anders lösen?**
Selbst wenn tatsächlich ein rechtliches Problem vorliegen sollte, besteht oft die Möglichkeit, es durch Verhandeln einvernehmlich zu lösen, was mittlerweile auch immer mehr Juristen erkennen. Der juristische Streit, der regelmäßig einen Gewinner und einen unzufriedenen Verlierer zurücklässt, sollte die letzte Wahl bleiben. Besser als der juristische Streit ist die Verhandlung. Falls die Verhandlungen scheitern, kann man immer noch klagen, umgekehrt ist es sehr schwierig. Beherzigen Sie also den Grundsatz der Verhältnismäßigkeit: Schießen Sie nicht vorschnell mit Kanonen auf Spatzen, selbst wenn das rechtlich möglich wäre. Versuchen Sie zunächst, das Problem durch Gespräche zu lösen.

Sachverhalt

▶ **Ist der Sachverhalt vollständig geklärt?**
Oder fehlen noch wichtige Informationen? Denn bevor man nicht den Sachverhalt vollständig kennt, sollte man sich mit vorschnellen Bewertungen zurückhalten.

▶ **Von wem stammen die Informationen?**
Sind sie glaubhaft? Scheuen Sie sich bitte nicht, die Glaubwürdigkeit der Informationslieferanten kritisch zu beurteilen, denn jeder, der Ihnen etwas mitteilt, möchte letztlich, dass Sie seine Position übernehmen. Häufig genug gibt es Indizien für die unterschiedliche Glaubwürdigkeit, die Gerichte sehen das gleichfalls so. Man muss nur genau hinschauen. Die Aussage des kleinen Schülers mit dem blauen Auge, er sei geschlagen worden, ist glaubhafter als die des kräftigen Rüpels, der bereits mehrmals aufgefallen ist und nun behauptet, der Kleine habe angefangen und er habe sich »nur gewehrt«. Bei Letzterem sprechen die Juristen von einer unglaubwürdigen »Schutzbehauptung«, d.h. er behauptet etwas Falsches, um sich zu schützen.

▶ **Wie ist die zeitliche Reihenfolge der rechtserheblichen Fakten?**
Diese ist mitunter ausschlaggebend, falls es doch zum juristischen Streit kommt. Halten Sie deshalb nicht nur das Datum, sondern nach Möglichkeit auch die Uhrzeit von wichtigen Ereignissen fest. Erhellend ist eine **chronologische Ordnung** der Informationen (was war zuerst?) und das Herausfiltern der **rechtserheblichen Informationen**, weil Sie oft mit unwichtigen Informationen überhäuft werden, die Ihnen den Blick auf das Wesentliche verstellen. Die Juristen fragen nicht nach dem optimalen Verhalten, das überlassen sie den Pädagogen, Psychologen, Soziologen oder Theologen. Die Juristen interessieren Minimum und Maximum, also nicht die Frage, ob es vielleicht nicht doch besser gewesen wäre, etwas anderes zu tun, sondern die Frage, ob jemand das durfte, was er getan hat. **Also nicht: Was hätte X tun können?**, sondern: **Was musste X tun? Was durfte X tun?**

▶ **Macht ein Betroffener oder ein Unbeteiligter etwas geltend?**
Dies ist von zentraler Bedeutung. Grundsätzlich besitzt nur ein Betroffener das Recht, sich zu beschweren, denn es gilt der alte Rechtsgrundsatz: volenti non fit iniuria (dem Einwilligenden geschieht kein Unrecht). Falls also die schroffe oder saloppe Behandlung durch Lehrer X einen Schüler nicht stört, so kann sich nicht ein Mitschüler für diesen beschweren. So weit der Grundsatz.

Sofern es sich um minderjährige Schüler handelt, haben natürlich die Erziehungsberechtigten als gesetzliche Vertreter des betroffenen Schülers das Recht, sich in seinem Namen zu beschweren, falls der Schüler sich nicht traut, mit dem Lehrer zu sprechen. Allerdings sollte der Ausgangspunkt für pädagogische oder juristische Aktivitäten immer das **direkte Gespräch mit dem Betroffenen** sein, die Weiterleitung von Informationen über Dritte führt meist zu Verzerrungen.

▶ **Wo ist das Hauptproblem?**
In fast jeder Angelegenheit gibt es eine Fülle von Problemen, die miteinander verzahnt sind, jedoch meist von einer zentralen Frage (kausal) abhängen. Diese gilt es zu finden und zu beantworten. Wenn dieses Hauptproblem gelöst ist, dann fügt sich (meist) alles andere wie von selbst.

Prüfung der Rechtsnormen

▶ **In welchen juristischen Bereich gehört das Problem?**
Ist es ein strafrechtliches, ein zivilrechtliches oder ein verwaltungsrechtliches (hier also schulrechtliches) Problem? Ein Schüler, der in seiner Freizeit Drogen raucht oder der beim Kaufhausdiebstahl erwischt wird, stellt ein strafrechtliches Problem dar. Das ist zwar pädagogisch und/oder psychologisch bemerkenswert, aber es ist kein Fall, der schulrechtliche Konsequenzen entfaltet. Beschädigt er in der Freizeit durch Unachtsamkeit das Auto eines Lehrers oder das Fahrrad eines Mitschülers, so ist das primär ein Zivilrechtsproblem. Erst wenn er diese Schäden in der Schule oder während der Schulzeit verursacht, so handelt es sich um ein schulrechtliches Problem, auf das die Schule reagieren muss.

▶ **Welche Rechtsnorm ist einschlägig?**
Greift das Schulgesetz Ihres Landes, eine Verordnung oder ein Erlass? Hier liegt nicht nur die Schwierigkeit, die einschlägige Norm zu finden, sondern auch den Stellenwert der Norm zu erkennen, denn jede Norm muss mit der darüber stehenden im Einklang stehen. Des Weiteren muss die Rechtsnorm gefunden werden, die den Sachverhalt am genauesten erfasst. Sie dürfen also nicht mit dem Suchen aufhören, sobald Sie im Schulgesetz etwas gefunden haben, was so ungefähr passen könnte, obwohl Sie vermuten, dass ein Erlass existiert, der das Problem präzise regelt.

▶ **Wie ist der Kontext der einschlägigen Rechtsnorm?**
Ganz wichtig! Lesen Sie nicht nur isoliert den Paragraphen, der Sie interessiert, weil Sie meinen, dort liege die Lösung Ihres Problems, sondern schauen Sie sich das gesamte Kapitel an und versuchen Sie zu begreifen, wie die Tendenz der rechtlichen Gesamtregelung ist. Was ist die übergeordnete Absicht des Normgebers? Denken Sie noch einmal an das Beispiel (siehe Seite 24) mit dem Taschengeldparagraph (§ 110 BGB), der völlig missverständlich ist, wenn man nicht ebenfalls die Paragraphen davor gelesen und das System verstanden hat.

▶ **Was sagt die Kommentierung?**
Hier wird die Richtung deutlich, in der die Gerichte bislang ähnliche Fälle ausgelegt und entschieden haben. Sie finden vermutlich vergleichbare Fälle, sodass Sie bei der Lösung Ihres Falles regelmäßig ein gutes Stück voran kommen.

▶ **Ist das der neueste Stand der Regelung?**
Sie glauben nicht, wie oft in der Schule und nicht nur dort mit veralteten Rechtsnormen gearbeitet wird. Bringen Sie sich selbst auf den neuesten Stand und ersparen Sie sich die Peinlichkeit, von Ihrer Gegenseite über den aktuellen Stand belehrt zu werden.

▶ **Sind evtl. Grundrechte betroffen?**
Vorsicht! Natürlich können Grundrechte betroffen sein, aber der schnelle Griff nach den Grundrechten zeigt oft, dass der Betreffende nicht die Detailregelungen kennt, die diesen Sachverhalt meist präziser und damit besser regeln. Um es salopp zu formulieren: Stützen Sie sich erst dann auf Grundrechte, wenn Sie im Gesetz, den Verordnungen und Erlassen nichts Besseres (d.h. Präziseres) gefunden haben. Wer bei einer objektiv zu langen und zu schwierigen Klausur die Verletzung der Menschenwürde (Art. 1 GG) rügt, weil die Schüler jammern und stöhnen, beweist keine Sachkenntnis, sondern macht sich lächerlich. Mit den Grundrechten können Sie immer noch argumentieren, wenn Sie vor dem Bundesverwaltungsgericht oder dem Bundesverfassungsgericht stehen.

▶ **Ist ein (strafrechtlicher) Tatbestand erfüllt?**
Bei schwerwiegenden Verstößen in der Schule wird i.d.R. ein bereits woanders gesetzlich normierter Tatbestand verwirklicht sein, z.B. der zivilrechtliche Tatbestand des Schadensersatzes (§ 823 BGB) oder der strafrechtliche Tatbestand des Raubes (§ 249 StGB). Wenn Sie den Sachverhalt einer einschlägigen Rechtsnorm zuordnen und zu einem positiven Ergebnis kommen, so hilft Ihnen das enorm bei der juristisch korrekten Beurteilung der Lage. Es ist auch für die Schule ein gewichtiger Unterschied, ob ein Schüler »nur« einen Diebstahl (Vergehen) oder einen Raub (Verbrechen) begangen hat.

▶ **Hat der Betreffende rechtswidrig gehandelt?**
In den meisten Fällen sind Verstöße rechtswidrig. Manchmal kann ein Verhalten (Schüler A schlägt Schüler B) aber ausnahmsweise gerechtfertigt sein, z.B. durch Notwehr. In diesem Fall liegt zwar eine Körperverletzung vor, die aber nicht bestraft würde, weil es einen Rechtfertigungsgrund gibt.

▶ **Hat der Betreffende schuldhaft gehandelt?**
Hat er gemäß den vier Stufen der Schuld vorsätzlich oder fahrlässig gehandelt? Oder trifft ihn keine Schuld, obwohl er einen Schaden verursacht hat? Hat er z.B. die zulässige Notwehr gegen einen Angriff aus Furcht oder Verwirrung überschritten (sog. »Notwehrexzess« nach § 33 StGB) und ist das Handeln somit entschuldigt?

▶ **Ist eine schulische Ordnungsmaßnahme erforderlich?**
Sind der Schüler (und seine Eltern) bereits vorher schriftlich gewarnt worden? Ist die geplante oder eine andere Maßnahme offiziell angedroht worden? Sind mildere Maßnahmen bereits (ohne Erfolg) angewandt worden? Erst nach diesen Schritten ist im Regelfall ein schwerer Eingriff möglich.

▶ **Wen müssen Sie informieren?**
Sie müssen die Eltern und die Schulleitung bei gravierenden Schwierigkeiten in Kenntnis setzen. Wen könnten Sie darüber hinaus informieren, um die Angelegenheit auf eine breitere Basis zu stellen?

▶ **Haben Sie einen Ermessensspielraum?**
Meistens haben Sie ihn. Welche Optionen stehen Ihnen zur Verfügung? Warum nutzen Sie den Spielraum gerade so? Können Sie das (nachvollziehbar) begründen?

▶ **Ist die Maßnahme geeignet?**
Wird der gewünschte Erfolg voraussichtlich erzielt oder gehen Sie davon aus, dass die Maßnahme letztlich wirkungslos bleibt? In diesem Fall sollten Sie Alternativen prüfen.

▶ **Ist die Maßnahme verhältnismäßig?**
Oder schießen Sie letztlich mit Kanonen auf Spatzen?

Entscheidung

▶ **Muss die Entscheidung sofort gefällt werden?**
Wenn nicht, bis wann haben Sie Zeit? Selbstverständlich sollten Entscheidungen zügig getroffen werden, aber schwerwiegende Entscheidungen bitte erst nach reiflicher Überlegung. Ich warne also vor »Schnellschüssen aus der Hüfte«, bei denen sich hinterher Fehler herausstellen oder die man bedauert. Natürlich gibt es Ausnahmen, in denen unverzüglich (nicht sofort) eine verbindliche Entscheidung gefällt werden

muss. In vielen Fällen ist es jedoch m.E. möglich und sinnvoll für alle Beteiligten, eine Nacht darüber zu schlafen. Falls Sie oder der Betreffende die Angelegenheit am nächsten Morgen noch als schreiende Ungerechtigkeit oder als Unverschämtheit empfinden, können Sie immer noch etwas dagegen unternehmen.

▶ **Sind Fristen oder Termine zu beachten?**
Auch dies ist ein Punkt, der Ihnen u.U. viel Arbeit ersparen oder Sie zur Eile drängen kann. Wenn eine Sache verjährt ist, dann braucht sich niemand mehr mit ihr zu beschäftigen. Wenn die Widerspruchsfrist von einem Monat, auf die in der Rechtsmittelbelehrung eines Verwaltungsakts hingewiesen wurde, verstrichen ist, weil der Betreffende sich zwar einen Monat über den Bescheid geärgert, aber nichts unternommen hat, dann bleibt ein Widerspruch, der drei Tage später kommt, erfolglos, selbst wenn er sachlich begründet ist. Für Sie heißt das: Halten Sie Fristen ein, die vor allem bei Versicherungen unerfreulich kurz sind. Bei Schulunfällen müssen die Vorfälle unverzüglich, spätestens aber innerhalb von drei Tagen an die Versicherung gemeldet werden, ansonsten droht der Verlust des Versicherungsschutzes. Also, Fristen sind grundsätzlich zwingende Vorgaben, es sei denn, es gibt außergewöhnliche Umstände.

▶ **Können bzw. wollen Sie alleine entscheiden?**
Selbst wenn Sie etwas alleine entscheiden können, sollten Sie sich überlegen, ob das sinnvoll ist, denn eine Entscheidung ist grundsätzlich umso tragfähiger, je mehr Personen ihr zustimmen.

▶ **Haben Sie in der Angelegenheit einen Fehler gemacht?**
Dies ist ein Punkt, der mir besonders am Herzen liegt, denn natürlich ist niemand ohne Fehler. Der häufigste Fehler liegt vermutlich in der Annahme, man selbst mache keine Fehler. Dennoch sollten Sie in Betracht ziehen, dass Sie sich an einer Stelle geirrt haben. Vielleicht haben Sie sogar etwas gemacht, von dem Sie wussten, dass es falsch war, von dem aber (noch!) niemand außer Ihnen etwas weiß. Auch hier greift das chinesische Sprichwort: »**Wenn Du nicht willst, dass etwas rauskommt, dann tue es nicht!**« In der Umkehrung bedeutet das: Falls Sie einen Fehler gemacht haben, dann sollten Sie realistischerweise davon ausgehen, dass er irgendwann ans Tageslicht kommt. Besser als darauf voller Angst zu warten, ist die »Flucht nach vorne«. Geben Sie Ihren Fehler möglichst bald offen zu und entschuldigen Sie sich für Ihr Fehlverhalten. Das spricht nicht gegen, sondern **für Sie**. Machen Sie ein »Worst-Case-Scenario«. Was wäre denn der allerschlimmste Fall, wenn Sie Ihren Fehler zugeben? Würde man Sie ins Gefängnis stecken oder aus dem Schuldienst entlassen? Wohl kaum.

▶ **Wollen Sie sich absichern?**
Fragen Sie als Lehrer vor einer einschneidenden Entscheidung den Klassenlehrer, den Schulleiter oder notfalls den Rechtsberater bei der Schulbehörde. Das ist keine Schande und weitaus weniger peinlich als eine Niederlage, mit der Ihre Gegenseite dann hausieren geht.

▶ **Fragen Sie vor Ihrer Entscheidung einen unbeteiligten Dritten.**
Fragen Sie nicht nur Ihren Lebenspartner oder einen guten Freund bzw. eine gute Freundin. Dort bekommen Sie oft nur die Bestätigung, dass Sie alles richtig gemacht haben und dass Ihre Entscheidung perfekt ist. Das hilft Ihnen nicht weiter. Fragen Sie jemanden, der unbequem und unabhängig ist und der sich auch traut, Ihnen zu sagen, dass Sie vermutlich dabei sind, einen Fehler zu machen.

▶ **Reicht es, dass Sie Ihre Entscheidung nur mündlich bekannt geben?**
Wenn ja, dann sollten Sie es dabei belassen, denn mit schriftlichen Äußerungen legen Sie sich fest und erschweren sich später kleine Änderungen bzw. andere Auslegungen Ihrer Entscheidung.

▶ **Ist es ein Verwaltungsakt, der eine Rechtsbehelfsbelehrung erfordert?**
Falls dem so ist, schreiben Sie die Rechtsmittelbelehrung darunter, auch wenn Sie dadurch die Gegenseite auf die Möglichkeit des Widerspruchs hinweisen. Sie wissen dann jedoch bereits in einem Monat, ob die Sache ausgestanden ist. Ansonsten müssen Sie ein ganzes Jahr lang zittern, ob ein Widerspruch kommt. Zudem ist das »Vergessen« der Rechtsmittelbelehrung für die Verwaltungsjuristen ein Indiz dafür, dass Sie die formalen Vorgaben entweder nicht kennen oder nicht beachten wollen.

Ich hoffe, die detaillierte Checkliste hat Sie nicht abgeschreckt, Entscheidungen zu fällen, und zwar auch unpopuläre, falls es notwendig ist. Selbstredend muss man nicht bei jeder Kleinigkeit diese Liste durchgehen, aber bei wichtigen Entscheidungen sollten Sie sich die Zeit dafür nehmen. Es spart Ihnen letztlich Zeit und Ärger.

So, das war's. Das Buch »Schulrecht – aus der Praxis – für die Praxis« ist zu Ende. Nun sind Sie im Besitz des Werkzeugkastens für die Hosentasche. Sie haben die einzelnen Werkzeuge kennen gelernt und gesehen, was man mit ihnen erreichen kann. Ich hoffe, dass Ihnen die bunte Mischung aus juristischen Informationen und pädagogischen Erfahrungen nützt. Wenn Sie etwa die Hälfte des Inhalts behalten, wissen Sie deutlich mehr als der Durchschnittslehrer. Sie werden sich auf dem Terrain des Schulrechts ab jetzt viel sicherer bewegen und die größten Stolpersteine vermeiden.

P.S. Falls das Buch Ihnen nicht gefallen hat, sagen Sie es mir. Wenn es Ihnen gefallen hat, erzählen Sie es anderen.

Ausgewählte Literaturhinweise

Aus der Fülle der existierenden Literatur spreche ich hier nur einige sehr subjektive Empfehlungen aus:

- ▶ Recht einfach zu lesen ist das Standardwerk, nämlich:
  Avenarius, Hermann: Schulrechtskunde, 7. Auflage (2000), Neuwied: Luchterhand.

- ▶ Falls Sie wissen wollen, wie man konkrete Fälle juristisch löst, empfiehlt sich:
  Böhm, Thomas: Schulrechtliche Fallbeispiele für Lehrer, 4. Auflage (2005), Neuwied: Luchterhand.

- ▶ Eine unbestrittene Autorität ist Niehues (ehem. Vors. Richter am BVerwG), denn er kennt die zentrale Rechtsprechung aus erster Hand, schließlich wirkte er daran mit:
  Niehues, Norbert/Rux, Johannes: Schul- und Prüfungsrecht, Bd. 1 Schulrecht, 4. Aufl. (2006), München: Beck. Und noch einmal:
  Niehues, Norbert: Schul- und Prüfungsrecht, Bd. 2 Prüfungsrecht, 4. Aufl. (2004), München: Beck.

- ▶ Zum schnellen Nachschlagen eignet sich dagegen das Lexikon von:
  Staupe, Jürgen: Schulrecht von A–Z, 5. Aufl. (2001), München: Beck.

Wichtige Internetadressen

Aus der enormen Menge der Internetadressen ebenfalls nur eine kleine Auswahl. Den Zugang erhält man meist über Suchbegriffe wie »Schulrecht« mit dem Bundesland als Zusatz, »Kultusministerium«, »Bildungsserver« oder »Bildungsportal«.

- www.bildungsserver.de (Deutscher Bildungsserver, länderübergreifend, Gemeinschaftsserver von Bund und Ländern)
- www.schulleitung.de (Informationssammlung für die Schulleitung, mit wichtigen und aktuellen Gerichtsentscheidungen, für alle Bundesländer)
- www.bverfg.de (Hier findet man die wichtigsten Urteile des Bundesverfassungsgerichts, so z.B. die sog. Kopftuch-Entscheidung)
- www.Lehrer-online.de (Kommentierte Links zu anderen Internetseiten)
- www.bw.schule.de (Bildungsserver des Landes Baden-Württemberg)
- www.eduserver.de (Links zu Servern in vielen Bundesländern)
- www.schule.bayern.de (Bayerischer Bildungsserver)
- www.senbjs.berlin.de (Senatsverwaltung für Bildung ...)
- www.bildung-brandenburg.de (Brandenburgischer Bildungsserver)
- www.schule.bremen.de (Bremisches Internetportal)
- www.hamburger-bildungsserver.de (Hamburger Bildungsserver)
- www.portal.bildung.hessen.de (Hessischer Bildungsserver)
- www.kultus-mv.de (Mecklenburg-Vorpommern)
- www.schure.de (Schule und Recht in Niedersachsen, Sammlung von Gesetzen und Verordnungen, mit Adressen von Ansprechpartnern)
- www.bildungportal.nrw.de (Zugang zum Schulrecht in NRW)
- www.bildung-rp.de (Bildungsserver Rheinland-Pfalz)
- www.schulrecht.saarlandv.de (Grundlagen des Schulrechts für das Saarland)
- www-sachsen-macht-schule.de (Schulrecht in Sachsen)
- www.bildung-lsa.de (Landesbildungsserver Sachsen-Anhalt)
- www.schulrecht-sh.de (Schulrecht in Schleswig-Holstein)
- www.thueringen.de/de/tkm.v.de (Bildungsserver des Landes Thüringen)
- www.hausaufgaben.de, www.schuelerweb.de, www.kosh.de, www.referate.de (hier besorgen sich Schüler ihre Referate und Hausaufgaben aus dem Internet)

Erste Hilfe

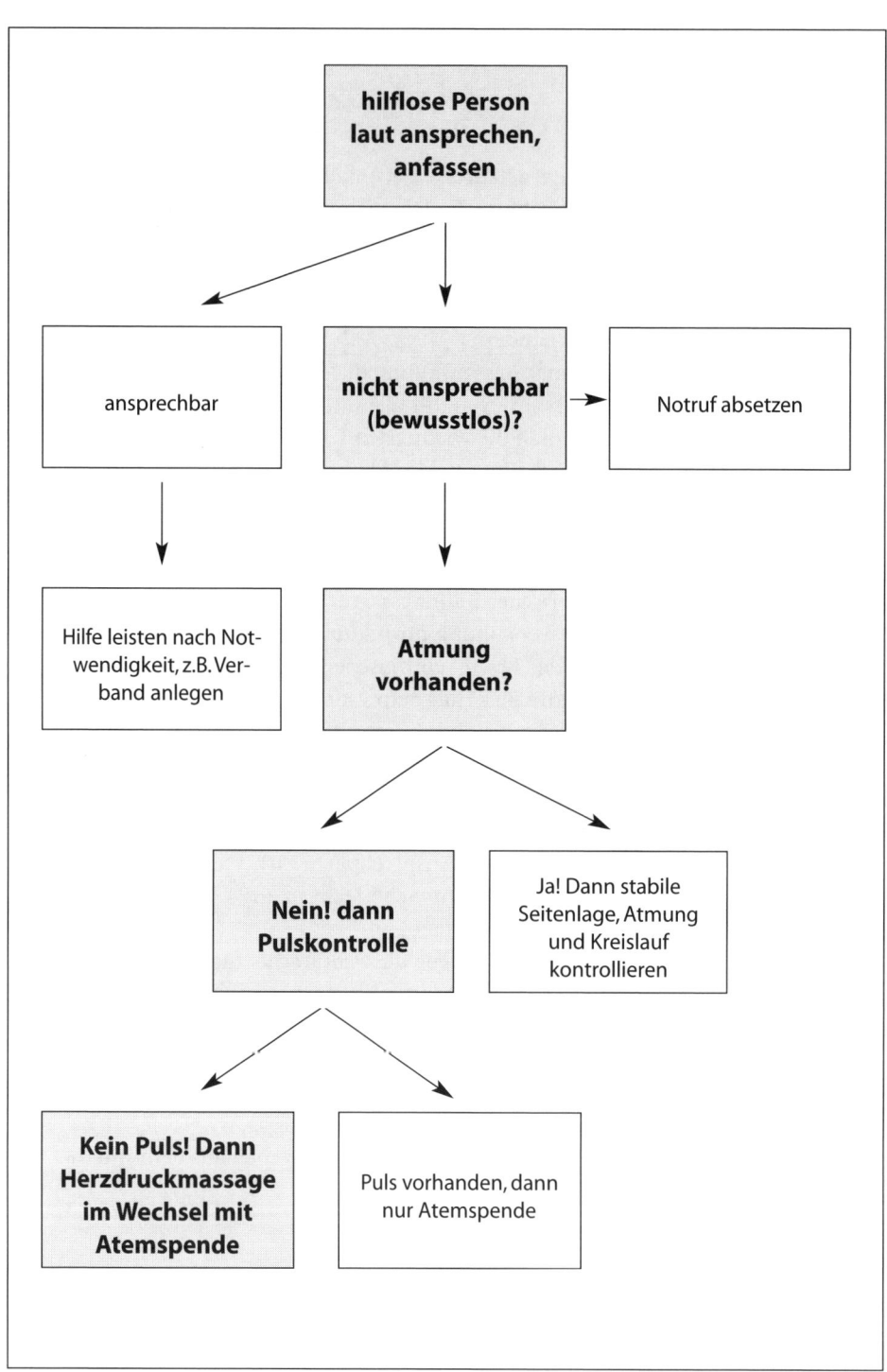

Merkblatt für medizinische Notfälle

Symptome: – blasse Haut, kalter Schweiß – schneller Puls, Puls kaum tastbar – schnelle Atmung – Frieren, Durst, Verwirrtheit mögl. Diagnose: Schock **Maßnahmen:** – evtl. Blutstillung, trinken – Schocklage, Beine hoch – Auskühlung verhindern	**Symptome:** – Hungergefühl – blasse, schweißnasse Haut – Bewusstseinsstörung – Zittern, Krämpfe – schneller Puls, Unruhe mögl. Diagnose: Diabetes **Maßnahmen:** – Zucker, Honig, Sirup geben – evtl. zu trinken geben
Symptome: – kein Schmerz !!! – meist einseitige Lähmung – Hängen des Mundwinkels – taube Arme oder Beine – Greifunsicherheiten – Schwindel, Sehstörungen mögl. Diagnose: Schlaganfall **Maßnahmen:** – beruhigen, Arzt holen – keine Bewegung bzw. Anstrengung bei Bewusstlosigkeit: – stabile Seitenlage, Hals überstreckt	**Symptome:** – Schmerz bzw. Druck in der Brust – Ausstrahlung in Schultern und Arme, evtl. Magen – starke Angst, Kurzatmigkeit – Schocksymptome, Blässe mögl. Diagnose: Herzinfarkt **Maßnahmen:** – beruhigen, Arzt holen – keine Bewegung bzw. Anstrengung – halbsitzend lagern oder stabile Seitenlage bei Atemstillstand: – künstlich beatmen

Bei Herzstillstand: hart lagern, dann »ABC«

▶ **A**temwege freimachen
▶ **B**eatmen (2x)
▶ **C**irculation in Gang setzen (**15**× Drücken, **2**× Beatmen, **15**× Drücken usw.)

Materialien für ein- und mehrtägige Klassenfahrten

Checkliste für eine eintägige Radtour	✔
▶ Ist die Fahrt bei der Schulleitung angemeldet und genehmigt worden?	
▶ Wie lang ist die Strecke?	
▶ Welche Zeit wird benötigt (ca. 10 km/Stunde)?	
▶ Schaffen das alle Schülerinnen und Schüler – und nicht nur die guten?	
▶ Kennen alle Begleitpersonen den Weg zum Ziel?	
▶ Ist eine Straßenkarte vorhanden? Ist sie noch aktuell?	
▶ Ist Verkehrserziehung erteilt worden?	
▶ Ist das im Klassenbuch vermerkt?	
▶ Ist es sinnvoll, die Gruppe bei der Polizei anzumelden?	
▶ Haben die Schülerinnen und Schüler ihre Räder technisch überprüft?	
▶ Ist Material für Reparaturen dabei? Flickzeug, Kette?	
▶ Haben die Schülerinnen und Schüler wetterfeste Kleidung dabei?	
▶ Haben die Schülerinnen und Schüler etwas zu trinken dabei?	
▶ Wird eine Pause gemacht? Wo, an welchem Platz?	
▶ Gibt es unterwegs Toiletten? Wo?	
▶ Sind Signalwesten vorhanden?	
▶ Ist ein Zeitpuffer vorhanden? Wie groß ist er?	
▶ Könnte es trotzdem evtl. dunkel werden? Dann Warnleuchten mitführen.	
▶ Ist eine zweite (weibliche) Begleitung dabei?	
▶ Ist Verbandszeug dabei? Ist es komplett?	
▶ Beherrschen die Begleitpersonen Erste Hilfe?	
▶ Ist die Strecke kurz vorher abgefahren und erkundet worden?	
▶ Wissen die Schüerinnen und Schüler, wie Sie auf Straßen ohne Radweg zu fahren haben?	
▶ Wo existieren Radwege, wo nicht?	
▶ Gibt es Umleitungen, Baustellen oder andere Engpässe?	
▶ Wo sind besondere Gefahrenpunkte?	
▶ Wissen die Schülerinnen und Schüler, wie diese zu überqueren sind?	
▶ Wer ist dort zur Verkehrssicherung eingeteilt? Klassensprecher mit Winkerkelle?	
▶ In welcher Reihenfolge fahren die Schülerinnen und Schüler? Sinnvollerweise die Langsamen nach vorne.	
▶ Wie wird bei einer Panne reagiert? Sollen alle warten?	
▶ Was wird unternommen, falls sich das Rad nicht reparieren lässt?	
▶ Unter welchen Umständen soll die Gruppe geteilt werden?	
▶ Ist eine Transportmöglichkeit für das defekte Rad und die Person organisiert?	
▶ Haben die Begleitpersonen ein Handy dabei?	
▶ Sind wichtige Nummern (z.B. Rettungsdienst) eingespeichert?	
▶ Ist der Akku aufgeladen?	

Information und Anmeldung für eine Tagesfahrt

Lehrername _____

Schule _____

Ort _____   Datum _____

An die Erziehungsberechtigten
der Schülerinnen und Schüler
der Klasse xyz

Tagesfahrt nach xyz

Sehr geehrte Eltern,

zum Abschluss des Schuljahres möchte ich mit den Schülerinnen und Schülern der Klasse xyz eine Tagesfahrt nach xyz unternehmen.

Diese Fahrt soll am Dienstag, dem 14. Juli, stattfinden.

Das geplante Besichtigungsprogramm umfasst xyz.
Der Nachmittag soll den Schülerinnen und Schülern zur freien Verfügung stehen.
Die Fahrt (Bahn/Bus) wird, wenn alle Schülerinnen und Schüler teilnehmen, pro Person ca. x Euro kosten, der Eintritt in das xyz kostet für Schulklassen x Euro pro Person.
Die Abfahrt im Abfahrtsort xyz wird um xyz Uhr sein,
die Rückkehr im Ankunftsort xyz ist für xyz Uhr vorgesehen.

Damit ich die Fahrt anmelden kann, bitte ich Sie, baldmöglichst auf dem unteren Abschnitt um eine **verbindliche** Anmeldung für Ihr Kind.

Mit freundlichen Grüßen

✂ --

ANMELDUNG

Mit der Teilnahme meines Kindes .... an der o.g. Tagesfahrt nach xyz und der Übernahme der Fahrtkosten (ca. x Euro) bin ich einverstanden. Die Kostenübernahme gilt auch für den Fall eines unvorhergesehenen Rücktritts von der Fahrt. Ebenfalls erlaube ich meinem Kind, sich selbstständig ohne Aufsicht in einer kleinen Gruppe in der Stadt zu bewegen.

_____

Ort, Datum   Unterschrift

Information zur Klassenfahrt der Klasse xyz nach xyz

Sehr geehrte Eltern,

als Nachtrag zum Elternabend fasse ich wichtige Punkte noch einmal zusammen:

A. Reisetermine: Fahrt mit dem Busunternehmen xyz
Abfahrt: Samstag, tt.mm.jj, xyz Uhr   Abfahrtsort: xyz
Rückkehr: Sonntag, tt.mm.jj, gegen xyz Uhr   Ankunftsort: xyz
Etwa 1 Stunde vor unserer Ankunft werden Sie (über die Telefonkette) benachrichtigt.

B. Checkliste:
Die Kinder müssen mitnehmen:
- Personalausweis oder Reisepass
- Handtücher und Waschzeug
- Passfoto (für den Skipass)
- Sonnenschutz (mind. Sonnenschutzfaktor 8) und Lippenpflege
- Sonnenbrille; falls vorhanden: Skibrille
- warme, wetterfeste Kleidung
 unbedingt: Mütze, Schal, Handschuhe, lange Unterhosen bzw. Leggings, Unterhemden oder T-Shirts zum Unterziehen, warme Pullover, dicke Socken, möglichst wasserfeste Schuhe zum Wechseln, warme Jacke, Anorak und warme Hose
- Taschengeld (ca. xx Euro)
- Klassenfahrtmappe (mit Infoblättern usw.)
- Kopie des Impfpasses
- notwendige Medikamente, Pflaster, Salben, Tropfen u.Ä. für kleine Wehwehchen
- internationaler Krankenschein (für Pflichtversicherte)
- Vorhängeschloss zum Abschließen des Kleiderschranks
- Reiseproviant

Empfohlen wird die Mitnahme:
- eines kleinen Rucksacks (evtl. Mittagsimbiss auf der Piste)
- evtl. einer Gürteltasche
- einer kleinen Decke und/oder eines Kopfkissens für die Fahrt
- von Müsli-/Schokoriegeln o.Ä. für den kleinen Hunger zwischendurch
- von Brausetabletten zur Verbesserung/Anreicherung des Trinkwassers
- von Haus-/Hüttenschuhen und/oder Badelatschen

Außerdem können die Kinder mitnehmen:
- Fotoapparat, Lektüre, Karten und Gesellschaftsspiele, Discman o.Ä., Taschenlampe, Badezeug, Schlittschuhe

Es werden nicht mitgenommen:
- Lautsprechergeräte, Sachen von sehr großem Wert (z.B. Laptop)

C. Unser Aufenthaltsort: xyz
In dringenden Notfällen können Sie uns (zwischen 7.00 Uhr und 23.00 Uhr) über unsere Handys erreichen: xyz oder xyz.

Bitte geben Sie die beigefügten Seiten (»Einverständniserklärung zur Klassenfahrt« und »Zustimmung zu ärztlicher Versorgung im Notfall«) ausgefüllt und unterschrieben zurück. Sollten Sie noch Fragen haben, können Sie sich gern an uns wenden.

Mit freundlichen Grüßen

Einverständnis zur Klassenfahrt

Einverständnis zur Klassenfahrt

Name des Kindes: _____

1. **Empfangsbestätigung**
   Der Informationsbrief zur Klassenfahrt der Klasse xyz vom xyz bis xyz ist mir zugegangen. Ich habe die auf dem Elternabend beschlossenen Regeln zur Kenntnis genommen.

2. **Disziplinarverstöße**
   Ich akzeptiere, dass mein Kind bei schwerwiegenden Verstößen gegen die Disziplin (z.B. Alkohol-, Drogenkonsum; Aufenthalt im Zimmer des anderen Geschlechts oder außerhalb des Zentrums nach »Zapfenstreich« oder gegen die Anweisungen der Aufsichtspersonen mit der Heimreise auf meine Kosten rechnen muss.

_____

(Ort, Datum)   (Unterschrift eines/einer Erziehungsberechtigten)

3. **Allgemeine Einverständniserklärung** (Nicht Zutreffendes bitte streichen)

   Ich bin damit einverstanden/nicht damit einverstanden, dass mein Kind sich während der Klassenfahrt zeitweise ohne Aufsicht durch die begleitenden Lehrkräfte in einer Kleingruppe (mind. 3 Schüler/innen) in xyz aufhalten darf.

_____

(Ort, Datum)   (Unterschrift eines/einer Erziehungsberechtigten)

3.1 Einverständniserklärung (Nicht Zutreffendes bitte streichen)

   Hiermit erlaube ich meinem Sohn/meiner Tochter, dass er/sie während der Klassenfahrt in der Freizeit ohne Aufsicht durch die begleitenden Lehrkräfte in einer Kleingruppe (mind. 3 Schüler/innen) Schlittschuhlaufen darf.

_____

(Ort, Datum)   (Unterschrift eines/einer Erziehungsberechtigten)

3.2 Einverständniserklärung (Nicht Zutreffendes bitte streichen)

   Ich erkläre mich damit einverstanden, dass mein Sohn/meine Tochter während der Klassenfahrt in der Freizeit ohne Aufsicht der begleitenden Lehrkräfte in einer Kleingruppe (mind. 3 Schüler/innen) ein öffentliches Schwimmbad besucht.
   Er/Sie ist Schwimmer/in/Nichtschwimmer/in.

_____

(Ort, Datum)   (Unterschrift eines/einer Erziehungsberechtigten)

Gesundheitsbogen

Klassenfahrt der Klasse xyz nach xyz (von xyz bis xyz)

Gesundheitsbogen (vertraulich)

Name des Teilnehmers/der Teilnehmerin: _____

a. Unser Kind hat (vollj. Teiln.: Ich habe) zurzeit folgende **Krankheiten** (z.B. Herz-Kreislaufschwäche, Diabetes, Epilepsie, Allergien, Bluter):
_____
_____

Ich bitte hierbei, auf Folgendes zu achten (evtl. Rückseite benutzen):
_____
_____
_____

b. **Tetanusnachweis:** Ein Impfschutz liegt vor: ja / nein
Wenn ja, bitte unbedingt Impfpass mitnehmen.

c. **Ansprechpartner für dringende Fälle:**

Name: _____

Adresse: _____

Telefon: _____

Fax: _____

E-Mail: _____

Wann/Wo zu erreichen: _____

d. Unser Kind ist (vollj. Teiln.: Ich bin) bei folgender Versicherung **krankenversichert**:
_____

_____
Ort, Datum   (Unterschrift des/der Erziehungsberechtigten
                   bzw. des/der vollj. Teilnehmers/Teilnehmerin)

Ärztliche Versorgung

Zustimmung zu ärztlicher Versorgung im Notfall

Von den Eltern auszufüllen

Ich, der Unterzeichner, _____
(Name, Vorname der/des Erziehungsberechtigten)

Straße: _____

Postleitzahl: _____ Wohnort: _____

Tel. privat: _____ Tel. dienstl.: _____

Krankenversicherung: _____ Mitgliedsnummer: _____

erteile den Verantwortlichen der Fahrt die Erlaubnis, meinem (minderjährigen) Kind, nach Hinzuziehung eines praktizierenden Arztes, jede medizinische und chirurgische Versorgung zukommen zu lassen, die im Falle eines Unfalls, eines dringenden chirurgischen Eingriffs, einer ansteckenden Krankheit oder jeder anderen schweren Erkrankung notwendig sein könnte.

Name des Kindes: _____ Vorname: _____

Geburtsdatum: _____ Geschlecht: _____

Im Notfall **während meiner Abwesenheit** zu benachrichtigen:

Straße: _____ Verwandtschaftsverhältnis: _____

Postleitzahl: _____ Wohnort: _____

Tel. privat: _____ Tel. dienstl.: _____

Ich verpflichte mich, dem Verantwortlichen die gesamten medizinischen und pharmazeutischen Kosten zu erstatten, die für die Behandlung meines Kindes ausgegeben wurden.

Ich bestätige, dass die o.g. Angaben exakt sind und der Wahrheit entsprechen.

Ort: _____ Tel. dienstl.: _____

_____ _____
hier: »gelesen und akzeptiert« hier: Unterschrift

(Der Unterschrift **muss** die **handschriftliche** Formulierung **»gelesen und akzeptiert«** vorausgehen.)

Stichwortverzeichnis

Abhängigkeit   125
Amtsarzt   100, 153
Amtshaftpflichtversicherung   44
Anscheinsbeweis   114, 151
Anwalt, Verhalten beim   67
Arbeitsmittel   41
Ärztliche Versorgung   189
Aufsichtsbeschwerde   84
Aufsichtspflicht   44, 48
Auslegung   24
Beamter auf Probe   31
Bedingter Vorsatz   45, 49
Befangenheit   154
Beleidigung   92
Beschwerden   34
Bestechung   33
Beurteilungsspielraum   42
Bringschuld   131
Curriculum   58
Datenschutz   60, 78
Delikte, Strafrecht   104
Demonstrationen   93
Dienstaufsichtsbeschwerde   85, 169
Dienstweg   34
Disziplinarrecht   66
Doppelbestrafung   66
Einschätzungsprärogative   140
Elternpflichten   75
Elternrecht   77
Entschuldigung   99
Ermessen   22
Erste Hilfe   182
Erziehungsberechtigte   69
Erziehungsmittel   112
Fachaufsicht   167, 168
Fahrlässigkeit   46, 50
Falsche Tatsachen   156

Fehlen   139
Fehler   178
Fehlerhafte Bewertung   155
Folgen von Prüfungsmängeln   158
Förmliche Rechtsbehelfe   85
Förmliches Verfahren   67
Formlose Rechtsbehelfe   83
Garantenstellung   35
Gefährdungshaftung   48
Gefahrgeneigte Tätigkeiten   53
Gefahrgeneigter Unterricht   52
Gegenvorstellung   84
Genehmigungspflicht   142
Gerüchte   162
Geschenke   33
Gesetz, förmliches   18
Gesundheitsbogen   188
Gewissensfreiheit   40
Glaubwürdigkeit   113
Gleichbehandlungsgrundsatz   15
Gleichheit im Unrecht   157
Gleichheitsprinzip   157
Grundgesetzliche Vorgaben   14
Guter Wille   81
Hausaufgaben   129
Hausrecht   75, 164
Hospitationsrecht   75
Individuelle Rechte   73, 92
Informationelle Selbstbestimmung   41, 60, 79, 92
Informationspflicct, Lehrer   73
Informationspflicht   35
Informationsrecht, Eltern   73
Inhaltliche Bewertungsfehler   155
Irrtum bei Prüfungen   154
Junglehrer   31
Kann-Regelung   22

Kinder 125
Kindeswohl 73, 78
Klassenarbeit 137
Klassenbuch 100
Klassenfahrt 38, 55, 186
Klassenpflegschaft 72
Klausuren 137
Kollektive Rechte 71, 91
Kollektivstrafe 115
Kommentar 16
Kompetenzverteilung 13
Konferenzen 57
Kopftuch-Urteil 39
Kopien 62
Kopieren 63
Korrekturen 36, 142
Lehrerpflichten 32
Lehrerrechte 32, 39
Leistungsbewertung 128
Medizinische Notfälle 183
Minderjährige 125
Mitwirkungspflicht 94
Mündliche Noten 132
Muss-Regelung 21
Nichtförmliches Verfahren 66
Normenhierarchie 17
Notenbesprechung 132
Nothilfe 120
Notkompetenz 115, 165
Notwehr 119, 120
Ordnungsfrist 22
Ordnungsmaßnahmen 113
Pädagogische Freiheit 56
Pädagogische Verantwortung 56
Pausenaufsicht 51
Personenbezogene Daten 60
Pflichten 94
Polizei 106, 107
Praktikanten 29
Präventive Maßnahmen 109
Prüfungsfähigkeit 153
Prüfungsmängel 158
Prüfungsrecht 151

Radtour 184
Rahmenrichtlinien 72
Raub 104
Rechtsaufsicht 167
Rechtsbehelf 83
Rechtsbehelfsbelehrung 86
Rechtsmissbrauch 89
Rechtsmittelbelehrung 86
Rechtsreflex 56
Rechtsverordnung 18
Rechtswidrigkeit 177
Referendare 29
Regress 43, 47
Religionsfreiheit 39, 93
Sachfremde Erwägungen 156
Satzung 20
Schadensersatz 64
Schulaufsicht 166
Schuld, Abstufungen 45
Schülerrechte 91
Schülerzeitung 91
Schulleitung 164
Schulpflegschaft 72
Schulpflicht 76, 77, 94
Schulvorstand 73
Schutzbefohlene 125
Schutzbehauptung 109, 113, 174
Selbsteintrittsrecht 107, 168
Selbstverpflichtung 37
Sexualkundeurteil 14, 70
Sicherheitsbeauftragter 52
Sicherungskopien 63
Sofortige Vollziehung 87, 115
Soll-Regelung 21
Staatsanwaltschaft 106, 107
Störungen 112
Strafe 102
Tagesfahrt 185
Täuschungsversuch 145
Tests 136
Üble Nachrede 162
Unbestimmter Rechtsbegriff 16, 24
Unbeteiligter 175

Untätigkeitsklage 87
Unterrichtsversäumniss 98
Urheberrecht 62
Verfahrensmängel 153
Verfassung 18
Verhältnismäßigkeit 122
Verkehrssicherungspflicht 48, 52
Versäumnis 98
Verschulden 45
Verschwiegenheit 160
Verschwiegenheit, dienstl. 34
Versicherung 47, 49
Versuch 147
Vertrag 37
Vertrauensvolle Zusammenarbeit 161
Vertretbarkeit 23
Verwaltungsakt 26
Verwaltungsvorschrift, Erlass 19
Volljährigkeit 78
Vorsatz 45, 49
Vorverfahren 86
Wahrheitspflicht, dienstl. 33
Weisungen 96
Weisungsbefugnis 97, 110
Wesentlichkeitsprinzip 16
Widerspruch 86
Wiedereinsetzung in den vorigen Stand 86
Zuspätkommen 98
Zweckmäßigkeit 87
Zwingendes Recht 37
Zwischenbesprechung, Noten 132